W0334716

Miki Sakamoto

Zen und das Glück, im Garten zu arbeiten

aufbau

Miki Sakamoto

Zen und das *Glück*, im Garten zu arbeiten

庭浴

aufbau

MIX
Papier aus verantwortungsvollen Quellen
FSC® C083411

ISBN 978-3-351-03840-3

Aufbau ist eine Marke der Aufbau Verlag GmbH & Co. KG

1. Auflage 2021
© Aufbau Verlag GmbH & Co. KG, Berlin 2021
Einbandgestaltung Anzinger und Rasp, München
Satz LVD GmbH, Berlin
Druck und Binden CPI books GmbH, Leck, Germany
Printed in Germany

www.aufbau-verlag.de

Inhalt

Vorbemerkung

Erlebnisse und persönliche Einsichten aus meinem Garten ergaben eine Sammlung von Niwayoku-Erfahrungen (niwa = Garten, yoku = Baden) im Jahreslauf und im Lauf der Jahre mit den Hauptbeteiligten, den Pflanzen und Tieren. Sie handeln vom Geschmack eigener Tomaten, von den Problemen mit Kraut und Kartoffeln, von Käfern und Raupen. Der Garten schenkt Glücksmomente allzu schnell vergänglicher Blütenpracht, bezaubernder Schmetterlinge, munterer Vögelchen, erzwingt aber auch die Notwendigkeit, mit Blattläusen, Schnecken und Grasmilben auszukommen, ohne zu verzweifeln, oder gleich mit Gift über sie herzufallen und dabei selbst gallig zu werden.

Niwayoku ist die japanische Bezeichnung dafür. Diese Haltung nutzt Aktivitäten im Garten zur Entschleunigung, atmet Bodenaromen und gewinnt meditative Entspannung in der Arbeit. Das als »Waldbaden« bekannt gewordene Shinrinyoku weitet den Aufnahmehorizont der Sinne durch aktive Entfernung von Einflüssen aus der Menschenwelt. Niwayoku hingegen verengt den Horizont durch Vertiefung in die kleine Welt gestaltender Hände, die

Werden und Vergehen begleiten. Niwayoku begreift Natur als das Hervorbringende und Gebärende.

Sinn der Zen-Betrachtung des Gartens ist im Niwayoku nicht die gärtnerische Selbstdarstellung, sondern die Verinnerlichung der eigenen Tätigkeit. Die Früchte des Gartens, die Blumen und auch die gestaltete Miniaturlandschaft »kommen zustande«. Sie sind nicht von vornherein als Ziel gesetzt, für das mit viel Engagement gekämpft wird. Mit der Zen-Haltung nimmt man hin, was sonst als Fehlschlag empfunden wird, also auch, dass andere Lebewesen über das Werden und Vergehen im Garten auf ihre Weise mitbestimmen. Das Zen kennt keine Schädlinge, sondern es nimmt die Mitspieler wahr und betrachtet sie als Spiegel der Folgen unserer Bemühungen.

Zen im Garten fokussiert unsere Betrachtungsweise und damit uns selbst. Das Ergebnis ist eine aktive, nach außen gerichtete Meditation, die das eigene Wirken vertieft wahrnimmt und Teil der Lebensphilosophie wird.

Mein Garten

Dieses Buch handelt größtenteils von meinem, von unserem Garten. Er umgibt auf drei Seiten das Haus, in dem wir seit gut zehn Jahren leben. Nach Jahrzehnten in München verlagerten wir uns damals »aufs Land« in eine Kleinstadt im Südosten Bayerns. Die Lage an ihrer Peripherie in einem Neubaugebiet aus den 1970er Jahren bescherte den Wohnhäusern einen nach heutigen Maßstäben etwas großzügigeren Gartenanteil. Das größere Stück mit einer Fläche von etwa 250 Quadratmetern liegt an der südwestwärts ausgerichteten Stirnseite des Hauses vor der Terrasse. Der kleinere, als Gemüsegarten genutzte Teil auf der Ostseite des Hauses hat etwa 60 Quadratmeter. Ein breiter Durchgang verbindet beide südseitig. Die ganze Anlage wird von zwei Seiten von Straßen begrenzt. Auf den beiden anderen grenzen die Nachbargärten an, die sich nach allen Seiten in ähnlicher Weise ausdehnen. Ein Wohngebiet eben, verkehrs- und geschwindigkeitsreduziert. Überall stehen Bäume. Beim Blick aus den Fenstern des oberen Stockwerks wirkt die Umgebung sehr grün. Der Wald (Forst) ist nach Osten rund einen Kilometer Luftlinie entfernt. Davor liegt aber eine intensiv landwirtschaftlich genutzte Flur. Über die übrigen Seiten dehnt sich das Stadtgebiet aus. Eine Durchschnittslage also. Typisch für viele Wohngebiete im städtischen Siedlungsraum. Die geografische Lage rund 50 Kilometer vor dem bayerischen Alpenrand bringt uns reichlich Niederschläge von knapp 1000 Millimetern im Jahresdurchschnitt. Der Garten liegt auf fast genau 400 Metern über Normalnull. Damit gehören wir zu den wärmeren Regionen Südbayerns mit etwas höheren Durchschnittstemperaturen als München im Sommer und entsprechend tieferen Frösten im Winter. Westwind ist vorherrschend. Föhn gibt es verhältnismäßig häufig, aber nicht in der Stärke wie in München und vor allem südlich davon. In meiner Münchner Zeit hatte ich mit dem Föhn richtiggehend zu kämpfen. Auch damals brachten es günstige Umstände mit sich, dass ich stets in und mit einem Garten leben konnte, wenngleich jeweils in deutlich kleineren. Aber immerhin. Manches, wovon ich berichte, bezieht sich auch auf die Jahre der Münchner Zeit.

Die Grundstruktur der beiden Gartenteile lässt sich leicht charakterisieren. Der Gemüsegarten auf der Ostseite liegt im Winkel, den das Haus mit der Garage bildet. Er ist dem Licht von Morgen und Vormittag zugewandt und ist sehr windgeschützt. Die Wände der Gebäude speichern Wärme und geben sie nachts ab. Die Weintrauben reifen daher, wie auch die Tomaten, in ihrer Nähe besonders gut. Im Winter bleiben breite Ränder auch bei Schnee meist frei und der niedrigen Sonne zugänglich. Eine massige Thujahecke bildet die Grenze zum Nachbargrundstück. Südseitig schirmt ein hoher Holzzaun das Gelände ab. Dieser verläuft auch auf der West- und Nordseite entlang den Straßen. Davor zieht sich im vorderen Garten das dichte Buschwerk entlang, zu der die Hecke herangewachsen ist. Im Südosten ragen die als Doppelstamm aufgewachsene Birke und eine aus mehreren Stämmen zusammengesetzte, eine sehr spitze Pyramide bildende Thuja heraus. Nordseitig sind es breite Gipfel von Hainbuchen. In der Nordwestecke steht der sechseckige Holzpavillon. Ich betrachte ihn als mein Teehaus. Offener, magerwiesenartiger Rasen breitet sich davor aus bis zur Terrasse, vor der die Sternmagnolien und die Buddleja-Staude stehen. Beide Gartenteile vermitteln das Gefühl, umschlossene Inseln zu sein. Im Lauf der Jahre des letzten Jahrzehnts versuchte ich, diese Wirkung zu verstärken. Es beruhigt mich, zu wissen, dass beide Gartenteile von außen nahezu nicht einsehbar sind, auch wenn wir dank gutnachbarschaftlicher Verhältnisse von der Umgebung nichts zu »befürchten« haben. Aber so lange mein Hund lebte und den Garten als sein Revier betrachtete, war diese Abgeschlossenheit gewiss gut. Vielleicht sehen das die Amseln und Rotkehlchen auch so. Ich würde es mir wünschen.

Mit diesen rund 350 Quadratmetern Garten habe ich rund ums Jahr und über die Jahre zu tun. Meinem Rücken zufolge ist der Garten zu groß. Unseren Amseln reicht er nicht aus als Revier. Sie müssen auch die Nachbargärten mitnutzen. Ideal war er offenbar für meinen Hund. Er konnte darin herumsausen, etwas vergraben oder mein Graben und Pflanzen auf seine Weise mitgestalten. Notfalls verrichtete er ein dringendes Geschäft darin, doch nur ausnahmsweise, wenn es ihm nicht gut ging. Rückblickend meine ich, der Garten passte zu ihm am besten. Darin liegt er begraben. Ich versuche, mit den Anforderungen, die der Garten stellt, zurechtzukommen. Trotz schmerzendem Rücken schöpfe ich aus ihm Kraft. In den Garten gehe ich jeden Morgen. Er ist mein Gegenüber und mein Partner im Mitgestalten von Werden, Wachsen und Vergehen. Viele Gartentätigkeiten stimmen mich meditativ. Nicht alle. Dazu sind manche Arbeiten einfach zu profan, und mitunter auch zu frustrierend. Gerade dann tut es mir gut, die Dinge mit der Zen-Haltung relativieren zu können. Wieder und wieder stelle ich fest, was für ein Glück es ist, im Garten tätig sein zu können.

Tshadou – der »Weg zum Tee«

禪

Im Zen-Buddhismus stellt die Tee-Zeremonie zwar einen Weg unter vielen möglichen dar, aber einen besonderen und einen in besonderer Weise zu praktizierenden: Tshadou. »Weg zum Tee« bedeutet dieser Ausdruck, der den Garten mit der Teezeremonie engstens verbindet. Ausführlicher interpretiert, verstehe ich Tshadou als den wahren und optimalen Weg zu sich selbst durch die Übung der Teezubereitung. Der Altmeister der japanischen Teerzeremonie Rikyu, der von 1522 bis 1591 lebte, gab dazu die Anweisung: »Beherzige, was es heißt, Wasser zum Sieden zu bringen, den Tee vorzubereiten und ihn mit ruhigem, besinnlichem Herzen in aufrechter Haltung zu trinken. Dies ist eine einfache Übung, nicht mehr!« Ritualisiert folgt die Teezeremonie strengen Regeln. Jede Bewegung gilt als Ausdruck und Spiegelung der inneren Haltung. Die Hände werden gereinigt beim Zutritt zur Anlage mit dem Teepavillon. Ein passendes Wassergefäß mit frischem, sauberem Wasser steht am Eingang (nijiriguchi). Dieser ist klein und eng. Das gebietet dem Samurai die Abnahme des Schwertes. Ohne Waffe und ohne Hast, fast rutschend, setzt er sich in vorgebeugter Haltung vor das Blumengesteck im Teehaus und schweigt. Vor den Blumen hat sich der Gast verneigt, um seine Verehrung auszudrücken und seine Zurückhaltung zu unterstreichen. Die Zubereitung des Tees erfolgt ohne Gespräch mit dem Begießen des Teepulvers in der von beiden Händen gehaltenen, in ergebener Ehrfurcht getragenen Schale. Fingerbewegungen, ein Tüchlein, das wie eine Serviette wirkt, und die kaum wahrnehmbaren Bewegungen des Oberkörpers dehnen den Fluss der Zeit bis fast zum Stillstand – dem Moment des Aufbrühens.

Die Teeschalen sind Gefäße vollendeter Kunst. Je nach Jahreszeit werden andere verwendet. Sie gehören zur Harmonie der Stunde, wie die gewählten Blumen, die Muster der Kimonos und die Ausblicke aus den geöffneten Schiebetüren. Harmonie, Respekt, Reinheit und Stille sind die zentralen Elemente der Teezeremonie und ihr Zen-Gehalt. Männer, die Teemeister werden wollen, und vor allem Frauen üben viele Jahre, um die Vollendung in der Teezeremonie zu erlangen. Nicht als Verpflichtung, weil Gäste auf bestmögliche Weise bewirtet werden sollen, sondern als Bedürfnis und aus der Zen-Erfahrung, dass Perfektion ein unerreichbares, gleichwohl anzustrebendes Ziel ist. Wäre ich in Japan, würde mich dieses Bedürfnis geradezu hineinzwingen in die Teezeremonie. Nur fern der Heimat bin ich in der Lage, anders darauf zu blicken: Die Harmonie, die angestrebt wird, ist nichts Absolutes. Sie ist von der Situation abhängig. Im Pavillon meinen Tee zu genießen beim Betrachten der Vögel im Garten, kann eine vergleichbare Harmonie zustande bringen wie beim Empfang des Gastes im traditionellen japanischen Teehaus. Ein Klavierstück zu üben und immer wieder zu üben, ist eine ähnliche Vorgehensweise auf dem Weg zur Perfektion. Die gleiche Berechtigung hat aber auch die Hingabe an das Treiben der Vögel im Garten und die Vertiefung in ihre Gesänge. Weil sie Harmonie und Schönheit vermitteln, die ich aufnehmen und verinnerlichen kann.

»Übung macht den Meister«, sagt man hier, und meint damit gewiss das Gleiche. Weil eben auch »kein Meister vom Himmel gefallen ist«. Doch Meisterschaft schränkt ein. Sie kann überheblich machen. Davor warnte Teemeister Rikyu auf folgende Weise. Von einem Schüler gefragt, was der Sinn des Weges zum Tee sei, hatte der Meister geantwortet: »Wasser holen, Feuer anzünden, Wasser erhitzen, Tee schlagen und trinken, das ist alles!« Als der Schüler entgegnete »Das kann ich schon alles!«, antwortete ihm Meister Rikyu »Dann möchte ich dein Schüler werden!«

Diese unvergänglichen Worte fielen mir ein, als ich, Tee schlürfend, den Spatzen am Vogelbad zusah. Jeder badete auf seine Weise, intensiver oder nur kurz, alle behielten dabei offenbar einander im Auge und richteten sich aufeinander aus. Vorbild war keiner, Nachahmer alle. Die Amsel hätte ich mir als Zen-Meister vorstellen können, der die Kleinen, die Schüler, in ihrem Tun und Streben betrachtet. Doch auch sie bestimmte nichts. Jedes kleine Leben lebt für sich und ist doch eingebunden in das Leben anderer. Auch ich bin dabei Betrachterin und Beteiligte.

Meine Gartenarbeit wirkt auf die Vögel, auf all die anderen Tiere, die ich bewundere oder gar nicht bemerke, weil ich zu wenig auf sie achte, und auch auf die Pflanzen, deren Wachsen und Gedeihen ich fördere oder verhindere. Beim Meditieren werde ich Mitte, weil ich mich selbst dazu mache. Aber jedes andere Lebewesen bleibt seine eigene Mitte. Aus dieser Einsicht heraus schätze ich sie, auch die, die ich zurückdränge.

Die Wertschätzung der profanen, trivialen Gegebenheiten oder Ereignisse bildet im Zen das Kernstück. Meditative Entrückung kann Flucht bedeuten, Flucht vor der Wirklichkeit mit ihren Notwendigkeiten. Die Annahme des Lebens ist die Aufgabe, besagt hingegen die Zen-Haltung. Nicht ein Wunschziel oder eine Befürchtung, die nicht eintreten soll, jenseits des Lebens. Wie sehr es um das Leben selbst geht, sagen mir die Spatzen und Amseln, die Schmetterlinge und Käfer, die Blumen und Gräser und alles andere Lebendige, mit dem ich zu tun habe. Ich brauche ihnen nur zuzusehen. Ich muss sie nur wahrnehmen. Dann habe ich keine tiefschürfenden Philosophien über den »Sinn« des Lebens nötig. Wenn alles so, wie im Frühsommer, dem Höhepunkt und seiner Vollendung zustrebt, erlebe ich das Leben weit lebendiger als nur auf mich selbst beschränkt. Die Teestunden im Mai oder Juni vermitteln das Beste davon, wenngleich sich selbst in dieser Phase bereits Zeichen des Niedergangs zeigen. Die Frühlingsblüher sind vergangen. Sie verschwinden. Ich müsste nach ihren Resten suchen, um ihre Existenz nachzuweisen. Aber ich weiß, sie werden wiederkommen, nächstes Frühjahr, wie jetzt oder bald all jenes kommen wird, das den Sommer kennzeichnet. Darin steckt die andere Botschaft: Alles ist verschieden und alles ist doch gleich in der Verschiedenheit. Viele, für mich unüberschaubar viele Zyklen und Rhythmen folgen aufeinander und überlagern sich zum Teil. Dass sich im Frühsommer besonders viele verdichten und zueinander fügen, bedeutet nicht, dass es im Herbst und Winter keine gäbe. Sondern dass diese anders sind. Dass sie nicht so sehr die langen Tage und die starke Sonne brauchen wie die Zyklen des Frühsommers, denen ich meinen eigenen hinzufüge. Auch ich brauche und schätze sie, die Sonne und die langen Tage, die Wärme und das Gefühl, dass es aufwärts geht. Daher stimmt mich die Sommersonnenwende auch etwas wehmütig. Das Glas des Jahres ist da nicht »noch halb voll«, sondern es wird immer schneller an Fülle abnehmen. Bis zur Neige in der finsteren Zeit der Wintersonnenwende. Doch davor liegen die Wochen und Monate des Erntens. Und darauf freue ich mich. Den Anfang haben Erdbeeren, Johannisbeeren, Himbeeren und Salat gemacht. Süße und Frische also, mit viel und besonderem Aroma. Wenn die Tomaten reifen, ist der Sommer gekommen, besagt mein Gartenkalender. Und die Gurken, die Kürbisse, die Kohlrabi und schließlich auch die Äpfel. Dann erblüht der Schmetterlingsflieder und wir können daran bei sonnigem Wetter dem Treiben der Schmetterlinge und der Schwebfliegen zusehen. Bremsen und Wespen werden uns auf der

Terrasse heimsuchen. Von der Birke werden erste gelbe Blätter auf den Rasen fallen. Und beim Tee werde ich wissen, was ich nächstes Jahr im Garten anders machen sollte. Perfektion wird er verhindern, ganz sicher. Es gibt im Zen keinen besseren, keinen lehrreicheren Sparringspartner als die Gartenarbeit. Die Erfahrungen und Empfindungen daraus verdichten sich zu einem Gesamtgefühl, das ich japanisch *Niwayoku* nenne. In diesem Buch möchte ich den Weg dorthin andeuten. Ein Weg, der auf stets anderen, höchst unterschiedlichen Pfaden zum Gartenglück führt.

I. Der Garten im Jahreskreis

Banal mag es klingen, aber im Garten erlebe ich Zeit anders. Sie ist nicht mehr zerteilt in Datum und Uhrzeit, nicht einmal als Monat festzulegen. Als Fluss, als Strom mit Turbulenzen und ruhigen Phasen zieht sie sich durchs Jahr. Nach dem heutigen Tag darf ich zwar annehmen, dass der morgige sehr ähnlich werden wird, aber am Jahresbeginn weiß ich, dass das Kommende nur ganz grob dem Vergangenen gleichen wird. Deshalb mache ich mir Pläne zu meinen Vorhaben, aber mit Vorbehalten. Viele, die gärtnern, blicken voller Erwartungen auf das neue Gartenjahr. Strahlend erblüht und voller Frucht sehen sie ihr Werk bereits vor sich. Auch ich nehme mir dies und das vor. Den Garten kann man nicht einfach auf sich zukommen lassen. Er stellt eine Herausforderung dar, eine nie ganz erledigte Aufgabe. So oder so ähnlich steht es in fast jedem Gartenbuch. Wenn man es nicht liest, weiß man es trotzdem. Jeder Garten erteilt diese Grundlektion. Beständigkeit ist Illusion, gegen Veränderungen anzugehen unvermeidbar. Doch je aufmerksamer ich betrachte, was in Gärten vor sich geht, desto klarer wird mir der Wandel bewusst. Er überlagert alles

Werden und Vergehen. Dem größeren Kreislauf des Jahres gibt er die Richtung. Schon im nächsten Jahr wird vieles ganz anders sein, wenn ich der Natur freien Lauf lasse. Am Widerstand gegen den Wandel erfasse ich das Wesen der Zeit. Und in gewisser Weise auch am Scheitern von Erwartungen, die ich mit meinem Tun verbinde. Es zielt ja auf Kommendes ab, auf noch gar nicht direkt Absehbares. Sei es so etwas Simples wie Salat, den ich frisch aus dem Garten genießen möchte, oder Trauben, auf die ich hoffte, als ich einen Schössling pflanzte und sein Aufwachsen zum Rebstock begleitete. Die Rosenstauden und die Hecke werden im Herbst geschnitten, weil ich Vorstellungen damit verbinde, wie sie blühen oder als dichte grüne Wand die kleine Insel meines Gartens schützend umgeben sollen. Die Blattläuse bekämpfe ich im Mai und Juni, um mich im Juli und August an den Blüten der Hibiskusstauden erfreuen zu können. Und so fort. Ganz selbstverständlich ist das alles. Nicht wert, darüber nachzudenken. So dachte ich lange.

Im Lauf der Jahre dachte ich jedoch mehr und mehr über das »Selbstverständliche« nach. Ich vertiefte mich in die Abläufe, die ich zu beeinflussen und auszurichten versuche. Wie es die alten Zen-Meister prognostizierten, entwickelt sich daraus von selbst jenes Gefühl, das in der Meditation angestrebt wird, zu der man sich manchmal zwingt. Es kommt aus dem Tun und dem Betrachten. Die Ziele treten zurück. Sie sollen unbedeutend werden, so wünschenswert sie auch sein mögen in Form der Erdbeeren, des Krautkopfes oder der Äpfel aus dem eigenen Garten. Wer sich zu sehr auf den Ertrag ausrichtet, verliert die tiefe Bedeutung der Gegenwart. Das Wesen des Werdens verschwindet unter der Übermacht der Ziele. Viel zu oft gebraucht, und damit fast zur Bedeutungslosigkeit verbraucht drückt der Satz »Der Weg ist das Ziel« aus, worum es im Zen eigentlich geht. Der Weg ist der Gang der Jahreszeiten. Es sind die Veränderungen im Garten, die mir den Lauf der Zeit vermitteln, wie der Blick auf die Uhr den Tag und der Kalender die Tage.

Die Abläufe im Garten unterscheiden sich von den kalendarischen Jahreszeiten. Klare Grenzen gibt es nicht. Sie wären unnatürlich. Nicht allein wegen der Variabilität des Wetters. Gerade bei diesem hängen wir viel zu stark an Klischees – wie etwa, dass der Winter Schnee bringt und Schnee nur im Winter fällt. Auch der präzise, von der Witterung gänzlich unbeeinflusste astronomische Jahresgang kennt keine Grenzen zwischen Winter und Frühling oder für andere Jahreszeiten. Fix sind lediglich der Höchst- und Tiefpunkt des Sonnenstandes und die Tag-und-Nacht-Gleiche im Frühjahr und Herbst. Aber nichts in meinem Garten oder draußen im Wald oder auf den Fluren vermittelte mir irgendeinen Hinweis darauf, dass diese »Punkte« auch Einschnitte in den natürlichen Abläufen wären. Wenn ich nachfolgend die »Jahreszeiten« auf meinen Garten bezogen betrachte, sind diese nichts weiter als Hilfsmittel, um Übersicht zu gewinnen. Denn alles ist Übergang, nichts ist ganz direkt »Sommer« oder »Herbst«.

Ich hatte von Anfang an keine besonderen Schwierigkeiten, mich von der Vorstellung fester, an Monate und das Datum gebundener Jahreszeiten zu lösen, weil diese in meiner südjapanischen Heimat so verschieden sind von den mitteleuropäischen Verhältnissen. Daher betone ich, dass die fünf Zeitspannen, die ich auf meinen Garten beziehe, hiesige, ortsbezogene Phasen im Jahreslauf sind. Mir sagen sie durchaus viel. Sie bestimmen in erheblichem Umfang, was ich im Garten zu tun gedenke und wie ich damit umgehe. Vor allem verdeutlichen sie mir die Abfolge und das Ineinandergreifen der verschiedenen Lebenszyklen. Sie lehrten mich, im Umgang mit der Natur im Garten die »Eigenzeiten« der verschiedenen Organismen zu erkennen und zu berücksichtigen. Meine eigene, ganz persönliche Zeit wurde dadurch zu einer Vielzahl von Zeiten. Sie alle fließen zusammen im Werden und Vergehen. In diesem Sinne stellt für mich der Garten eine geöffnete Tür mit Blick nach draußen dar.

In Japan idealisiert das Ryokan-Hotel die Kombination des Hauses mit Garten. Über die Jahreszeiten eröffnet es den Gästen den Blick auf den Lauf der Zeit mit ihren wechselnden Szenerien. In unserer Haiku-Dichtung gibt ein so genanntes Jahreszeitenwort an, auf welche Phase des Jahres sich die Worte beziehen. Meine »Jahreszeiten« entsprechen weitgehend den hier in Mitteleuropa üblichen kalendarischen Abschnitten des Jahres. Besonderheiten, die mich beschäftigten oder faszinierten, behandle ich gesondert. Meistens fügen sie sich nicht einfach in das Schema, auch wenn sie einer Jahreszeit zugesetzt werden. Jeder »Gang durchs Gartenjahr« ist idealisiert. Das kann auch ich nicht ganz vermeiden. Meine eigenen Zeitvorstellungen sollen möglichst nicht zum Leitmotiv geraten. Gartenzeit zu erleben, heißt sich von Kalender und Uhr zu lösen.

春

Langsamer Anfang: der Frühling

Die Jahreszeiten liegen falsch. Dass dies keineswegs mein persönliches Vorurteil ist, das aus meiner fernöstlichen Herkunft stammt, bestätigen mir alljährlich viele Menschen und die Medien. Der Winter wird mit Schnee und Kälte schon im Dezember erwartet. Im Januar soll mit viel Schnee und tiefen Frösten sein Höhepunkt erreicht werden. Im Februar hat er zu enden und im März muss der Frühling beginnen. Doch oft bringt der Februar die größte Kälte und der März überschüttet uns mit Schnee, mitunter auch der April. Gibt es zu Weihnachten keinen Schnee, sei dies kein Winter, heißt es. In den Jahrzehnten meines Hierseins erlebte ich Schneefälle von September bis Mai, also meistens zur unpassenden Jahreszeit. Und nicht nur die weiße Pracht, sondern auch Frost. Schon lange vor meiner intensiveren Beschäftigung mit dem Garten gab ich es auf, das Wetter als Ausdruck der Jahreszeit zu betrachten. Viel wichtiger ist für mich das Licht. Aus meiner Kindheit kannte ich weder Novembergrau noch Dezemberwochen, an denen es kaum Tag wird. Jedes Jahr hoffe ich darauf, dass Schnee fällt, weil er diese finstere Zeit etwas heller machen würde. In dieser Hinsicht, stelle ich mir vor, bin ich wie eine Pflanze, die vom Lichtmangel bedrückt wird. Die Tage sind einfach zu kurz.

Etwa drei Monate nach dieser trübseligen Zeit des »Toten Herbstes«, wie er im bayerischen Volksmund genannt wird, sind endlich die Tage lang genug und die Sonne kräftiger geworden, dass aus dem filigranen Geäst der Birke im Garten morgens die Triller einer Blaumeise kommen. Da ist es an der Zeit, nach den Schneeglöckchen zu schauen. Seit es Ende Januar milde Tage gegeben hat, warte ich auf den Moment, an dem schmale grüne Spitzen die Schneereste durchbrechen. Auf was für ein Signal hin beginnt ihr Wachstum? Mir bleibt dieses verborgen. Sind es die länger werdenden Tage, müssten sie jedes Jahr zu ziemlich gleicher Zeit kommen. An der Temperatur kann es auch nicht liegen. Wir hatten Januare, die milder waren als Februar oder sogar der März, und solche mit tiefem Frost, der mich fast zur Verzweiflung trieb, wenn ich frühmorgens mit dem Hund hinausmusste und mir der Atem gefror. Ein paar Föhntage Anfang Februar reichten, und die Schneeglöckchen schoben sich durchs Moos und die dünne Schneedecke. Die Kohlmeisen sangen nach heftigem Frost besonders intensiv. Auch die ersten Triller der Grünlinge bekam ich morgens zu hören, wenn ich mich lieber noch in der Bettwärme wälzen wollte als aufzustehen. Gut, die Vögel reagierten auf die Morgenhelle und die länger gewordenen Tage. Aber die Triebe der Schneeglöckchen? Sie stecken, wie ich wiederholt feststellte, mindestens zwei Handbreit tief im Boden, zudem in der Schattenlage der Hecke. Wodurch erfahren sie, dass es an der Zeit ist? Läuft in ihnen eine innere Uhr ab, die ein letztes Mal Tageszeit genommen hatte, als irgendwann im Spätsommer die schlaff und braun gewordenen Blätter der Schneeglöckchen vollends abstarben? Allein den Gedanken an eine solche Möglichkeit empfinde ich als kaum zu fassen.

Die Feuerwanzen machen es mir einfacher. Beim Efeu an der sonnenbeschienenen Hauswand sehe ich die ersten. Schwarz und orangerot gemustert sind sie, unverkennbar. Sie wirken bedrohlich, sind aber ganz harmlos. Giftstoffe in ihrem Körper schützen sie davor, von Vögeln gefressen zu werden. Von mir haben die rund einen Zentimeter langen, ovalen Wanzen auch nichts zu befürchten. Später im Frühjahr amüsieren sie mich, wenn sie sich paaren. Dabei koppeln sich Männchen und Weibchen zusammen. Aber mit der Spitze des Hinterleibs in voneinander abgewandter Weise. Das wäre zwar auch nicht komischer als eine Marienkäferpaarung, bei der das halbkugelige Männchen das noch stärker kugelige Weibchen besteigt und eine Weile in dieser Position verharrt, ohne sich nennenswert zu bewegen. Die Feuerwanzen laufen aneinandergekoppelt umher. Recht schnell sogar. Das Weibchen bestimmt die Richtung. Das Männchen läuft mit, muss aber seine Beine entgegengesetzt bewegen. Ich halte dies für ein Kunststück, das Bewunderung verdient! Denn das Paar läuft keineswegs langsam und das Männchen lässt sich auch nicht einfach mitschleifen. Vorerst wärmen sich die Feuerwanzen an der Hauswand nur auf. Setzt erneut Winterwetter ein, ziehen sie sich zurück an die Stellen im Boden, wo sie die Wintermonate verbrachten. Ich kann nun direkt mitverfolgen, wie sie an manchen Tagen die Sonne weckt, auch wenn noch etwas Frost herrscht. Nasskaltes Wetter meiden sie, selbst wenn es dabei fünf bis zehn Grad über Null haben sollte. Ihre Reaktion auf die Frühlingssonne gefällt mir. Sie entspricht meinen Gefühlen. Am Nachmittag tanzen dann auch die Wintermücken im Garten, wie sie dies bereits im Spätherbst getan hatten und bei starkem Föhn mitunter sogar mitten im Winter tun.

Schneeglöckchen, tanzende Wintermücken und Feuerwanzen bilden ein Vorfrühlings-Trio, das den momentanen Zustand und die jahreszeitliche Tendenz vereint. Die Wintermücken und die Feuerwanzen reagieren auf den Moment, auf die Sonne, die Föhnwärme und den Schnee, der dampfend verschwindet. Die Schneeglöckchen reagieren auf die Tendenz des Wetters und bleiben, selbst wenn ein Nachwinter mit tieferen Frösten und mehr Schnee nachkommen sollte. Fast jedes Jahr gab es im letzten Jahrzehnt so einen Kälteeinbruch, vor allem, wenn Januar und Februar sehr mild gewesen waren. Für die Schneeglöckchen und die Frühlingsknotenblumen, die ihnen meistens etwa fünf Tage später folgen, mitunter aber ziemlich gleichzeitig blühen, bedeutet so ein Nachwinter offenbar nichts. Ihre Blüten, die auf Englisch so schön *Snowdrops* und *Snowflakes* heißen, werden sich im Frühlingswind wiegen, gleichgültig ob sie schon Ende Februar oder einen Monat später aufgegangen sind. Beide habe ich im Garten. In kleinen Gruppen dicht an dicht wachsen sie. Zu dicht, wie ich meine, aber die Schneeglöckchen sind da offenbar anderer Meinung. Bis zu 180 Blüten zählte ich in einem einzigen »Büschel«, das ich mit zwei Händen umfassen kann. Es dauerte einige Jahre, bis ich dahinterkam, woran es liegt, dass sie so wachsen. Sie vermehren sich durch die Abtrennung von »Tochter«-Zwiebeln. Meine Schneeglöckchen sind also Klone einer Mutterpflanze. Auch draußen in den Auwäldern, wo sie natürlicherweise vorkommen, verhält es sich so. Daher wachsen sie so dicht, fast wie zusammengepresst. In einem Büschel blühen sie ziemlich gleichzeitig. Weil sie alle Töchter einer Mutterzwiebel sind.

Im Garten sehe ich, wie über die Jahre die einzelnen Stöckchen größer werden. Nur ausnahmsweise finde ich einzelne neue Schneeglöckchen irgendwo auf dem Rasen. Hunderte haben im letzten Jahr und in den Jahren davor geblüht. Warum vermehren sie sich da nicht viel stärker? Ihre Blüten werden eifrig von Bienen besucht. In den meisten Jahren tragen nur sie schon Blüten, wenn die ersten Honigbienen ausfliegen. Von Stöckchen zu Stöckchen fliegen sie, nicht nur von Blüte zu Blüte eines Stöckchens. Also sollte es Samen geben. Viele Samen. Später im Jahr, wenn der Frühling in den Frühsommer übergeht, sehe ich die Kapseln, in denen die Samen heranreifen. Sie liegen auf dem Boden oder sind diesem zugeneigt, während die Blätter der Schneeglöckchen und auch der Frühlingsknotenblumen noch aufrecht stehen und satt grün aussehen. Im nahen Auwald gibt es Millionen davon. Dort sind sie viel gleichmäßiger verteilt als in meinem Garten. Die reifen Samen werden von Ameisen verbreitet. Sie tragen kleine Anhängsel, die auf die Ameisen wie Zuckerbrot wirken. Auch die Samen der Blausterne tragen solche Lockmittel. Doch in meinem Garten verschwanden sie schneller, als ich sie nachpflanzte. Und wenn doch der eine oder der andere Blaustern überlebte, sah er als Einzelpflanze ziemlich mickrig aus. Im Auwald gibt es die Blausterne zu Tausenden mitten unter den Millionen Schneeglöckchen und Frühlingsknotenblumen oder in großen Beständen auch alleine. Wo nur sie vorkommen, bilden sie im April blaue Bänder entlang der Wege oder ganze Flächen. Auch in meinem Garten verbessert sich die Lage für die Blausterne seit einigen Jahren. Und neue Einzelvorkommen von Schneeglöckchen und Frühlingsknotenblumen treten auf. Den Grund kenne ich inzwischen. Wir hatten zu früh gemäht. Zu früh für die Samen, um reif zu werden. Die Ameisen konnten nichts sammeln und Samen an andere Stellen tragen. Die vorhandenen Zwiebeln überlebten und bildeten mit ihren abgespaltenen Töchtern Jahr für Jahr etwas größere Büsche von Schneeglöckchen und Frühlingsknotenblumen. Die Blausterne sind offenbar nicht so gut mit der Bildung von Tochterzwiebeln. Auch im Auwald bilden sie keine dichten Büschel. Diese Erfahrung kam mir in den

Sinn, als ich meine Schneeglöckchen an einem weiteren sonnigen Februartag inspizierte und feststellte, dass die größte Gruppe wiederum deutlich zugenommen hatte. Vielleicht wird sie in zwei oder drei Wochen über 200 Blüten tragen. Vorerst sehe ich nur kleine weiße Spitzen davon an Dutzenden grüner Sprossen. Ich nehme mir fest vor, beim Rasenmähen auf die Samenbildung der Frühlingsblumen zu achten. Das Vergnügen, das sie mir jetzt und in nächster Zeit bereiten, ist die Achtsamkeit wert. Mit dem beginnenden Verblühen ist es nicht vorbei mit ihrem Leben im laufenden Jahr. Allzu oft achte ich tatsächlich nur auf das Blühen, stelle ich beschämt fest. So, als ob es für mich gemacht wäre, und nicht für die Schneeglöckchen selbst und die Insekten, wie bei all den anderen Blumen.

Darüber nachdenkend wische ich den Rest Schnee von den Primeln, die unter den Rosenstauden blühen. Leuchtend gelbe und blassgelbe Blüten tragen die beiden Sorten. Sie stammen nicht von den Schlüsselblumen ab, die hier im Auwald und an den sonnigen Triften vorkommen. Sie sind »stängellos«. Ihre Blüten sitzen fast direkt auf den Rosetten breitflächiger Blätter. *Primula vulgaris* hatte Carl von Linné vor über zweieinhalb Jahrhunderten ihre Stammart genannt. Sie wächst im atlantischen Klimabereich West- und Nordwesteuropas und blüht bei mir den ganzen Winter über, wie vielfach auch andernorts. Weil es in ihrem Herkunftsgebiet keinen Winter mit anhaltend Frost und Schnee gibt. Mir vermitteln diese Primeln, wie wichtig die Schneebedeckung ist. Haben wir reichlich Schnee, erfrieren mir die Primeln und auch die anderen frostempfindlichen Pflanzen im Garten nicht. Die Schneedecke isoliert. Sie hält den Boden temperiert mit seiner Eigenwärme und verhindert das Eindringen von Frost. An den Primeln sehe ich bereits im Spätwinter, ob ich mit Winterfolgen für meine Gartenpflanzen zu rechnen habe. Die Schneeglöckchen eignen sich dafür nicht. Sie sind winterhart. Anders die Tulpenzwiebeln. Um sie muss ich bangen, ob sie vom Frost geschädigt wurden, wenn kein Schnee lag. Für die Tulpen sind Spätfröste gefährlicher, zumal wenn sie bereits Knospen geschoben haben. Am Zustand der Primeln richte ich auch meinen Schutz für die Rosen aus. In den meisten Wintern brauche ich mich nicht um sie zu kümmern, nachdem ich sie im Herbst zurückgeschnitten habe. Um ihre Wurzeln geht es, wenn kein Schnee liegt und eisige Nächte zu erwarten sind. Um ihren Schutz muss ich mich rechtzeitig kümmern. Gerade jetzt, wenn alle Zeichen den Vorfrühling ankündigen, aber die Nächte noch länger als die Tage sind. Bis über die Märzmitte hinaus kann es Kaltlufteinbrüche geben, wenn Forsythien und Mandeln bereits blühen.

Der Vorfrühling ist im Jahreslauf die zweitlängste Phase, so mein Eindruck. Nach der noch längeren der Winterruhe von November bis in den Februar hinein zieht er sich hin und im Garten ändert sich mitunter eine ganze Woche lang so gut wie nichts. Der alljährliche Kaltstart stottert. Erst wenn die Tage länger werden als die Nächte, wechselt das Frühjahr in den Warmstart. Ab Ende März grünt und sprießt es mit Macht. In den vier, mitunter auch fünf zähen Wochen des Vorfrühlings kann ich mich in Ruhe einstimmen auf das neue Jahr. An Neujahr hat es viel zu formal begonnen. Mit zu viel Krach und Pulvergestank dazu. Die Wintersonnenwende war da schon eineinhalb Wochen vorüber. Mit dem 1. Januar kann ich nichts anfangen. Ich denke, dass für die allermeisten Menschen, die in Regionen mit ausgeprägten Jahreszeiten leben, das Jahr mit dem Frühling richtig beginnt, mit dem Wiedererwachen der Natur. Den Winter gilt es durchzustehen. Sobald die Sonne durch Höhe Kraft gewonnen hat, geht es spürbar aufwärts. So empfindet auch mein Körper den Lauf der Jahreszeiten.

Durch bewusstes Aufnehmen, was im Garten geschieht und was im äußerlich unveränderten Zustand verharrt, bereite ich mich im Frühjahr auf die Explosion der Lebensfülle vor, zu der es im April kommen wird. Jetzt, Ende Februar, habe ich noch die Muße, den beiden Blaumeisen zuzusehen, wie sie an den dünnen, abwärts hängenden Zweigen der Birke herumturnen. Sie untersuchen die noch dicht geschlossenen, würstchenartigen Kätzchen. An der Haselstaude sind diese schon viel größer und gestreckter. Einige sonnig-milde Tage werden ihnen genügen, sich vollends zu strecken und den Pollen in den Vorfrühlingswind zu streuen. Aus den dicken Knospen an den Haselzweigen recken sich dann wie winzige Polypen rote Fäden heraus, die weiblichen Blüten. Sie zu entdecken, bereitet mir jedes Jahr Freude. Nicht nur wegen der Nüsse, die ich ihnen verdanke, sondern wegen ihrer Art, mit spinnendürren, klebrigen Ärmchen die Haselpollen einzufangen, die an ihnen vorüberdriften. Anders als bei den Gräserpollen kann ich dieses kleine Wunder der Fortpflanzung einfach bestaunen, weil die Baumpollen bei mir keine Allergie auslösen. Den Turnkünsten der Blaumeisen werde ich deshalb auch später im Jahr, wenn die Birke blüht, mit stiller Bewunderung zusehen können. Sie sind so klein, so zierlich und doch so munter, als ob es eine Lust sei zu leben. Ich spüre, dass es mir guttut, ihnen zuzuschauen. Sie nehmen meine Empfindungen für Minuten ganz ein. Alles Übrige wird ausgeblendet. Es gibt nur sie, die kleinen Meisen mit dem azurblauen Käppchen, der gelben Brust und dem blaugrauen Rücken. Als die Frage aufkommt, ob es denn »unser Paar« ist, das alljährlich in einem Nistkasten brütet und meistens auch einige Junge erfolgreich großzieht, oder ob es noch Wintergäste sind, die aus dem Nordosten zu uns gekommen waren und wieder zurückfliegen werden, schwindet meine Anteilnahme. Termine, Verpflichtungen drängeln sich unwillkürlich wieder vor im Kopf. Die beiden Blaumeisen hatten sie erfolgreich zurückgehalten. Die weich flötenden Rufe eines Gimpels ziehen mich für Momente wieder zurück zur gedankenfreien Beobachtung. Auch sie, diese größeren, massigeren Finkenvögel mit dem dicken, kegelförmigen Schnabel, sitzen an der Birke und zwicken Knospen ab. Sie verzehren diese meistens ganz. Aber mitunter sehe ich, dass die festeren braunen Hüllblätter der Knospen abfallen, wenn die Schnäbel zufassen. Die Männchen tragen Rot, kräftiges Rosarot von den Wangen bis zum Bauch. Bei den Weibchen ist diese Gefiederpartie blass rauchrosa getönt. Sie fallen daher weit weniger auf als die Männchen. Uns Menschen, die wir Rot als eigene Farbe mit ihren Tönungen erkennen können. Die Katzen, die durch den Garten schweifen, sehen es nicht. Für sie sind solche Righttöne nur Grauwerte, gleichgültig, ob es das Rot des Gimpels oder das Gelbrot des Rotkehlchens ist. Schlüpft dieses unter der Hecke herum, wirkt es für Katzenaugen mehr oder weniger graubraun wie eine Maus.

Beim Gimpelrot ist mir das Rotkehlchen wieder eingefallen, das ich seit Wochen mit extra dafür zubereitetem Futter aus Haferflocken und hart gekochtem Ei versorge, seit es bei mir im Garten zu überwintern versucht. Draußen im Auwald begegne ich Rotkehlchen nur an den Gewässerufern, wo sich auch die Zaunkönige aufhalten. Dort finden sie Kleininsekten, Spinnen und Würmchen. Wovon sollte das Rotkehlchen bei mir im Garten leben? Es kann keine nahrhaften Knospen abzwicken, wie die Gimpel und die Grünlinge, deren klingelnden Gesang ich frühmorgens nun fast täglich vernehme. Dass auch meine Futterversorgung nur eine Hilfe, aber keine Garantie sein kann, die Hungerstrecke des Vorfrühlings zu überleben, die sich in vielen Jahren so lange hinzieht, musste ich vor einigen Jahren erleben. Da lag ein Rotkehlchen im März tot am Rand der Terrasse. Ich hob es auf. Es war leicht, viel zu leicht, nur wenig über 10 Gramm, wo es doch 15 bis 20 Gramm wiegen sollte.

Das Brustbein trat scharf hervor. Die Brustmuskeln waren geschrumpft. Das Rotkehlchen war nicht verletzt. Es war verhungert. Im Dezember und Januar hatte es immer wieder im Buschwerk gesungen. Wenn »es« es war. Das nahm ich an, weil ich nun einige Tage lang kein Rotkehlchen mehr zu sehen bekam, so sehr ich auch darauf achtete. Als wieder eines da war und zu singen anfing, war es sicher ein anderes, dem mein Garten gleichfalls zusagte. Darüber freute ich mich und hoffte umso mehr auf den Frühling.

Am nächsten Morgen höre ich beim Aufwachen wieder die feinen Flötenrufe der Gimpel. Ich nehme sie als Signal, barfuß hinauszugehen in den Garten. So einen Morgengang mache ich, wann immer es geht. Nur nicht bei strengem Frost. Heute, mit leichtem Reif auf den Gräsern am Boden und glitzernd weiß überzogenen Dächern, regt die Kälte, die durch die Fußsohlen dringt, den Kreislauf in geradezu idealer Weise an. »Phü^{üü}« hauchen die Gimpel von der Birke herab. »Tirr^{rrr}« klingeln die Blaumeisen. »Zi^{bäh}« oder »Zi^{üh}, Zi^{üh}« meinen die Kohlmeisen und die Spatzen tschilpen wirr durcheinander. Ein Anklingen des Morgenkonzerts der Vögel an der Wende vom Februar zum März ist es. Der Türkentauber mischt sich mit seinem monotonen, beständig wiederholten »Guh, Guh^{guck}« dazu. Da sehe ich, dass ich bei meinem Mini-Kneipp-Gang beinahe auf ein Gänseblümchen getreten wäre. Nicht nur die stängellose Primel blüht, wie es ihrer atlantischen Herkunft gemäß ist, sondern auch »unser« Gänseblümchen. Heuer schafften es diese Kleinen, ihre

Pracht vor den Schneeglöckchen als Erste zu entfalten. Oder ich übersah sie in den vorausgegangenen Wochen mit Bodenfrost und Schneelage? Seltsamerweise gewinnt diese Frage für mich einen Moment lang an Bedeutung. Ich bin mir sicher, dass sie im Dezember, nach Weihnachten, noch geblüht hatten. Was war mit ihnen seither? Darauf hatte ich nicht geachtet. Sind die heutigen Blüten neu oder alt, aus diesem oder dem »Vorjahr«? Beide Zuteilungen spielen im Leben der Gänseblümchen keine Rolle. Sie blühen, wenn ihnen die Umstände dies ermöglichen. Ich bemerke sie im Spätherbst, wenn sich die übrigen Pflanzen in die Winterruhe zurückgezogen haben oder abgestorben sind, weil ihre Zeit zu Ende war. Und wieder im Vorfrühling, wenn die übrige Vegetation noch nicht aufgekommen ist und sie, die so klein sind, überwuchert. Am prächtigsten blühen sie nach dem Mähen des Rasens. Da sprenkeln ihre vielstrahlig weißen Sternchen mit den gelben Zentren die gemähten Flächen, wie Blüten von Kinderhänden ausgestreut. Erinnerungen wie diese fesseln mein Interesse. Sie sind immer da, die kleinen Gänseblümchen, aber fast immer übersehe ich sie, weil ich auf so viel anderes achte. Dem Bestimmungsbuch für Pflanzen entnahm ich den wissenschaftlichen Namen. Mit Gänsen hat er nichts zu tun. Richtig schön, geradezu liebevoll bezeichnet er dieses Blümchen als die »Immerschöne«. So übersetzte mir mein Mann das *Bellis perennis*. Jahraus, jahrein schön also; was für ein Lob für das kleine Gänseblümchen! Mein Mann erzählte mir auch, dass sich kleine Mädchen früher Kränze aus Gänseblümchen gemacht und auf den Kopf gesetzt hatten. Noch kleinere trugen sie am Handgelenk wie einen Armreif. So hatte ich es als Kind in Japan mit Blüten von weißem Klee auch gemacht. Die früher frei laufenden Hausgänschen fraßen die Gänseblümchen tatsächlich gern. Das sah ich selbst beim Beobachten junger Graugänse an einem Baggersee, der im Sommer als Badesee genutzt wird. Die flaumig gelben, beim Laufen so nett wackelnden Gänschen zupften gezielt nach den Blüten der Gänseblümchen, die dort zu Tausenden aufgegangen waren.

Seltsam, was mir beim Betrachten des Gänseblümchens vor meinem großen Zeh an diesem leicht frostigen Vorfrühlingsmorgen alles einfällt, der in einen schönen Tag überzugehen verspricht. Und was für Verbindungen zustande kommen. Sie spulen sich ab wie Rollbilder, die ich herunterlasse, während ich von der Birke auf die Forsythie schaue und ihre Knospen betrachte, und mir dann die durch eine rund herum aufgestellte Rohrmatte geschützte Kamelie vornehme. Ihre dicken Knospen sehen viel robuster aus als die der Forsythien. Sie sind jedoch ungleich empfindlicher. Ich muss sie schützen, wenn ich ihre Blüten, die wie rote Rosen aufgehen, im April bewundern möchte. Auch den Laubhaufen überstreiche ich in der Hoffnung, dass es dem Igel, der darunter seinen Winterschlaf hält, weiterhin gut geht. Vielleicht, wahrscheinlich sogar, sind auch Mäuse darin, denn an manchen düsteren Winterabenden sah ich sie, wie sie die Stauden hochkletterten, um an die Futterstelle für die Vögel zu gelangen. Die großen Ohren und der lange Schwanz verrieten, dass es Waldmäuse waren, keine Wühlmäuse, die ich im Garten nicht so gern hätte.

Spät bin ich aufgestanden und hinausgegangen in den Garten in dieser Zeit des Vorfrühlings, aber genau rechtzeitig, um zu erleben, wie die aufgehende Sonne das filigrane Astwerk der Birke auf den bereiften Boden wirft. Wie ein riesiges Tuschegemälde auf grob geschöpftem, aber besonders feinem Seidenpapier sieht es aus. Mit diesem Filigranbild der Birke steht die Zeit mehr als nur einen Augenblick still. Und in diesem Moment öffnet sich in mir jener Spalt, der so unzureichend mit dem Begriff des Zen gekennzeichnet wird. Just in diesem Moment herrscht Stille, Morgenstille.

Nur gelegentlich, wenn alle Umstände passen, kommt so ein Moment zustande. Aus Erfahrung weiß ich, dass ich besser nicht danach suche, sondern ihn geschehen lasse. Ohne vorheriges Streben wirkt er intensiver. Es muss kein vom Licht gezeichnetes Bildnis sein, das mich für einen Augenblick aus dem Tun entrückt. Die weich rollende Strophe eines Rotkehlchengesangs kann genauso dazu führen, wie auch der Duft frischer Komposterde, die ich geöffnet habe, um meine Beete damit zu versorgen. Die Augen nehmen zwar wahr, dass eine Vielzahl kleiner und kleinster Lebewesen darin herumwuselt, aber was über die Nase buchstäblich in den Kopf steigt, wirkt ungleich stärker. Dieser Atem der Erde bewegt für Minuten meine Hände, ohne dass ich sie lenken muss. Erst als sich einige Kompostwürmer, bläulichrot und satt rund, im schwarzblau schimmernden Humus bewegen, setzt das Denken wieder ein; das Denken ans Rotkehlchen und seine Strophe. Ich trete zurück, nehme den Eimer mit frischer Erde und gehe zu den Beeten. Das Rotkehlchen kann sich nun holen, was es im geöffneten Humusteil des Kompostes findet. Oder die Amseln, die nicht mehr wie im Winter bloß aufgeplustert herumsitzen, wenn sie nicht auf der Suche nach Nahrung sind. Sie beanspruchen meinen Garten wieder als ihr Revier, als Kerngebiet ihres Territoriums sogar. Dieses verteidigen sie gegen andere Amseln. Das Männchen singt frühmorgens vom Pavillon oder von der Birke, je nachdem, ob es windstill ist oder ob ein gewisser Windschutz dem Gesang zugutekommt. Vom braunen Weibchen mit dem ziemlich gelben Schnabel wird es kreuz und quer durch den Garten getrieben. Der gelbe Schnabel, nicht so gelbrot, wie beim Männchen, zeigt an, dass es ein altes, sehr kräftiges Weibchen ist. Sehe ich den beiden eine Weile zu, bekomme ich den Eindruck, dass sie es ist, die bestimmt, nicht der prächtige, samtschwarze Er, der so hinreißend singt. Seine Lieder sind laut, fordernd und abweisend zugleich. Ich höre sie gern, vor allem jetzt im Vorfrühling. Aber sie gehen mir nicht so unter die Haut wie die schmelzenden Triller des Rotkehlchens. In ihrem täglichen Leben und auch beim Singen kommen beide Vogelarten einander nicht ins Gehege. Ich möchte sie im Garten haben, den Sommer über und Jahr um Jahr. Aber nur die Amseln bleiben. Die Rotkehlchen haben keine Chance. Allzu oft lauert in der Hecke der Tod.

Die Wintermonate verliefen für das Rotkehlchen

sicherer als die nun folgenden im Frühjahr. Die Katzen blieben zu Hause oder machten nur kurze Gänge hinaus, diese oft am Tag, wo sie auch fürs Rotkehlchen sichtbar genug waren. Doch je länger die Tage werden, desto mehr streifen die Katzen nachts umher. Sie sehen ungleich besser als die Rotkehlchen. Dass ihre Nachtsicht im Wesentlichen Helligkeitsstufen in Grau und keine Farben liefert, beeinträchtigt ihre nächtlichen Streifzüge nicht. Sie sehen bei geringer Lichtstärke sogar besser als wir mit Infrarotlicht. Als mein Hund noch lebte, war ich oft nahe daran, ihn die Nacht über draußen zu lassen. Er hätte den Garten katzenfrei gehalten. Aber seine schallenden »Kommentare« zu menschlichen Nachtschwärmern hielten mich davon ab. Er hätte die unverschämten Katzen einfach zu lautstark ferngehalten. Am Tag schützte er die Vögel. Nachts mussten sie auf sich selbst achten. Die Amseln und Meisen, die Finken und Tauben tun dies durch katzensichere Schlaf- und Nistplätze. Die am Boden nistenden Rotkehlchen können es nicht. Dass ich in Teilen der Hecke das Buschwerk besonders dicht und auch am Boden wachsen ließ, reichte ihnen nicht. Wenn sich im Vorfrühling die Tage der Nachtlänge annäherten und ihre Brutzeit anfing, verschwanden sie.

In der Komposterde mache ich eine kleine Entdeckung, die in mir einen kurzen Schub Freude auslöst: Ein Schneckengelege ist da, aber die Eier sind flach, wie zu weich geworden. Es ist zugrunde gegangen. Nein, ich kann nicht Frieden schließen mit den Nacktschnecken, mit den großen braunen und so schleimigen Schnecken, deren wissenschaftlicher Name meines Erachtens viel zu gut klingt: *Arion*. Selbst Nackt-Schnecke ist unangemessen, finde ich. Aber weitere Gedanken dazu spinne ich lieber nicht aus. Denn der schneearme Winter mit wochenlang anhaltenden leichten Nachtfrösten sollte nach verbreiteter Ansicht vieler Menschen die überwinternden Schneckenbestände dezimiert haben. Diese Hoffnung bekräftige ich mit einem Seufzer. Im Mai erst werde ich mehr wissen, wenn die übliche Regenzeit eingesetzt hat und den Schnecken Schneckenwetter beschert. Ein trockener Mai wäre viel wert. Und zudem sehr schön. In der Land- und Forstwirtschaft sieht man das anders. Das weiß ich. Aber so unbedingt, wie sie ihr ideales Wetter haben wollen, möchte ich es nicht. Bei dieser gedanklichen Verirrung zucke ich zurück. Sie passt nicht zur Gelassenheit, die zu gewinnen mir die Arbeit im Garten sonst hilft. Also versuche ich mich mit der Frage abzulenken, ob die Zen-Meister jemals gegen Nacktschnecken zu kämpfen hatten. Leider fällt mir dazu nichts ein. Vielleicht wären die Schnecken für sie ein passendes Vorbild für den Erfolg beharrlicher Langsamkeit.

Ein braunes Blatt taumelt durch den Garten. In flachem Winkel, dann aufsteigend. Es ist ein Schmetterling, ein Kleiner Fuchs, wie ich im nächsten Moment erkenne. Heuer ist er der erste Tagfalter im Garten, den ich sehe. Das liegt sicher an der föhnigen Südströmung, die ihn von den Bergen her übers Alpenvorland getragen hat. Er fliegt weiter, ohne eine einzige Runde im Garten gedreht zu haben. Richtung Nordosten. Die Kleinen Füchse wandern im März oft in großer Zahl von Italien und Kroatien her über die Alpen nordwärts. Sie folgen den Flusstälern, die zur Donau ziehen, und nutzen den Föhn als Rückenwind. An der Isar bei München untersuchten mein Mann und ich viele Jahre lang die Wanderflüge von Schmetterlingen. Dass gerade jetzt einer durch den Garten fliegt, freut mich. Meistens sind Zitronenfalter die ersten Tagfalter des Frühlings. Sie überwintern bei uns, sogar in Gärten, nicht nur im Auwald. Im Herbst sehe ich sie, die satt zitronengelben Männchen und die blassgelben, eher elfenbeinfarbenen Weibchen, wie sie nach einer fürs Überwintern geeigneten Stelle herumsuchen. So sehr ich ihnen aber auch zuschaue, sie lassen sich nicht bei mir im Garten nieder. Daher kenne ich ihren Zustand nur von Fotos, die Freunde gemacht haben. Im Gestrüpp hängen die überwinternden Falter, die Flügel nach unten gerichtet, wie ein fahles, noch am Zweig haftendes Blatt. Gibt es nach feuchten Winterabenden Frost, überzieht sie Reif mit seinen Eisnadeln. Ein Frostschutzmittel in ihren Körpern verhindert, dass sich auch im Innern Eis bildet. Bis zu minus zwanzig Grad Kälte überstehen sie in dieser ungeschützten, lediglich etwas versteckten Haltung. Im Vorfrühling regt sie die Sonne zum Leben an. Dann fliegen die Männchen an Waldwegen und -rändern entlang, unermüdlich, bis Tage oder Wochen später auch die Weibchen munter werden. Auch durch meinen Garten kommen sie. Und wenn ich es irgendwann doch einmal schaffe, ein paar Faulbäume zu pflanzen, werden die Weibchen ihre Eier daran ablegen, Raupen an den jungen Blättern fressen, sich verpuppen und im späten Juni oder Juli als neue, frische Zitronenfalter schlüpfen. Die Männchen werden die hellen Weibchen in einem Lufttanz umwerben. Und ich werde meine Freude daran haben, ihnen zuzusehen. Mit einer Tasse Tee in der Hand und von der Aprilsonne auf der Terrasse beschienen. Natürlich werde ich das schaffen; irgendwann. Es gibt so viel, das ich mir vorgenommen habe, und noch viel mehr, das ich mir vornehmen werde, je mehr ich beobachte und je tiefer ich eindringe in das Leben und Treiben in meinem Garten. Es ist ein stetes Streben.

Zufrieden betrachte ich die Schneeglöckchen und die Frühlingsknotenblumen, wie ihre Blüten schaukeln, obwohl ich selbst kaum einen Luftzug verspüre. Bei der Haselstaude öffnen die Elfenkrokusse ihre kleinen, hell lilafarbenen Kelche. Safrangelbe und dunkellilafarbene mit viel größeren Blüten werden folgen. Obwohl ich weiß, wo ich sie zu erwarten habe, überraschen sie mich jedes Jahr wieder mit ihrem plötzlichen Hervorkommen. Zart hellblau getönte oder gelbe Spitzen schieben sich scheinbar urplötzlich aus dem Moos und schon am nächsten oder übernächsten Tag habe ich die voll geöffneten Krokusblüten. Und die Bienen dazu, die in die Kelche hineinkriechen und darin ganz geschäftig tun.

Aber wie nahezu jedes Jahr kommt der Rückschlag mit kalter Witterung. Wir müssen »durch«, der Garten und ich. Auch auf den April ist kein Verlass, nicht einmal darauf, dass er Aprilwetter bringt.

Solches kann es auch im Mai geben. Oder es bleibt aus, und im Garten blüht und sprießt es, dass es eine wahre Lust ist. Darauf wage ich nicht zu hoffen. Zu oft wurde ich enttäuscht. Umso mehr trachte ich danach, dass mir kein später Frost die Knospen der Kamelie und die sich öffnenden Blüten der Sternmagnolien versengt. In ihren weißen Sternen steckt für mich der Zauber des Frühlings. Die Schönheit der Schneeglöckchen ist subtil. Ein Sternmagnolienstrauch voller Blüten ist ein so zauberhafter Anblick, dass ich mich auf die tief verwurzelte japanische Art vor ihm verneigen möchte, wenn ich frühmorgens aus dem Schlafzimmerfenster schaue und diese Pracht erblicke. Bei sonnig kühler, trockener Witterung hält sie gut eine Woche, in manchen Jahren auch fast zwei, bis das allmählich einsetzende Sprießen der Blätter das Sternenweiß zu durchsetzen anfängt. Mit hellgrünen Kränzchen. Dann fallen die schmalen, fast kleinfingerlangen Blütenblätter ab und bilden einen großen Sternenkranz auf dem Boden rund um den Strauch. Auch diese Phase, die nur wenige Tage andauert, fasziniert mich. Erst wenn die Bräunung der Blütenblätter einsetzt, muss ich einsehen, dass die Zeit der Sternmagnolie wieder einmal vorüber ist – für ein ganzes Jahr. Weil sie in meinen kleinen Garten passen, sind sie für mich der Ersatz für die Kirschblüte; jenes Wunder, das in Japan niemand versäumen möchte. Zierkirschbäume gibt es auch hier. Aber ich möchte keinen Abglanz im Kleinformat schaffen. Ein Ensemble mit umfassender Wirkung könnte es bei mir niemals werden. Dazu fehlen Platz und

Struktur der Landschaft. Die Kirschblüte soll für mich mit Japan verbunden bleiben wie Neuschwanstein mit Bayern.

Überschneidet sich das Blühen meiner Sternmagnolien zeitlich mit dem der Forsythien, was in vielen Jahren der Fall ist, habe ich kaum noch Augen für deren leuchtendes Gelb. Sie versprechen damit ohnehin zu viel. Sie täuschen die Bienen und all die anderen Insekten, die von ihrem neonhellen Gelb angelockt werden. Geboten wird ihnen nichts. Die Garten-Forsythien sind künstlich erzeugte Hybriden, deren Blüten steril sind. Die Bienen mühen sich vergeblich. Jedes Jahr müssen sie lernen, dass dieses Gelb für sie »leer« ist. Lange hatte ich dies nicht gewusst. Umso nachdenklicher macht mich das Wissen nun. Ist es richtig, diese gelbe Pracht nur für unser Auge zu pflegen? Auch wenn sie verblüht sind, bieten die Forsythien den Insekten und Vögeln wenig bis nichts. Allenfalls Amseln bauen Nester in dichtwüchsig geschnittene Forsythiensträucher. Vieles ist in den Gärten und Anlagen nur Schau. Es wird gestaltet für Eindrücke, die prägend für die Jahreszeit werden. »Mit der Forsythienblüte fängt der Frühling an«, so die Botschaft für uns. Aber nicht für die Honig- und die Wildbienen, müsste hinzugefügt werden. Für diese wären die blühenden Kätzchen von Salweiden und anderen Weiden unvergleichlich bedeutsamer. »Hier wächst eine Bienenweide«: Solch ein Schild bei blühenden Weiden im Garten, die ansonsten »nichts hergeben«, wie es heißt, wäre längst ebenso vonnöten, wie das entsprechende »Hier wächst eine Blumenwiese«, mit dem die übereifrigen Straßen- und Böschungspfleger davon abgehalten werden sollen, alles gleich wieder wegzurasieren, sobald erste Blüten aufgegangen sind. Denn Blühen bedeutet für sie Unordnung, vor allem offenbar für die mit den Pflegemaßnahmen betrauten Straßenbauämter. Allenfalls wird ein künstlich angesätes Blumenbeet respektiert. Oder eben die blühende Forsythienstaude. Wenn der Vorfrühling in den Frühling übergeht und die Natur in Schwung kommt, setzt die Vernichtung ein. Das bedrückt mich sehr.

Mein Garten wird mir dann zur Insel, auf die ich mich zurückziehen kann, wenn draußen die Motormäher brummen und in vielen Gärten der Rasen so geschoren wird, dass nicht einmal Gänseblümchen überleben. Dabei gibt es gerade jetzt fast Tag für Tag Neues zu entdecken. Der Ehrenpreis, der kleine Persische, wie ich präzisieren muss, hat zu blühen begonnen. Seine zarten Blüten zeigen, aus der Nähe betrachtet, ein Abbild des Himmels mit wolkenhellen Wischen im Blau. Auch der Günsel kommt, schiebt sich zu Kegeln empor, die ein tiefes Föhnblau erzeugen, wenn sich die Blüten auftun. Natürlich habe ich Tulpen im Garten; Tulpen in verschiedenen Farben von Weiß mit Fransung der Blütenblattränder bis fast Tintenschwarz. Gelbe Osterglocken erblühen jahreszeitlich beständiger, als Ostern kommt, wonach sie benannt sind. Und den Flugzielen der Bienen entnehme ich, dass meine Johannisbeer- und Himbeersträucher zu blühen begonnen haben. Ihre Blüten sind unscheinbar, gleichsam das Gegenteil der auffälligen Tulpen. Aber während diese nach dem Verblühen nichts weiter hinterlassen, als mit der Zeit blasser und fahler werdende Blätter, die alsbald aussehen, als ob sie verfaulen würden, bekomme ich von den unauffälligen Blüten im Juni schmackhafte Rote und Schwarze Johannisbeeren und monatelang Himbeeren. Reihe ich mir das Blühen des Frühjahrs nach Auffälligkeit, kommt folgende Zuordnung zustande: Je auffälliger, desto weniger ergiebig. Die Apfelbäume muss ich allerdings ausnehmen. Denn sie blühen sehr schön, unaufdringlich »rosenschön«, wie ich es nennen möchte. Und kommt ihr Blühen Ende April oder Anfang Mai in voller Pracht zur Geltung, kann ich durchaus auf viele Äpfel hoffen. Sollten Spätfrost oder Hagel dies verhindern, liegt es nicht am Versprechen der Blüten. Ansonsten stimmt die Beziehung – bis hin zu den Rosen. Hagebutten liefert mir keine, und manche Rose ist auch für Bienen nicht sonderlich attraktiv, so großartig sie auch aussehen mag. Nur auf die kleinblütigen, offenen, die keine »gefüllten« Blüten bilden, fliegen die Bienen und die Rosenkäfer. Sie bieten Pollen und lockende Düfte.

Mit der Apfelblüte endet für mich die Frühlingszeit. Mag es auch Rückschläge des Wetters noch im Mai geben, die hierzulande in für mich abstruser Weise »Eisheilige« genannt werden. Ab Ende April ist die Zeit des langsamen, fast gemächlichen Gedeihens des neuen Jahres vorüber. Der April öffnet in seinem alten Wortsinn aus der Römerzeit die Büchse der Pandora und lässt die Fülle ausströmen. Das Zögern ist vorbei. Zögerlichkeit können sich Pflanzen wie Tiere nun nicht mehr leisten. Die Zeit drängt. In knapp zwei Monaten wird das Jahr mit der Sommersonnenwende seinen Gipfel erreichen. Von diesen beiden Monaten hängt es ab, wie das Jahr wird. Sie bestimmen die Bilanz. Sie fordern mein Tun heraus. Mai und Juni lassen mir kaum Zeit zu kontemplativen Betrachtungen. Handeln ist gefragt, teilt mir Tag für Tag der Garten mit. Es wäre auch alles gut so, wenn das Wetter nicht wäre. Nasskalt und unangenehm ist die »schöne Maienzeit« doch meistens. Wie selten hat es in den letzten dreißig Jahren einen schönen Mai gegeben. Ich wage nicht zurückzudenken.

夏

Dem Höhepunkt entgegen: der Frühsommer

Wie immer, hatte sie sich lang hingezogen, die Zeit der Vorbereitung. Nun strebt das Werden im Garten so schnell dem Höhepunkt zu, dass ich kaum noch mitkomme mit meinen »begleitenden Maßnahmen«, genannt Gartenarbeit. Drei Hauptdramen laufen nebeneinander: Salat & Schnecken, Kraut & Raupen, Blüten & Blattläuse. Bei allen dreien bin ich in Kämpfe verwickelt, die für erbauliche Kontemplationen nicht gerade taugen. Sie gehören zu den Untiefen des Gärtnerns, bei denen ich permanent vom Gefühl des Steckenbleibens und Scheiterns begleitet werde. Und verzweifeln würde, gäbe es nicht all das Schöne und Erfolgreiche, das von selbst spießt und sich ohne meine Hilfe durchsetzt. Wie die Pfingstrosen. Ihre stark fingerförmig zerteilten Blätter kommen hervor, werden größer und größer, bis zwischen ihnen halbkugelige Gebilde erscheinen, die geballten Fäustchen ähneln. Sie schwellen an, gehen von grün in ein fahles Rosa über, platzen auf, wenn Pfingsten sein soll, und werden so groß und so schwer, dass ein Regenguss reicht, sie zu Boden zu drücken. Rosa Schaumbälle. Zu massig für ein Ikebana-Gesteck. Wunderschön draußen im Garten, wenige Meter neben einem meiner beiden japanischen Fächerahorne. Sie könnten Hortensien sein und damit direkt mit den Bäumchen zusammenpassen. Aber daneben stehen schon meine Johannisbeeren. Unauffällig haben sie geblüht, auffällig wurden sie von Bienen und anderen Insekten besucht, und noch vor Höhe- und Wendepunkt des Jahres reifen die Roten. Die Schwarzen, äußerst aromatischen, brauchen etwas länger, oft bis in den Juli hinein.

In der Hecke, die den Garten umgibt, blühen Rosen, Liguster, Hartriegel, Weigelien und Pfeifenstrauch, der in der Version im Garten als Jasmin doppelt falsch benannt ist, weil er keiner ist und auch keinen Duft verströmt. Das tun die Blüten von Eberesche und Liguster umso mehr, wenngleich wir ihn nicht allzu gerne in der Nase haben. Für Bienen, Käfer und Fliegen sind deren Düfte dennoch sehr anziehend. Mindestens so, wie für meine Nase die Rosen, die mich ab Ende Mai mit den prächtigsten Blüten versorgen, obwohl, oder gerade weil ich sie so stark beschneide. Bis in den Winter habe ich Rosen vor dem Fenster, ob das Wetter gut oder unangenehm ist. Draußen auf dem Rasen wachsen dünne grüne Stangen kniehoch auf, bilden eine flache Knospe und gehen als fast handtellergroße weiße Sterne auf: Margeriten. Dass sich an ihnen mitunter an den Stielen direkt unter den Blüten Kolonien schwarzer Blattläuse entwickeln, irritiert mich. Stehen sie in Verbindung mit den Blattlausmassen an den Hibiskussträuchern? Sind sie deren Ableger, oder begünstigen sie diese gar? Ein Marienkäfer auf einer Margeritenblüte bedeutet meistens, dass ich unter die Blüte schauen sollte. Am glatten Stiel lassen sich die Blattläuse leicht mit den Fingern zerquetschen. Unangenehm ist es doch. Ich kann mich nicht erinnern, draußen an den Dämmen, wo Margeriten in größeren Beständen wachsen, auch Blattlausbefall gesehen zu haben. Wahrscheinlich achtete ich bloß nicht darauf, weil ich nur von oben auf die Blüten schaute.

Mai und Juni sind die Zeit, in der ich mich am liebsten im Pavillon aufhalte und aus geöffnetem Fenster und offener Tür auf den Garten schaue. Die Amseln hüpfen herum, suchen nach Nahrung oder nehmen ein Sonnenbad. Plantschen die Spatzen in der Vogeltränke, sehen die Amseln eine Weile zu, als ob sie überlegten, selbst auch ins Wasser zu gehen. Bei den Spatzen ist dies eine gemeinschaftliche Angelegenheit. Fängt einer zu baden an, kommen andere und machen mit. Die Türkentauben trippeln kopfnickend drum herum, haben offenbar aber kein Badebedürfnis. Die Amseln schon, aber eben nur nach reiflicher Überlegung. Fängt dann auch noch ein Grünspecht an, im Rasen nach Ameisen oder Käferlarven herumzubohren, kann ich mich kaum noch auf das Buch konzentrieren, das zu lesen ich in der Hand halte. Der Tee passt hingegen bestens. Ohne meine Blicke vom Treiben der Vögel lassen zu müssen, erfasse ich die Tasse und führe sie langsam zum Mund, um jenen kleinen Schluck zu nehmen, der mehr ein Nippen als ein Trinken ist.

Sommer

Kalendarisch beginnt der Sommer mit dem Juli, dem Sonnengang nach mit der Sommersonnenwende. Für die Natur gibt die wieder abnehmende Tageslänge das Signal, das ihre Uhren umstellt. Die Mönchsgrasmücke, die seit April schier ununterbrochen im Garten gesungen hat, scheint müde geworden zu sein. Ihre Lieder sind nun kürzer, seltener zu hören und nicht mehr in voller Intensität. Ab Anfang Juli nehmen die Phasen zu, in denen ich keinen Vogelgesang mehr höre. Gottfried Benn nannte den Zustand »einsamer nie als im August«. Auch das Schrillen der Mauersegler, die über dem Garten in wahnwitzigen Flügen nach kleinen Insekten jagen, die für mich unsichtbar herumschweben, geht zurück. Die schwarzen Segler werden ohnehin von Jahr zu Jahr seltener. Ihr Verschwinden verfolge ich seit nunmehr einem Jahrzehnt. Die wenigen, die überhaupt noch ins Städtchen kommen, treffen spät ein, meistens erst in der zweiten Maiwoche. Dabei sollten sie aufgrund der Klimaerwärmung früher zurück sein. Seltsam. In München gab es weit mehr Mauersegler, die über dem Stadtviertel, in dem wir gewohnt hatten, nach Insekten jagten.

Mein Garten ist zu klein, viel zu klein, um den Mangel an Kleininsekten in der Luft auszugleichen. Würde ich die Spatzen nicht den ganzen Sommer über füttern, hätte ich wahrscheinlich längst keine mehr. Nur den Amseln geht es besser. Sie profitieren vom Rasenmähen. Es hält ihnen den Boden mit den Regenwürmern zugänglich. Gut geht es ihnen dennoch nicht. Viele ihrer Bruten fallen Katzen und Elstern zum Opfer. Eine Virus-Epidemie dezimierte vor einigen Jahren vielerorts die Amselbestände ganz massiv. Stechmücken übertragen den nach der südafrikanischen Herkunft Usutu-Virus genannten Erreger. Immer wieder flackert die Seuche auf. Gibt sie uns ein Beispiel dafür, wie es mit der Corona-Pandemie weitergehen wird? Als »meine Amsel« starb, die ich Emma genannt hatte, ahnten wir noch nicht, dass uns ein Jahr später eine ungleich gefährlichere Virus-Epidemie heimsuchen würde. Die Sterblichkeit, die COVID 19 verursachte, fiel zwar weitaus geringer aus als bei den Amseln, aber der Preis war ein monatelanger Stillstand von Wirtschaft und öffentlichem Leben mit allerlei unangenehmen Folgen. Die Gärten wurden in dieser Zeit für viele Menschen zu privaten Inseln des Glücks, wo sie sich frei bewegen und etwas tun konnten. Vielleicht wird es im Frühjahr 2021 wieder so sein: Wer einen Garten hatte, zählte zu den Privilegierten, zu den Glücklichen. Selbst wenn es nur ein Balkon-Gärtchen war. »Urlaub in Balkonien« war angesagt. Vielen blieb nichts anderes übrig, als mit dieser beschönigenden Umschreibung daheim zu bleiben. Manche werden danach festgestellt haben, dass das so schlecht nicht war. Gerade der Garten hat mehr zu bieten als gelegentliche körperliche Arbeit wie Rasenmähen oder einen Platz zum Grillen.

Die Melancholie, die mich in den Tagen der Sommersonnenwende meistens spürbar erfasst, weil es nun wieder abwärts geht, verflüchtigt sich, wenn ich frühmorgens die Blütenkelche der Prunkwinde erblicke. Sie scheinen sich mir entgegenzurecken. Ihre Trichter ziehen den Blick geradezu auf sich. Schaue ich sie an, verschwimmt alles um sie herum und ich bekomme das Gefühl, eingesaugt zu werden in ihre Tiefe, die keinen Ausblick zulässt. Wie die Hummeln, die darin frühmorgens verschwinden. Wenn sie wieder aus den samtig tief lilaroten Kelchen hervorkommen, tragen sie Pollen an ihren Körpern. Damit schlüpfen sie in die nächste Blüte, in die übernächste und so fort. »Morning Glory« heißt sie viel treffender im Englischen. Das deutsche »Prunk- oder Prachtwinde« wird diesen Blüten nicht gerecht, denn sie machen keine übertriebene Schau. Ihre Besonderheit ist die Öffnung am frühen Morgen. Schon gegen Mittag rollen sich die Ränder des Blütentrichters ein. Nachmittags, spätestens am Abend sind sie vollends verblüht. Wie der Klatschmohn mit seinen seidenzarten blutroten Blüten erblüht die Prunkwinde, Blüte für Blüte, nur für die Stunden des Morgens und mit Ausrichtung zur Sonne hin. Aber anders als dieser, der seine Kraft in wenigen Tagen des Frühsommers erschöpft, bringt die Prunkwinde neue Blüten bis in den Herbst hinein hervor. Daher ist sie für mich Symbol des Sommers. Und eine kleine Herausforderung dazu, denn sie wächst und rankt und strebt nach oben, zu den Seiten und stets zum Licht, der Morgensonne entgegen. Mit Bogengittern, wie sie für rankende Rosen verwendet werden, mehr noch mit kräftigen Schnüren, die den Sommerregen und Gewitterböen standhalten, lenke ich sie in mir genehme Richtungen. Ihre riesigen herzförmigen Blätter werden dabei zu dynamischen Skulpturen. Wohin ich ihre weichen, gelblichgrünen und für das Klettern viel zu zart geraten wirkenden Spitzen auch lenkte, sie folgen und nehmen den vorgeschlagenen Weg an. Nur in den Schatten oder hin zur Nachmittagssonne wollen sie nicht. Das respektiere ich gern, denn ihre Blütenfülle lohnt alle Kompromisse. Dreißig, fünfzig und mehr Kelche können an einem Sommermorgen aufgegangen sein. Sie alle recken sich aus dem satt bläulichgrünen Blattwerk heraus dem Morgenlicht entgegen. Da freue ich mich wie einst als Kind im Garten in Japan, in dem auch die Prunkwinden blühten. Unser nach Osten gerichtetes Küchenfenster war ihr Platz. Mitunter denke ich, das Experiment machen zu müssen, ob sich Prunkwindenblüten auch zur japanischen Fahne hin ausrichten würden; zur roten Sonne im weißen Feld. Die aufgehende Sonne ist unser Flaggensymbol. Ich könnte mir kein geeigneteres vorstellen.

Die Blätter der Prunkwinde umrahmten unser

Küchenfenster mit ihrem Schatten. Wir schätzten dies, denn die Sonne ist sehr stark so ganz im Süden Japans, etwa auf der geografischen Breitenlage der Mündung des Nils. In die Küche drang gedämpftes, grünliches Morgenlicht. Ich empfand es als wohltuend. Wir mieden die Sonne, so weit es ging. Sie strahlte einfach im Übermaß, bis die Monsunzeit einsetzte. Dann wurde Licht zu Wärme und zu dampfend schwüler, mitunter lähmender Hitze. Im Sommer die Sonne aufzusuchen, das lernte ich erst in Europa kennen. Weil es hier fast immer zu lange dauert, bis aus dem Vorfrühling richtig Frühling und aus dem Frühsommer richtig Sommer wird. Schafskälte im Juni lässt mich zittern, tage-, mitunter wochenlanges Regenwetter im Juli schier verzweifeln. Wohltuende Wärme kommt oft erst spät im Sommer. Da zähle ich die Tage, die richtig schön sind und Abende mit mediterraner Wärme bescheren, die wir auf der Terrasse genießen. Beginnt ein Sommertag regnerisch, hängen die dennoch aufgegangenen Blüten der Prunkwinde schräg abwärts. Da kann ich nicht umhin, dies als Ausdruck von Traurigkeit zu empfinden. Dabei werden die Blüten ganz bezaubernd, wenn Regentropfen von ihnen rinnen. Spiegelt sich darin das Morgenlicht, darf ich auf das Ende des Regens hoffen; wie jeden Tag aufs Neue auf einen guten Tag.

Die Prunkwinde liefert im Herbst Hunderte goldbrauner Samenkapseln. Stets sammle ich ein paar Dutzend davon, um im nächsten Frühsommer wieder aussäen zu können. Manchmal notiere ich mir, um welche Farbtypen es sich handelt, um helle, blass rosafarbene, lilarote, himmelblaue, oder tief dunkelblaue. Alle vier mag ich, weil sie im Frühlicht auf je besondere Weise strahlen. Zudem sind sie so einfach anzusäen. Sie kommen von selbst. Sie brauchen keinen besonderen Boden, keinen Spezialdünger und keine Sonderpflege. Einzige Anforderung ist die Ausrichtung zur Morgensonne. In Japan hat diese Pflanze mit der wissenschaftlichen Bezeichnung *Ipomoea violacea* (oder *Ipomoea tricolor*) eine ganz besondere, nationale Symbolkraft. Denn sie gehörte zu den ersten Pflanzen, die auf den von den Atombomben auf Hiroshima und Nagasaki vernichteten Flächen wieder erblühten. So wurde sie zum Zeichen der Hoffnung. Das ist inzwischen so lange her, dass sich kaum jemand noch direkt daran erinnern kann. Doch alte Erzählungen verselbstständigen sich. Sie werden zu Legenden. Und als solche immer weniger ernst genommen, selbst wenn sie wahr sind. Doch wenn ich darauf achte, sehe ich Jahr für Jahr selbst, was diese Pflanzen tatsächlich aushalten. Nicht meine Prunkwinden im Garten, sondern ihre nahen Verwandten, die Ackerwinden *Convolvulus arvensis*. Ihre Blüten sind viel kleiner. Sie werden nur zwei bis drei Zentimeter lang und sind hellrosa getönt, die Blätter schmal und pfeilförmig. Die Ackerwinde kriecht auf dem Boden, bis sie einen Maisstängel oder einen anderen Getreidehalm erreicht und rankt dann daran hoch. Bis über Kniehöhe kann sie erreichen. Dann richtet auch sie ihre Blütentrichter dem Licht entgegen, dem Feldrand meistens. An den Ost- und Südostseiten der Felder finde ich sie eher und höher emporrankend als an den West- oder den Nordseiten. Wenn ich sie überhaupt finde. Denn die Ackerwinden werden wie alle »Unkräuter« von Pflanzenschutzmitteln unterdrückt. Nur wenn der Acker nicht zu intensiv gespritzt wurde, haben sie eine Chance aufzuwachsen und ihre rosa Trichter zur Sonne zu öffnen. Der Vernichtung zu trotzen, sie zu über»winden«, zeichnet diese Winden aus. Dass ich darüber ins Grübeln komme, dürfte verständlich sein – und erklären, warum ich Prunkwindensamen von hier nach Fukushima schickte.

Eine Grundschullehrerin, mit der ich nach der Tsunami- und Reaktorkatastrophe von Fukushima im März 2011 Kontakt aufgenommen hatte, ließ ihre Schülerinnen und Schüler die Samen an dem Ort ausstreuen, an dem sie bleiben durften, nachdem sie aus dem verstrahlten Bereich evakuiert worden waren. Auch wenn sich die Kinder über die Schokolade, Zahnbürsten und andere Kleinigkeiten wie Luftballone freuten, die ihnen zeigen sollten, dass auch Menschen am so fernen westlichen Ende Eurasiens an ihrem Schicksal teilnehmen, verstanden sie das Gedeihen der Prunkwinden als Zeichen der Hoffnung. Das ging aus den Briefen hervor, die sie mir schrieben.

Die japanischen Formen der Prunkwinden kamen ursprünglich aus China, zusammen mit Heilkräutern wahrscheinlich. Auf den vulkanischen Böden Japans gediehen sie prächtig. Anfang des 19. Jahrhunderts (von 1804 bis 1830, um es genau anzugeben) gab es Wettbewerbe in Edo, wie die Hauptstadt damals noch hieß, bevor sie einige Jahrzehnte später (1868) in Tokio umbenannt wurde, bei denen die schönsten Prunkwinden präsentiert wurden. Seither werden zwei spezielle Märkte auf dem *Asagao-ichi* (= Prunkwindenmarkt) in *Iriya* vom 6. bis 8. Juli und dem *Hozuki-ichi* (= Lampionblumenmarkt) in *Sensoji* vom 9. bis 10. Juli in Tokio veranstaltet. Viele Gemälde, vor allem auch stilisierte Muster auf Sommerkimonos und auf Fächern zeigen, welche Bedeutung diesen Blüten in der japanischen Sommerkultur zukommt. Blühende Prunkwinden frühmorgens zu sehen, empfinde ich deshalb als meinen persönlichen Ausdruck tiefer Verbundenheit mit meiner Kindheit und Kultur. Von den seltenen Fällen wirklich schöner Sommer abgesehen, ist es für mich jedes Jahr wieder ein Wunder, dass es diese so zerbrechliche Pflanze schafft, mit den Unbilden des mitteleuropäischen Wetters zurechtzukommen. Mag auch der Hagel Löcher in ihre Blätter schlagen, mögen die Blüten an Tagen des Regens schier ohne Ende abwärts hängen und nicht richtig aufgehen können, sie wird viele Kelche zur Sonne richten, wenn das Wetter doch ein paar Sonnentage zulässt. Sollte dies auch erst im beginnenden Herbst der Fall sein.

Auf andere Weise schätze ich ihr tropisch-amerikanisches Gegenstück auf der Terrasse, die Passionsblume. Ihre Blüten sind filigrane Kunstwerke, die weit mehr als die schlichten Trichter der Prunkwinde das Attribut »prunk-« oder »prachtvoll« verdienten. In ihrer nahezu bizarren Schönheit bleiben sie mir fremd. Dennoch kann ich es nicht lassen, jedes Jahr wieder eine oder zwei davon vor der

Hauswand auf der Terrasse ranken und erblühen zu lassen. Vielleicht reizt mich, dass ich ihre Blüten »entdecken« muss, weil sie von den stark fingerförmig gestalteten Blättern filigran verdeckt werden. Auch sie öffnen sich am Morgen, aber viel langsamer, und verblühen am Abend. Die Einzigartigkeit ihrer Blütenstruktur muss die Entdecker der Passionsblumen so irritiert haben, dass sie geradezu krampfhaft die Verbindung mit dem Leiden Christi, der Passion, herstellten. Solche Schönheit durfte nicht einfach natürlich sein.

Für Nichtchristen ist es befremdlich, in dieser Blüte eine Dornenkrone und die Nägel der Kreuzigung erblicken zu wollen. Ausgerechnet mit dem Martertod soll eine der ganz besonderen Blütenformen sinnbildlich gleichgesetzt werden. Nun tragen zwar recht viele Pflanzen höchst merkwürdige Namen, wenn man diese wörtlich nimmt, weil man aus einem ganz anderen Sprach- und Kulturkreis kommt. Aber da es die gut besuchten Passionsspiele gibt, sind manche Bezeichnungen doch nicht so beliebig und bloß aus ferner Zeit ihrer Entstehung überkommen, wie es bei ihrem gegenwärtigen Gebrauch scheint. Mit »Passionsblume« kann ich mich deshalb nicht anfreunden, mit ihrem Blühen jedoch schon. Gern schaue ich den Wespen zu, die ihre Blüten besuchen. Sie laufen darauf im Kreis, wie auf einer bunten Jahrmarktanlage. Mit ihrer schwarz-gelben Ringelung passen sie zur Extravaganz der Blüte. Dicke Hummeln schieben sich ebenfalls über dieses Blütenkarussell. Zarte Schwebfliegen tippen Stellen daran an. Abends schließen sich die Blüten, und was am Tag nicht geschah, ist für sie vorbei. Nur ausnahmsweise bilden sie Früchte. Ihr Geschmack ist in der Welt der Geschmäcker ähnlich einzigartig wie ihre Blütenstruktur im Optischen: Maracuja.

Ihre Tropenherkunft drückt sich nicht nur in der Blütenform aus, für die es in den außertropischen Regionen nichts Vergleichbares gibt, wie mein Mann mir erzählte. Sie äußert sich auch in der zeitlichen Abfolge ihres Blühens. Tag für Tag eine neue Blüte, bis zu einem Dutzend, wenn die Ranken groß und weit ausladend herangewachsen sind. So zieht sich ihr Blühen über Monate hin, nicht bloß über wenige Tage oder einige Wochen, wie bei den Pflanzen unserer Breiten. Der Rote Mohn flammt auf, glüht mit täglich neuen Blüten vielleicht eine Woche lang, dann ist es vorbei mit seiner Show. Die Zeit der Wildrosenblüte dauert je nach Wetter auch nur wenige Tage bis gut eine Woche. Die gezüchteten, hybridisierten Rosen fallen aus dem Takt der Zeit, weil sie nicht mehr mit dem Ort und seinem Jahrslauf verbunden sind. Die Pflanzen subtropischer und tropischer Herkunft lassen sich mit ihren Blüten hingegen im Sommer über Monate bewundern. Sie scheinen zeit-los. Das macht sie attraktiv als Gartenzierde. Auch ich schätze das Blühen der Rosen. Die Prunkwinde und die Passionsblume begeistern mich jedoch. Zudem blühen sie bis weit in den Herbst hinein.

Für die Nachtfalter, die den Garten besuchen, halte ich die Buddleja am Blühen und (tropische) Wandelröschen auf der Terrasse. Ihre Blüten bekommen tagsüber Besuch von Schmetterlingen, die überwiegend, wie ihre Verwandtschaft, nachts unterwegs sind, wie die den Kolibris ähnelnden Taubenschwänzchen oder die Gamma-Eulen, die erst ganz aus der Nähe betrachtet mit einem silbernen Y auf ihren Vorderflügeln eine subtile Eleganz erkennen lassen. Als Wanderfalter sind beide zunehmend darauf angewiesen, dass sie in Gärten Ersatz für Blüten finden, die es draußen auf den Fluren nicht mehr gibt. Auch in ihrem Sinne hoffe ich darauf, dass an meinen Oleandern oder solchen am Stadtplatz oder auf der Burg von Burghausen die Raupen des Oleanderschwärmers anzutreffen sein werden. Ist im Mai oder Juni die Großwetterlage günstig, finden diese eindrucksvoll prächtig grün schattiert gemusterten Schwärmer auch nördlich der Alpen die Futterpflanze ihrer Raupen, den Oleander, wenngleich er in Kübeln gezogen wird, weil die Winter hier zu kalt sind. Strömen dann im Sommer die Massen der Urlauber über Bayern und die Alpen südwärts in die Oleander-Region, denke ich an den Schwärmer, der von dort gekommen war und gegen Ende der Ferienzeit der Menschen vielleicht in neuer Generation zurückfliegen wird in jene nahen Regionen ohne Frost. Die Gammaeulen tun dies regelmäßig, wenngleich in unterschiedlicher Menge von Jahr zu Jahr. Aber wie die Vögel machen auch die wandernden Schmetterlinge keine »Sommerferien«. Für sie ist die große Migration lebensnotwendig. Sommerzeit ist Migrationszeit. Mit dieser Tatsache sehe ich mich konfrontiert, wenn ich im Juli und August im Garten sitze, also daheim geblieben bin, und den Schmetterlingen an Buddleja und Wandelröschen zusehe, den letzten Mauerseglern um die Wende vom Juli zum August nachschaue und abends im Fernsehen die Bilder von den Staus gezeigt werden, die sich wieder über viele Kilometer entwickelt haben. Den Menschen steckt, wie auch mir, das Wandern im Blut, schließe ich daraus. Das drückte sich ganz besonders drastisch aus, als bedingt durch die Corona-Pandemie die Grenzen geschlossen wurden. Nicht wegfahren, nicht verreisen zu können, wurde vielen eine schwerere Belastung als die drohende Infektionsgefahr. Die Enge und Einschränkung machten uns zu schaffen. Die Ausbreitung des Corona-Virus ist die Folge des Hin- und Herreisens der Menschen kreuz und quer über den Globus. Die Reiselustigsten betraf die Epidemie am stärksten. Wer in seinem Dorf irgendwo abgelegen von der Großen Welt saß, befand sich in Sicherheit. Die Reisebeschränkungen wirkten umso frustrierender, je mehr sie an den Sommer heranreichten. Rechtzeitig vor (offiziellem) Beginn der Sommerferien wurden sie weitgehend aufgehoben; wenigstens innerhalb von Europa. Nicht einmal mehr die Gärten, die wahrscheinlich kaum jemals so intensiv gepflegt und bearbeitet worden waren, oder die Keller, die aufgeräumt wurden wie im Corona-Frühjahr und Frühsommer, dämpften den Drang, in die Welt aufbrechen zu wollen. Der sich aufstauende Druck forderte Entlastung.

Das Nachsinnen über die Formen der Freiheit und ihre Beschränkung unterdrückten meine Betrachtungen zum Gedeihen der Früchte in meinem Garten nur zeitweise. Dabei ist es natürlich nicht nur erholsam, in den Süden zu reisen, sondern zum Beispiel Woche für Woche zuzusehen, wie sich die Trauben an der Weinrebe blau verfärben und zu reifen beginnen, wie die Äpfel anschwellen, rote Bäckchen bekommen und speziellen Genuss versprechen, wie sich das Kraut allen Widrigkeiten zum Trotz zum festen Kopf formt und die Kürbisranken wie beblätterte Riesenschlangen den Gemüsegarten in Besitz zu nehmen versuchen. Fassungslos schaue ich mitunter auf sein Wachstum, während mir das Aroma der Himbeeren vom Mund in den Nasenraum steigt. Die, die jetzt erst reifen, sind frei von »Würmern«, den Larven des Himbeerkäfers. Sie haben sich außerhalb der Zeit dieser Käfer entwickelt; ein schönes Beispiel für die Ver- oder Entflechtung von Zeiten und Abstimmungen. Lehrstück des Gartens. Wie auch das Fallen der Äpfel, von denen so gut wie alle »wurmig« sind, die der Baum abwirft. Die Raupen des Apfelwicklers entwickeln sich darin, obgleich der Apfel am Boden liegt. Aber der Baum versorgt die befallene Frucht nicht mehr mit weiterer Nahrung.

Heiß können sie sein, die Tage im Juli und August, und schwül dazu, wenn Luftmassen aus dem Südwesten heranziehen und Gewitter aufsteigen lassen. An Spätnachmittagen oder Abenden sitze ich dann gern in der schattigen Ecke bei der Birke, deren Blätter über mir so beruhigend rascheln, obwohl ich kaum einen Lufthauch verspüre. Über mir turnen Meisen an den Birkenzweigen. Vor mir staksen die langbeinigen Schnaken über den Rasen. Die Amseln und die Spatzen mögen sie nicht sonderlich, fangen und verzehren sie nur gelegentlich. Die Thuja gibt aromatische Stoffe von sich, die ich mit dem Duft der Birken einatme. Lavendel mischt sich dazu, den ein schwacher Luftzug vom Pavillon herüberträgt: Zeit zum Meditieren. Ich praktiziere eine nach außen gerichtete Meditation, wie ich es nenne. Wie bei meinen Waldgängen, oder auch am Wasser. Dazu brauche ich mich nicht zu zwingen. Die kleine, schwarzgelb gebänderte Schwebfliege, die fast zum Greifen nahe vor mir in der Luft steht, als wollte sie wissen, ob ich eine Blüte oder sonst was Brauchbares bin, sie reicht mir dazu als Auslöser. Ihre Flügel schlagen so schnell, dass sie den kleinen Fliegenkörper wie mit einem Perlmuttschimmer umhüllen. Richte ich meine Augen auf sie, verschwinden die vielen Gedanken, die mir gerade noch und so ungeordnet durch den Kopf gingen. Die Schwebfliege wird für den Bruchteil eines Augenblicks zum Zentrum der Welt, zum Zen.

Was will ich mehr? Das Amselmännchen zupft neben mir im Gezweig der Lorbeerkirsche an den reifenden Beeren. Wie in sich selbst versonnen flötet es ein paar Strophen so leise, dass ich sie kaum vernehme, obwohl ich nicht mehr als zwei Meter entfernt sitze und keine Fremdgeräusche stören. Unwillkürlich kommt der Gedanke, auch das Amselmännchen könnte auf seine Weise meditieren, so wie es jetzt, nach Ende der Brutzeit und befreit von den damit verbundenen Lasten, im Gezweig sitzt und vielleicht nur die Abendstimmung genießt.

Kurz schüttelt es das tadellos glänzende schwarze Gefieder, fährt mit seinem gelben, an der Spitze etwas rötlichen Schnabel über die Schulter und singt erneut eine Sekunde lang. Dann hüpft es auf den Rasen hinaus, hält den Kopf schräg zum Lauschen und beginnt die allabendliche Suche nach Insekten und Gewürm. Von der Birke segeln einige gelbe Blätter herab.

秋

Herbst

Wir pflegen Klischees. Sie vereinfachen die Zuordnung und vielleicht auch das Denken selbst. Mit meiner japanischen Heimat verbunden sind die beiden jahreszeitlichen Klischees, die Kirschblüte im Frühjahr und das Aufflammen der Fächerahorne in herbstlichem Rot. Dem Sommer und dem Winter werden kaum jemals solcherart bestimmte Farben zugeordnet. Farben, die das Landschaftsbild prägen und die für die Haiku-Dichtung Jahreszeitenwörter sind. Immer wieder grüble ich bei der Betrachtung meines Gartens darüber nach, wie seine im Lauf der Wochen und Monate wechselnden Farben wirken. Auf mich und auf andere Menschen, die Gärten auf ihre Weise gestalten. Lasse ich so Vordergründiges und Selbstverständliches beiseite wie das Rot der Reife bei den Tomaten oder das samtige Blau der Weintrauben, das mit einem zart wächsernen Schimmer anzeigt, dass wir sie bald genießen können, fällt mir keine »typische« Sommerfarbe ein. Grün ja. Grün in unterschiedlichen Schattierungen. Aber was besagt es? Es von Blau zu unterscheiden, setzt bereits ein Wissen voraus, was Blau sein soll oder Grün. Die Tönungen gehen ineinander über. Wie im Ozean von der Hochsee zum Land hin, zu den Inseln. Im Japanischen haben wir keine so präzise Trennung von Blau und Grün wie im Deutschen. Vielleicht liegt es daran, dass der Monsunregen im Sommer, der über die japanischen Inseln in genau der Zeit hereinbricht, in der sich das Grün der Vegetation am stärksten entfaltet, ihm mit dunklem Gewölk und Wasserfluten die Leuchtkraft nimmt. Im Herbst kehrt das Licht wieder, wenn sich das Grün verabschiedet. Und sich zu Gelb, hellem Ocker, Braun und vor allem zu Rot wandelt. Dann scheinen die Ahornwälder zu glühen wie in einem anhaltenden Abendrot. Diese Leuchtkraft macht Mut. Sie gibt Hoffnung, dass die Taifune, die nun kommen werden, nicht allzu schlimm ausfallen. Ist die Taifunsaison vorüber, folgen verlässlich einige Wochen sonniges Wetter, vergleichbar dem, was hier Goldener Oktober genannt wird, bis die Winterzeit beginnt.

Hier ist dies anders. Nach wechselhafter Sommerwitterung mit Gewittern und Stürmen, die der Stärke nach wie Vorspiele zu Taifunen wirken, bringt der Herbst meistens eine längere Zeit von Ruhe in der Atmosphäre. Die Sonne ist mild geworden, auch mittags. Die Abende sind kühl. Manchmal scheint die (Jahres-)Zeit still zu stehen, so wie Tag auf Tag folgt, ohne dass sich das Wetter ändert. Altweibersommer wird diese Phase im Herbst genannt. Eine mir zunächst unverständliche, zumindest seltsam klingende Bezeichnung. Vielleicht gibt es sie bald nicht mehr, weil sie der ›political correctness‹ zum Opfer fällt, die gegenwärtig angesagt ist. Als ich erfuhr, worauf sich das Wort bezieht, fand ich es sogar charmant. Meint es doch die Silberfäden, die auch ich im Haar trage. In den Wochen mit typischem Altweibersommerwetter driften solche mit dem Herbstwind übers Land; silbern glänzende Fäden, die eine winzige Fracht tragen: Spinnenkinder. Sie begeben sich mit diesen Silberfäden auf eine Flugreise ins Ungewisse. Irgendwohin. Wie es sich ergibt aus dem Wind und seinen Wirbeln und der Landschaft, über die er streicht. Manchmal, allerdings höchst selten, geraten sie in meinen Garten. Sie sind rar geworden, die kleinen Spinnen mit ihren Flugfäden. Früher, erzählte mein Mann, glitzerten die Wiesen in den Flussniederungen weithin im Morgenlicht, so häufig waren die Altweibersommerfäden. Dieser Zustand war bereits Vergangenheit, als ich nach Deutschland kam. Im Farbspektrum des hiesigen Herbstes fehlt längst das Silber.

Schwach vorhanden, allenfalls in größeren Parkanlagen, ist herbstliches Rot. In meinem Garten nimmt nur der japanische Fächerahorn dieses unvergleichliche Rot an, das mir im schwindenden Tageslicht unter die Haut geht. Herbstfarben der europäischen Bäume umfassen das Spektrum von Gelb bis Dunkelbraun. Vom Gelb, dem hellen der Birkenblätter abgesehen, wirken sie mehr oder weniger schmutzig. Allzu drastisch drücken sie den Tod der

Blätter aus. Umso mehr freue ich mich über das Gelb der Birkenblätter. Wenn sie niederzurieseln beginnen, bekommt der fahl grün gewordene »Rasen« vielfältige Muster. Von Woche zu Woche werden sie komplexer. Kinder könnten ihren Spaß daran haben, Figuren und Bilder in den Mustern zu entdecken, die das zufällige Niedertaumeln des Birkenlaubes erzeugen. Wir sind Meister im »Entdecken« nicht vorhandener Muster und ihrer Deutung. Diese kindliche und im Kindesalter auch höchst nützliche Fähigkeit wirkt bei manchen Menschen bis ins Erwachsenenalter nach. Sie suchen Muster in Wolken oder Wellen zu deuten, grenzen Sternbilder am nächtlichen Himmel ab, wo solche dank geringer Lichtverschmutzung noch zu sehen sind. Und geben den vermeintlichen Bildern Deutungen, »Be-Deutungen«. Mir reicht der Genuss, das einzelne zitronengelbe Birkenblatt zu bewundern und mitzuverfolgen, wie auf dem Rasen Blatt um Blatt hinzukommt, bis sich eine gelbe, langsam bräunlich werdende Schicht unter der großen Birke gebildet hat. Sie ist für mich der farbechte Abdruck des Goldenen Oktobers. Viel kleiner, doch umso filigraner wirkt die Schichtung der roten Fingerblätter des japanischen Fächerahorns daneben. Ihr Blutrot grenzt unmittelbar an das Goldgelb, bezaubernd schön und meditativ stimmend. Eine Zeitlang. Für eine Woche oder deren zwei. Dann bedeutet das Herbstlaub aber unausweichlich, dass es entfernt werden muss, wenn ich im nächsten Frühjahr wieder Hungerblümchen und Ehrenpreis, die blauen Kegel des Kriechenden Günsels und schon in den Winterwochen, wenn kein Schnee liegt, die kleinen weißstrahligen Sonnen der Gänseblümchen haben möchte. Das Herbstlaub wird zum Abfall. Das ist es, auf die Bäume bezogen. Es wird zum Biokompost und zu Humus. Das soll es werden. Die Farben signalisieren diesen Weg. Das Grün hat seine Aufgabe erfüllt. Die wertvollen Bestandteile davon speichern die Birke wie der Fächerahorn und all die Sträucher meiner Hecke für die neuen Blätter im kommenden Jahr. Das nicht Speicherbare geht ins Recycling. Wir wissen es. Dennoch tut es irgendwie weh. Jeden Herbst und den besonders leuchtenden Herbstfarben zum Trotz. Sie sind das letzte Aufflammen des vergehenden Lebens.

Winterbeginn

Die Königin des Gartens sei sie, die Rose. Das erfuhr ich, kaum dass ich in Deutschland angekommen war. In Blumengeschäften sind sie immer im Angebot, vor allem blutrote Rosen. In Japan schätzt man die Rose zwar auch, aber der Vorzug gilt den Chrysanthemen. Sie heißen dort *Kiku*. Eine richtig deutsche Bezeichnung gibt es dagegen nicht. Zu kurz sind sie erst hier in Europa: seit 1789. Ihre botanische Gruppenbezeichnung »Winterastern« setzte sich nicht durch. Vielleicht war Chrysantheme als botanisch-wissenschaftlicher Name zu gut gewählt:

Goldblüte. Das klingt nobler als Rose und passend exotisch dazu. Denn die Chrysanthemen stammen aus Ostasien. Dort waren sie schon ein halbes Jahrtausend vor Christus, in der Zeit von Konfuzius (541–478 v.Chr.) geschätzte Gartenpflanzen mit einer Vielzahl von Zuchtformen. Ihre Blüten galten als Ausdruck vornehmer Bescheidenheit. Als schlichtes Symbol des Tennos wurde die sechzehnblättrige Chrysanthemenblüte Nationalblume Japans. Er repräsentiert das Land vom symbolträchtigen Chrysanthementhron aus. Mit Chrysanthemen als Geschenk wünscht man in Japan ein langes Leben. Sie sollen in ihrer schlichten Schönheit wirken. Wie die Blumen und Gräser, die für Ikebana verwendet werden. Als um 1700 die imperialen Europäer verstärkt nach Ostasien vordrangen, gab es in China bereits an die 300 Zuchtformen von Chrysanthemen. Der Zahl nach konkurrieren sie mit den Rosenformen. Aber bei diesen bekamen winzige Varianten in Farbe und Blütenform eigene, oft auf Menschen bezogene Namen. Aus ostasiatischer Sicht drückt sich darin eine unangemessene, überheblich wirkende Selbstdarstellung aus, auch dann, wenn die Variante nach der Frau oder Geliebten des Rosenzüchters benannt wurde.

Zugegeben, meine Chrysanthemenkenntnis war gering, als ich nach Europa kam. Erst nach Jahren bekam ich mit, dass die Chrysanthemen in die große Verwandtschaft der Gänseblümchen und Astern gehören. Die Rosen in Europa dagegen beeindruckten mich. Überall schmücken sie Anlagen, Parks und Gärten. Ihre Größen reichen von zarten

Scheibchen in der Art von Apfel- und Kirschblüten bis zu faustgroßen Gebilden so voller Farbe, dass man vermuten könnte, ein kräftiger Sommerregen müsste sie auswaschen. Manche Rosensorten duften wunderbar. Andere bezaubern durch die Farbnuancen, durch eine Blütenfülle, die den ganzen Rosenstrauch einhüllt, oder durch so markante Einzelblüten, dass jede als ein Kunstwerk gelten kann. Chrysanthemen, noch größere, aber filigrane Blütenkugeln aus sattem Gelb, dienen in Deutschland offenbar hauptsächlich als Gräberschmuck. Deshalb ist der Spätherbst die Chrysanthemenzeit. Bedrückend empfinde ich es, wenn ich auf Gräbern Sträuße gelber Kugeln sehe. Wie künstlich erleuchtet heben sie sich ab von der schwarz eingefärbten Erde. Die Gräber sollen frisch aussehen, wenn der kollektive Grabgang stattfindet. Dass Chrysanthemen aus Fernost zum Grabschmuck geworden sind, berührt mich irgendwie seltsam. Mit vornehmer Bescheidenheit, für die diese Blumen in Japan stehen, hat das jedenfalls nichts zu tun, und der mit ihnen verbundene Wunsch nach langem Leben ist für die, die einem lieben Toten nachtrauern, bittere Ironie. Möchte man mit Grabschmuck ausdrücken, wie sehr die Erinnerung an den Toten noch anhält, finde ich Moos und die Schneeheide, die in dieser düsteren Jahreszeit bereits zartrosa Glöckchen trägt, viel passender. Schlichtheit in der Einsamkeit des Gedenkens der Verstorbenen. Aber das sind Ansichten, die aus der kulturellen Prägung stammen. Den mit ihnen verbundenen Stimmungen kann man sich schwer entziehen. Ich lege lieber eine letzte

Rose aufs Grab als Zeichen meiner Trauer und Verbundenheit. Seit ich im Garten erlebe, wie letzte Rosen blühen und sich gegen das Vergehen, gegen Schnee und Frost stemmen, verbinde ich mit ihnen mehr als mit den gelben Krallenkugeln der Grabschmuck-Chrysanthemen. Im Garten mühe ich mich zwar vergeblich um meine Rosen, denn der Winter obsiegt immer. Aber mit einer Beharrlichkeit, über die ich stumm staune, blühen sie in den Winter hinein. Im Dezember, manchmal erst kurz vor Jahresende, tragen sie morgens eine Mütze aus Schnee. Dieser Anblick gehört für mich zu den anrührendsten Eindrücken, die der beginnende Winter in meinem Garten prägt. Die Rose mit Schnee wird zum Symbol von Widerstand und Vergänglichkeit.

Fasziniert sehe ich zu, wie der Schnee der Nacht zu schmelzen anfängt. Das lockere, glitzernde Häubchen wird matt und feucht. Tropfen für Tropfen zerrinnt es, bis die Rose aussieht, als hätte sich nur der Tau einer kühlen Nacht an ihr niedergeschlagen. Geben die abziehenden Schneewolken die Sonne frei, erhält sie – ein noch größeres Wunder für mich – Besuch von kleinen Fliegen mit gelbschwarz gebändertem Körper. Winterschwebfliegen sind es, und sie sind ein Hauch von nichts, so wie sie anschweben, sich auf der Rose niederlassen und mit einem Mal wieder verschwinden, als ob sie sich aufgelöst hätten. Gegen ihre glasfeine Zerbrechlichkeit kommt mir die vordem noch so filigrane Rose mit den Schneekristallen nun fast grob und massig vor. Mit ihren Stacheln ohnehin, die im Sommer von den Blättern mit ihrem dunkelgrünen Glanz verborgen werden. Diese ihre Abwehr muss ich jetzt doch überwinden, weil alles Hinausschieben nichts mehr bringt: Die Rosensträucher vor dem Wohnzimmerfenster brauchen den Winterschnitt. Zurückgestutzt auf kniehohe Stümpfe sollen sie die Wochen, vielleicht auch Monate mit Frost überdauern. Fröste, die bis an die minus zwanzig Grad Kälte bringen, waren mir aus meiner südjapanischen Heimat unbekannt. Ein so rigoroser Schnitt von Rosensträuchern ebenfalls. Dass dieser die Rosen im nächsten Sommer erblühen lässt, wie ich es mir gar nicht schöner wünschen könnte, gehört für mich zu den großen Rätseln des Pflanzenlebens. Mich schmerzen die stutzenden Schnitte innerlich. Dass ich mir die Haut mitunter an einem Rosenstachel aufreiße, halte ich für eine gerechtfertigte Gegenwehr. Denn mit den Stacheln schützen sich die Rosen vor dem Verbiss durch Tiere. Rehe und vor allem Ziegen sind es, die in der Heimat der Zuchtrosen, in den Bergländern Vorderasiens, Bäumchen und Sträucher abweiden. Die Rosensträucher schützen sich mit Stacheln, ähnlich wie die wild wachsenden Heckenrosen bei uns, oder die mit langen, viel spitzeren und gefährlicheren Dornen geradezu bewaffneten Schlehen. Es sind meine rigorosen Schnitte mit der Gartenschere, die auf mich zurückwirken, während ich die Rosenstöcke winterfest mache. Und mir dabei vorstelle, dass sie nach so einer Behandlung eigentlich allen Grund hätten, nächsten Sommer nicht mehr zu blühen. Wie soll ich verstehen, dass die

Pflanzen kommunizieren, Signale austauschen und die Rosen nicht nur im ganz übertragenen Sinne »sprechen«? Ist diese neue Sicht des Pflanzenlebens, die sich in Deutschland breit macht, nicht doch viel zu überzogen? Dass Bäume und Büsche auf Verletzungen reagieren, scheint mir selbstverständlich. Das beschädigte Gewebe, sei es durch Verbiss oder Schnitt, muss Stoffe herstellen, die sowohl die Wunde schließen, als auch vor dem Eindringen von Bakterien schützen. Dass Insekten auf ihre Weise das Freiwerden solcher Schutzstoffe als Signal nutzen, kommt mir gerade so normal vor, wie sie die Farben und Formen und auch den Duft von Blüten erkennen, in denen sie Nektar oder Pollen finden können. Solches als Hilfeschreie deuten zu wollen, vermenschlicht sie allzu stark. Schreit denn das Grün der Wiese auch nach den Kühen, damit sie es beweiden? Weil es sonst zuwächst und zu Wald wird? Mich verwirren derartige Philosophien weit mehr, als sie mir dabei helfen, die Vorgänge in der Natur zu verstehen.

Beim Betrachten meiner Rosenstauden spät im Dezember fällt mein Blick auf die Gruppen von Primeln, die bei ihnen blühen. Seit Oktober sehe ich ihre hellgelben, zum Zentrum hin goldorange getönten Blüten immer wieder mal, ohne besonders auf sie zu achten, so wenig wie auf die Gänseblümchen, die auf dem moosigen Rasen jetzt ihre zweite Hauptblüte im Jahr haben. Die Primeln werden den ganzen Winter über bis ins Frühjahr blühen. Mag sie auch eine dicke Schneeschicht überdecken. Eine solche ist für sie sogar besser, als den tiefen Frösten ausgesetzt zu sein. Schnee und Frost halten die Primeln aus. Ihre fleischig grünen Blätter legen sich als Rosette zwischen den stachelstarrenden Stämmchen der Rosen auf den Boden. Die Blüten heben sich kaum von der Blattrosette empor. Man könnte meinen, sie würden von gar keinen Stängeln getragen. Deshalb drückt sie der Schnee auch nicht nieder. Die Primeln sind keine Wildart, sondern Zuchtformen. Ihre Heimat ist die wintermilde atlantische Klimaregion. Dort gibt es keine klare Trennung zwischen Spätherbst und Vorfrühling, weil richtiges Winterwetter normalerweise fehlt. Wie kommt es dann, dass die Zuchtformen davon, die Gartenprimeln, so widerstandsfähig sind? Wieder ein Rätsel, mit dem mich das Leben im Garten konfrontiert. Das Üppigere, das intensiver Blühende sollte empfindlicher sein als das Schlichte, das Natürliche. Hochgezüchtetes gilt als anfälliger, die Wildform als robuster. Welche Regel stimmt? Warum dürfen Ausnahmen den Regeln widersprechen? Tun sie dies, oder verstehen wir das Leben der Pflanzen einfach zu wenig? Die Spätzeit im Garten löst immer wieder solche Gedanken aus. Wenig, fast nichts verändert sich ja in den Wochen vom düsteren November bis zu Frost und Schnee im Januar. Auch in diesem Monat lässt »der Winter« in manchen Jahren auf sich warten. Im Garten zeigt sich, wie künstlich derartige Kategorien sind. Die Jahreszeiten haben keine Grenzen, nur Übergänge. Wir wollen »Termine«, setzen sie und beharren darauf, dass sie eingehalten werden müssen. Sogar vom Wetter.

Wintersonnenwende

Jeden Morgen gehe ich in den Garten, auch bei Frost. Dann aber nur kurz, ein paar Schritte. Ist die Temperatur unter minus fünf Grad gesunken, verzichte ich vorsichtshalber darauf. Weil ich befürchte, dass meine Füße noch nicht wach genug sind für so einen Temperaturschock. Doch so kalt wird es selten. Spätherbstliche Kälte belebt. Trägt das Gras morgens Reif, mag ich den besonderen Reiz, der davon auf meine Fußsohlen ausgeht. Meine Tritte zeichnen sich auf dem bereiften Rasen ab. Kurz oft nur, wenn um die null Grad herrschen und der Druck meiner Füße den Reif schmelzen lässt. Ich mag auch das prickelnde Gefühl, das die von der Birke herunterrieselnden Eisnadeln nach Raureifnächten erzeugen. An solchen Frühwintermorgen empfinde ich die Zeit wie in einen Stillstand geraten. Die Nacht schläft weiter in den Morgen hinein. Die Abende kommen schneller, doch auch so langsam, dass ich selbst diese Veränderung nicht verspüren kann. Ist Schnee gefallen, tut mir das bisschen zusätzliche Helligkeit gut. Jahr um Jahr ungeduldiger erwarte ich die Wintersonnenwende. Sie entzieht sich meinem Erleben, beherrscht mich aber als Gedanke, dass »es« dann wieder aufwärts geht. Oft regnet es ausgerechnet in diesen so ersehnten Tagen. Schmuddelwetter vom Unfeinsten beschert uns diese Zeit fast jedes Jahr. Darüber tröste ich mich hinweg, weil die Nässe dem Garten zugutekommt. Sie hält das Leben im Boden in Schwung oder bringt es wieder zum Laufen, wenn es früher

Frost schon zur Ruhe gezwungen hatte. Fröste werden noch kommen. Auch sie sind »gut«. Ich muss dafür offen sein, dass mein eigenes Empfinden nicht mit dem Geschehen draußen im Garten übereinstimmt. Das gibt mir die nötige Distanz, und auch Zuversicht. Einbildungen? Wunschvorstellungen? Auch ich kann sie sicherlich nicht vermeiden. Denn eigentlich habe ich keinen Einblick in das wirkliche Geschehen. Ich kann mich nicht mit der Lupe in der Hand auf den winterlichen Boden legen und damit auf das Kleine schauen. Oder hineinhorchen, wie die Amseln dies in so süßer Weise mit schief gehaltenem Kopf tun. Vieles muss ich annehmen, wie es in den Büchern steht, oder wie ich es erläutert bekomme. Aber an Nachmittagen, in denen die niedrig stehende Sonne Lichtkegel in den Garten wirft, sehe ich das Leben tatsächlich. Ein Leben, das tanzt im Auf- und Niederschwingen aufglänzender Flügelchen.

Es sind die Tänze der Wintermücken. Gern schaue ich ihnen zu. Da und dort, wo die Sonne gerade hinkommt, die ihnen die Wärme für ihren Flug spendet, wirbeln sie fast im Zeitlupentempo über dem Rasen in ganz lockeren Schwärmen. Fünf bis zehn dieser Mückenmännchen, mitunter auch zwei oder drei Dutzend, vollführen ihren Reigen, der ihre Weibchen anlocken soll. Nur wenige Grad über Null hat die Luft. Aber die Sonnenstrahlen wärmen. Auch in den Tagen, an denen sie die geringste Kraft haben, reichen sie aus, den Tanz anzuregen. Mag auch noch stellenweise Schnee liegen, sie staksen darüber, lassen sich von der Sonne aufwärmen und beginnen ihren Tanz. Bis zu zwei Meter streben sie fast senkrecht in die Höhe, lassen sich ein Stück weit nieder gleiten, um gleich wieder empor zu steigen, so dass eine silbrig schimmernde Säule von Mückenkörpern entsteht, wenn ich sie im Gegenlicht betrachte.

Jetzt sind keine Vögel da, die diese Mücken fangen würden. So können sie tanzen und tanzen, bis die Schatten kommen und sie verschwinden lassen. Mag es nachts auch Frost geben, sie überstehen ihn. Die Weibchen fliegen nur zur Paarung zu den Tanzgruppen der Männchen. Sie sind so zart, so zerbrechlich, dass sie mir im frühen Vorfrühling mehr als die Christrosen, die aufzublühen angefangen haben, das Gefühl vermitteln, dass es Frühling wird. Im Spätherbst beginnen sie ihre Tänze. Sie brauchen nur ein wenig Sonne dazu. Ich bin gerührt, jedes Mal wieder.

Über ihnen, an den Wintermücken nicht interessiert, wispern Blaumeisen im Geäst der Birke. Spatzen turnen mit sichtlicher Mühe und wenig Eleganz an den Meisenknödeln. Einige Buchfinken, alles Männchen mit altrosafarbenem Brust- und Bauchgefieder, suchen auf dem Rasen nach Splitterchen vom Fett, das die Spatzen aus den Meisenknödeln gelöst haben. Ein Sperber saust vorüber. Sein Erscheinen schickt die Spatzen in halsbrecherischem Sturzflug ins Gebüsch. Der Garten ist lebendig geworden. Einige Minuten Sonne reichten dazu aus. Ganz deutlich empfinde ich nun, weshalb Amaterasu, die Sonnengöttin des Alten Japans, am Anfang von allem steht. Und was für ein tiefer Symbolgehalt in unserer Flagge mit der aufgehenden Sonne steckt. Für die Japaner kommt sie aus dem Meer, aus den tiefen Weiten des Pazifischen Ozeans. Bis in die jüngere Vergangenheit waren dort wie hier die Menschen abhängig von Licht und Kraft der Sonne. Hier in Europa erfuhr ich, dass einst das Julfest gefeiert wurde, das den Beginn der Wiederkehr der Sonne in den finsteren nordischen Breiten ankündigte. Das Christentum hat es mit Weihnachten vereinnahmt. Aber der Bezug bleibt, tief verwurzelt in unseren Empfindungen. Mit der Wintersonnenwende beginnt ein neuer Jahreslauf. Daran werden Schnee und Fröste nichts ändern, die erst danach, häufig bis in den März hinein, die eigentliche Winterzeit ausmachen. Und Bäume wie Tiere, Wurzelwerk und Bodenleben, zum Zuwarten zwingen. Bis es vollends warm genug geworden ist. Dieses Warten erfordert Geduld. Am Wartenkönnen verspüre ich, wie weit ich gekommen bin mit meiner Zen-buddhistischen Einstellung. Die Phrase »Der Weg ist das Ziel« wird, wie schon einmal erläutert, allzu oft als Leerformel missbraucht. Zum Weg gehört das Wartenkönnen, die Geduld. Mein Tun im Garten ist davon durchdrungen. Ich muss geduldig warten. Nicht nur, um etwas ernten zu können, das ich mit meiner Arbeit anstrebe. Sondern auch, um bereit zu sein für die Überraschungen, für das Unerwartete, das die Würze der Gartentätigkeit ausmacht. Und glücklich macht. Auf dieses Glück, im Garten arbeiten zu können, freue ich mich nun an der Schwelle zum offiziellen Beginn eines neuen Jahres. Ich werde es annehmen, wie es kommt, und versuchen, das Beste daraus zu machen.

Ein Zaunkönig schlüpft durchs Gestrüpp dürrer

Äste in der Ecke wie eine Maus, die kurze Strecken fliegen kann, verharrt einen Moment und schmettert sein Lied in den Winterabend hinein. Ich nehme es als Signal für einen guten Start ins Neue Jahr.

II. Facetten des Gartenlebens

Rosenkäfer und Harlekine

Ein hellgrüner Blitz zuckt durch das Grün des Gartens. Vor den Rosen wird er langsamer, sichtbarer, glüht auf wie ein Smaragd im Licht und stürzt sich sodann hinein in die Blüte, dass diese erzittert und nachschwingt. Bis zur Hälfte bohrt sich der große Käfer vorbei an den inneren Blütenblättern in das lockere Polster der Staubgefäße. Was noch herausragt, sieht aus wie ein Stück poliertes Erz mit kleinen Lichtreflexen darauf. Versuche ich, das Körperende vorsichtig zu fassen, entgleitet es meinen Fingern und rückt dabei noch etwas tiefer in die Blüte. Fasse ich nach, wehren mich die mit dornenartigen Gebilden besetzten Hinterbeine ab. Davon lasse ich mich nicht beirren. Ich kenne das. Mehrfach musste mir ein Rosenkäfer zeigen, wie schnell und wie elegant er aus meiner Hand fortfliegt. Das geht so plötzlich, dass ich den Moment des Starts meistens übersehe. Aus schmalen Schlitzen an den Seiten streckt er die rauchbraunen Membranen der Hinterflügel hervor und surrt sofort los. Ein Blitzstart, wie das Aufblitzen seines metallischen Grüns, wenn er fliegt. Er muss dazu die harten Deckflügel nicht erst anheben wie die Maikäfer oder die im Garten häufigen Junikäfer. Ohne den Luftwiderstand der starren Deckflügel wird sein Flug schneller und wendiger. Denn seine ganze Körperoberfläche ist glatt, wie eingeölt. Perfektioniert für den Flug, großartig im Glanz. Ein Käfer aus dem Licht des Südens, denke ich, und erinnere mich, in meiner Kindheit in Japans subtropischem Süden ähnliche Käfer an den blütenreichen Hecken und in den Gärten gesehen zu haben. Damals erkannte ich sie nicht; natürlich nicht. Für Kinderaugen gehören sie zum Vertrauten, gleichwohl Unverstandenen. Kinder erfassen die schnelle Bewegung, das Aufglänzen, das ebenso unvermittelte Verschwinden, ohne diesen Eindrücken eine Bedeutung zuzuteilen. Ich vergaß diese Käfer der Frühsommer meiner Kindheit, bis ich sie wieder sah. In anderer Art sicherlich, aber dennoch so ähnlich, als ob sie nachgeflogen gekommen wären. So ein Gedanke mag absurd erscheinen. Natürlich fliegt kein Käfer »nach«. Nicht direkt und nicht absichtlich. Auf andere Weise aber mitunter doch.

Im Garten habe ich sie, solche »nachgeflogenen Käfer«. Sie kommen inzwischen fast überall in Europa recht häufig vor. Marienkäfer sind es. Unverkennbar in ihrer Form: Kleine Kuppeln mit bunter Fleckung, die mit ihren Minibeinen erstaunlich schnell fortlaufen oder plötzlich fortfliegen. Wie gewöhnliche Käfer heben sie dabei die Deckflügel an. Dann starten sie. Hoffentlich in Richtung auf die Blattläuse, mit denen ich mich abmühe, denke ich, längst wissend, dass sie bei der Blattlausbekämpfung weit weniger leisten, als sie sollten. Asiatische

Marienkäfer sind es, ostasiatische, um genauer zu sein. Käfer also, die es in meiner Heimat gibt, und die ich vielleicht als Kind schon gesehen, nur nicht wahrgenommen hatte. Zum Kurzhalten von Blattläusen hatte man sie in Gewächshäuser nach Europa geholt. Eingesperrt in diese, erfüllten sie die ihnen zugedachte Aufgabe offenbar recht gut. Natürlich entkamen welche, was sicherlich mehrfach geschah. Sie überlebten und vermehrten sich in der Freiheit ihrer neuen Welt. In dieser gibt es zwar zahlreiche andere Marienkäferarten, aber diese fressen Blattläuse anscheinend nicht so fleißig und sie vermehren sich auch nicht so schnell wie die Neuen aus Ostasien. Harlekin-Marienkäfer nennt man sie hier inzwischen, weil sie so vielfältig sind in Färbung und Musterung. Ihr Aussehen umfasst nahezu das ganze Spektrum, das es bei den europäischen Marienkäferarten gibt. Das sorgt für Verwirrung, sogar bei den Kennern der Welt der Krabbeltiere. Denn nun ist ein Zweipunkt nicht mehr einfach ein Zweipunkt oder ein Siebenpunkt ein Siebenpunkt, weil ihnen Harlekine mit diesen Mustern auf kaum noch unterscheidbare Weise gleichen können. Von diesem »Problem« hörte ich, als ich damit anfing, den Marienkäfern das Dasein in meinem Garten möglichst angenehm zu machen. Sie sollten mich beim Kampf gegen die Blattläuse unterstützen. Viele Marienkäfer können da nur gut sein, so die logische Überlegung. Aber man sagte mir, dass viele Marienkäfer eben doch schlecht seien, weil es sich bei den häufig vorkommenden seit gut einem Jahrzehnt um die Harlekin-Marienkäfer handle. Diese gehörten nicht hierher, allenfalls sollten sie zurück in die Gewächshäuser, weil sie die heimischen Marienkäfer verdrängen. Das klang zwar überzeugend, überzeugte mich aber nicht. Denn wie können sie den Zwei- oder Siebenpunkt durch Konkurrenz verdrängen, wenn alle zusammen es nicht im Mindesten schaffen, die Blattläuse zu dezimieren? Den heimischen Marienkäfern bliebe allemal genug, so die wiederholte Sichtung des Angebots an Blattläusen, die mich fast jedes Jahr im Mai und Juni dazu zwingen, meine buddhistische Einstellung zu anderen Lebewesen zeitweise außer Kraft zu setzen. Ich trachte danach, sie mit allen erlaubten, weil biologischen Mitteln zu vernichten. Diese sind, etwa wenn ich Brennnesseljauche oder Waschnuss-Lauge dazu verwende, zwar auch »chemisch«, aber eben Natur-chemisch, nicht Chemie-chemisch.

Dass ich beim Bewundern des Rosenkäfers an die Marienkäfer denken muss, hat einen (un-)guten Grund. An den Rosen sitzen auch die Blattläuse. Über die Rose krabbelt gerade ein kleiner Harlekin. Den großen Rosenkäfer bemerkt er nicht. Ihn zu beachten, wäre auch unnötig, denn dieser würde ihm nichts tun. Es tut ihm ohnehin kaum ein anderes Lebewesen etwas, dem Harlekin und seiner europäischen Verwandtschaft. Marienkäfer sind geschützt durch miserabel schmeckendes Blut, das sie aus den Gelenken an den Beinchen in Tröpfchen austreten lassen können. Warum werden sie dann nicht so häufig, dass ich meine Blattlausvernichtung einstellen und ihre biologische Schädlingsbekämpfung in Ruhe und Zufriedenheit bewundern kann? Auch auf diese Frage fand ich keine Antwort. Vielleicht vermittelt mir der Rosenkäfer eine Ahnung davon, wie es sich in der Natur verhält. Seine Larven leben im Kompost. Wühle ich in diesem, um seinen Reifegrad zu prüfen, beförderte ich sie manchmal gleich in größerer Zahl zutage. Dicke, cremig-bläulich bis rötlich schimmernde und irgendwie unappetitlich fett aussehende Engerlinge. Wüsste ich nicht, dass aus ihnen die herrlichen Rosenkäfer werden, würde ich sie wahrscheinlich den Amseln als Leckerbissen auslegen. Wie die ähnlichen, jedoch beträchtlich kleineren Engerlinge der Junikäfer, die mir an manchen Stellen im Garten die Graswurzeln zu sehr befressen. Dabei entstehen wie mit heißem Wasser verbrannt aussehende Flächen.

Im April 2020, der so extrem trocken war, fand ich im Kompost einen Rosenkäfer. Einen toten, wie ich meinte. Tot war er aber nicht. Denn nachdem ich ihn aufs Fensterbrett gelegt hatte, flog er davon. Obwohl er so tot aussah, als ich ihn bemerkte. Nicht einmal die Beine standen vom Körper ab. Sie lagen der Bauchseite dicht an, eingefügt in passende Vertiefungen. Ich konnte ihn wie eine längliche, nicht ganz perfekt abgerundete Kugel kullern lassen. Tatsächlich war der Käfer schon letzten Herbst aus der Puppe geschlüpft. Den Winter verbrachte er in der kleinen Höhle im Kompost. Hätte ich ihn nicht schon im April herausgeholt, wäre er spätestens Anfang Mai selbst ausgekrochen und auf Partnersuche geflogen. Vielleicht ist es derselbe Käfer, den in der Rose gerade jetzt der Rosenduft einhüllt, während er Pollen frisst und sich für weitere Tage stärkt. Meinen Kompost haben er und die zahlreichen anderen Rosenkäfer, die als Engerlinge darin lebten, nicht dezimiert. Nicht im Mindesten. Darüber sinniere ich beim Betrachten seines smaragdgrünen Glanzes im zarten Gelb der Rose. Er fliegt schnell. Vögel können ihn wohl kaum fangen. Und wenn doch einmal, ist der Käfer hart, zu hart, um einfach verschluckt zu werden, und zu glatt fürs Aufschlagen. Nichts ist er für die Amseln im Garten oder für den im Flug langsamen, wenig wendigen Specht. Vor Jahren sahen wir auf Istrien einmal eine große Möwe, eine Mittelmeermöwe, wie sie einen irgendwie erbeuteten Rosenkäfer über felsigem Untergrund abwarf, was hierzulande die Krähen mit Walnüssen tun. Den aufgesprungenen Käferkörper pickte sie aus. Ob er viel gebracht hatte? Das Fliegen kostet die Möwe Kraft. Vielleicht machte es ihr Spaß, den Käfer so zu behandeln. Dezimiert werden die Bestände der Rosenkäfer auf diese spezielle Weise gewiss nicht.

Dennoch passen sie zusammen, der Rosenkäfer und der Harlekin. Sie sind beide auf ihre besondere Art schön, in ihrer Lebensweise interessant und sie kommen Jahr für Jahr in meinem Garten vor. Die Harlekine nehme ich zur Kenntnis, wenn ich sie sehe. Manchmal setzte ich sie direkt zu einer Blattlauskolonie, damit sie ihrer Bestimmung nachkommen. Über jeden Rosenkäfer freue ich mich einfach. Beide sind sie noch nie so häufig geworden, dass mir die Harlekine die Blattlausbekämpfung abgenommen und die Rosenkäferlarven den Komposthumus aufgefressen hätten. Die Wunschvorstellung erfüllte sich nicht und die Befürchtung trat auch nicht ein. Sie bleibt mir rätselhaft, die Gartennatur. Dafür bewundere ich sie Tag für Tag, jahraus, jahrein.

Glühwürmchen und andere Käfer

Mit den Rosenkäfern und den Marienkäfern lernte ich die schönsten und nützlichsten Käfer in meinem Garten kennen. Die Rosenkäfer, Stücke, wie geschaffen aus poliertem, grüngoldenem Erz, die ungemein elegant fliegen können, begeistern mich besonders, wenn ich im April die ersten sehe, wie sie ihre Runden drehen. Da bekomme ich den Eindruck, sie wissen noch nicht, wohin, weil die Rosen nicht blühen. Wie freute ich mich, als ich erstmals feststellte, dass ihre Larven im Kompost leben, aus dem ich die beste Bio-Erde gewinnen möchte. Sie wurden mir zum Beweis, dass darin alles »bio« ist.

Bei Weitem nicht so ungetrübt ist meine Freude über die Marienkäfer. So schön sie sind, so sehr drücken sie doch die Häufigkeit der Blattläuse aus. Es ist ja gut, dass sie und ihre Larven von Blattläusen leben. Aber wirklich bewundern könnte ich sie erst, wenn sie diese tatsächlich dezimieren würden. Und mir damit die unangenehme und meistens sehr frustrierende Bekämpfung ersparten. Doch was machen sie? Ich finde sie auf Blättern des Haselstrauchs oder der Birke, auf den Johannisbeerbüschen und anderswo im Garten, wo es gar keine

Blattläuse gibt. Trage ich sie dorthin, wo die schwarzen Massen an den Trieben der Hibiskusstauden saugen und sich unentwegt vermehren, fliegen sie wie zum Hohn davon. Mein Unmut darüber lässt nach, wenn ich sie an unerwarteter Stelle im Garten in eindeutiger Stellung wiederfinde. Sie paaren sich. Dass sie für dieses Vorhaben ihr Interesse an Blattläusen hintanstellen, kann ich nun auch verstehen. Sie führen ihr Leben nicht in meinem Auftrag.

An Käfern hat mein Garten aber mehr zu bieten als die glänzenden Rosen- und die auf rotem oder schwarzem Grund gepunkteten, kuppelförmigen Marienkäfer. Eigentlich bezaubern mich am meisten die Glühwürmchen. Geistern sie an einem Mittsommerabend zu später Dämmerstunde mit ihrem Lichtchen durch den Garten, schwinden meine Gedanken und ich versinke in eine Stimmung tiefer Ruhe. Die Schleifen und Bögen, die sie durch den tiefen Schatten der Büsche in der schon fortgeschrittenen Dunkelheit ziehen, zwingen meine Augen, ihnen zu folgen. Lichtspuren, die man mit Kinderhänden fangen kann! Sie erwecken Erinnerungen an jene nunmehr so weit zurückliegende Zeit, die auch so fern liegt. Auf alten Bildern ist sie mir noch näher als im Gedächtnis. Sie zeigen Jugendliche, die unterwegs sind mit Laternen in den frühen Stunden der Sommernacht Japans. Aus diesen strahlt das weiche Licht gefangener Leuchtkäfer. Wie ich vernahm, tat man dies in früheren Zeiten auch hier. Im Licht der Glühwürmchen sollte es möglich gewesen sein zu lesen. Das will ich für die großen Buchstaben der europäischen Schrift gern glauben. Für unsere Zeichen kann ich mir es kaum vorstellen, so winzig sind die Pünktchen und Striche, die den Zeichen Sinn zuordnen. Die Kinder, die mit Leuchtkäfern in Laternen in der warmen Sommernacht unterwegs waren, wollten sicherlich nicht lesen, sondern die Atmosphäre genießen. Ein solches Bild zeigt, wie ein Junge ein Mädchen, das einen kleinen Käfig mit Leuchtkäferchen in der Hand hält, auf dunklem Pfade begleitet. Dass mich Glühwürmchen, die durch meinen Garten fliegen, romantisch stimmen, gebe ich gerne zu. Wer kann sich ihrem Zauber entziehen? Seit ich weiß, dass die Larven der Glühwürmchen Schnecken verzehren, mag ich die Lichtlein der Sommernacht noch lieber. Auch ich bin da parteiisch. Das bringt mich allerdings in Verlegenheit. Denn wenn ich mich an den Lichtspuren der Glühwürmchen erfreuen möchte, muss ich hinnehmen, dass es im Garten Schnecken gibt. Viele Schnecken. Je mehr, desto besser für die Glühwürmchen. Einzig positiver Aspekt: Schnecken mit Häuschen. Sie sind es, von denen die Leuchtkäferlarven leben. Auf die überreich vorhandenen Nacktschnecken sind sie nicht scharf. Zu schleimig? Zu groß, um sie mit Bissen ihrer Kiefer zu bewältigen? Vielleicht haben die Glühwürmchenlarven das Überangebot an Nacktschnecken nur noch nicht richtig probiert? Denn diese fangen ja auch klein an, nicht gleich als fingergroße Riesen, gegen die die kleinen Larven keine Chance hätten. Über solche Möglichkeiten denke ich nicht nach, wenn ich dem Glühwürmchenflug zusehe. Wohl aber erinnere ich mich daran, dass es in München, in der städtischen Parkanlage namens Durchblick, die sich vom Nymphenburger Schlosspark bis zur Blutenburg fast am westlichen Stadtrand erstreckt, weitaus mehr Glühwürmchen gegeben hat als hier »auf dem Land«. Dieser Unterschied stimmt mich schon sehr nachdenklich, gerade in den schönsten Mittsommerabenden, wenn sie in die Nacht übergehen.

In diesen kann ich einem anderen Käferflug zusehen, der bereits nach Sonnenuntergang beginnt. Da ist es noch hell und die Käfer sind gut zu sehen. Brummend kommen sie aus dem Garten und scheinen Hausbesichtigung vornehmen zu wollen. Sie fliegen herbei, drehen Schleifen über der Terrasse, steigen hoch auf die Höhe des Balkons, suchen an den Fenstern des oberen Stockwerks und eilen schließlich übers Dach davon. Aber sie kommen offenbar nach einigen Runden in der Höhe wieder zurück und suchen das Blattwerk der Birke auf. Ob sie daran fressen, weiß ich nicht. Sie sind dort zu hoch, um das zu beobachten, zumal es inzwischen fast dunkel geworden ist und ich auf die Glühwürmchen hoffe. Junikäfer sind es. Alljährlich habe ich sie im Garten. Die meisten lebten als dicke Larven, als Engerlinge, an den Wurzeln der Gräser des Rasens. Unter den Trittsteinen finde ich sie, wenn ich deren Ränder saubermache. Kommen sie nicht in großer Menge vor, verursachen sie mit ihrem Wurzelverbiss keine Schäden. Die Käfer sind gelbbraun, auf dem Brustteil pelzartig behaart und so etwas wie eine kleinere, hellere Ausgabe der Maikäfer. Fange ich einen, kratzt er in der Hand, versucht aber nicht zu beißen, wie manch anderer Käfer. Gibt es einen starken Junikäferflug, entgeht das den Spatzen nicht. Dann versuchen sie, die aus dem Rasen aufsteigenden Käfer zu schnappen, bevor sie größere Höhen erreicht haben und schneller fliegen. Die Misserfolge der Spatzen reizen zum Lachen. Sie sind eben keine Fliegenschnäpper. Aber probieren tun sie's. Die Junikäfer schmecken ihnen offenbar. Aber nur der Hinterleib. Beine und Flügel, meistens auch den Kopf, lassen sie zurück.

Maikäfer gibt es auch im Garten. Die echten Feldmaikäfer, nicht die in lichten Laubwäldern lebenden Waldmaikäfer. Sie fliegen von Ende April bis Mitte Mai, also rund zwei Monate früher als die Junikäfer. Meistens finden wir nur einzelne Exemplare. Die Zeiten, in denen es Massenflüge von Maikäfern gegeben hat, die Bäume kahlfraßen und die alle drei Jahre schwärmten, sind längst vorbei. Ich kenne das nur aus Erzählungen. Dass Maikäfer jedes Kind kennt, liegt an ihrer Ersatzvariante in Schokolade, vermute ich. Im Auwald am Inn finden wir die Maikäfer etwas häufiger. Aber auch ganz unregelmäßig von Jahr zu Jahr. Massenflüge alle drei Jahre, so lange brauchen die Maikäfer-Engerlinge für die Entwicklung, gibt es nicht einmal mehr andeutungsweise. Umso erstaunter waren wir, als wir vor ein paar Jahren bei einem Auwaldgang Marderkot fanden, der voller Maikäferreste war. Die großen Käfer schmecken also nicht nur den Hühnern, an die sie früher verfüttert wurden, und den Falken, die sie bei den Schwärmflügen sehr geschickt zu fangen verstehen. Seit ich darauf achte, stelle ich fest, dass fast alle Maikäfer, die wir im Garten finden, Männchen sind. Diese haben sieben große, etwa sechs Millimeter lange Fühlerplättchen, die Weibchen dagegen sechs und viel kleinere. Wahrscheinlich geraten die nach Weibchen suchenden Männchen von weiter her in den Garten, und die Engerlinge leben gar nicht bei mir. Werden meinen Salatpflänzchen die Wurzeln abgefressen, sind also eher Raupen von Schmetterlingen, von Wurzeleulen, die Übeltäter. Also erfreue ich mich ganz entspannt an den großen, braunen Käfern, die so merkwürdig »pumpen«, bevor sie losfliegen.

Ein seltener Gast im Garten ist der große, schlanke, grün- oder blauviolett glänzende Moschusbock. Zwei bis zweieinhalb Zentimeter lang ist sein Körper. Die Fühler erreichen eine ähnliche Länge, werden aber immer bogenförmig gehalten, auch im Flug. Kommt ein Moschusbock geflogen, sieht es aus, als ob er ein sehr kleiner Modellflieger wäre. Schnurgerade verläuft sein Flug, seltsam ist die schräge Körperhaltung, die er dabei einnimmt, und die langen Fühler verstärken diesen Eindruck. Wahrscheinlich schützt ihn sein moschusartiger Geruch, denn für Vögel oder große Fledermäuse sollte es ein Leichtes sein, sich diese Käfer aus der Luft zu pflücken, wenn sie am Nachmittag oder Abend eines warmen Sommertages fliegen. Mit dem Moschusbock verbindet mich eine geradezu intime Beziehung. Sie rührt daher, dass einer zu mir flog und auf der Haut landete, und zwar so, dass ich ihm geradewegs ins Gesicht schauen konnte. Den Käfer beeindruckte mein Anblick nicht. Zumindest war nichts dergleichen zu erkennen. Aber da wir gerade Wassermelone aßen, bot ich ihm ein Stückchen. Das fraß er mir aus den Fingern, dass der Saft nur so tropfte. Danach wollte er mich gar nicht mehr loslassen. Er klammerte sich an meinen Finger und saugte mit knabbernden Bewegungen seiner kräftigen Kiefer die letzten Reste der Melone ab. Tröpfchen für Tröpfchen vom daran klebenden Saft. Seither ist mir der Moschusbock recht vertraut und ich freue mich, wenn einer gelegentlich durch den Garten fliegt. Sind die Umstände dafür günstig, fange ich den Besucher. Dann biete ich ihm eine attraktive Frucht. Das Aroma lässt ihn vergessen, dass er gefangen wurde und eigentlich fortfliegen wollte. Am besten wirkten bisher die Melonen. Merkwürdig! Sie kommen hier gar nicht vor. Den Moschusbock habe ich also mit einer exotischen Frucht geködert. Gut, dass wir Fotos davon gemacht haben.

Wie in den allermeisten Gärten gibt es bei mir auch andere, weniger auffällige Käfer. Sie genauer bestimmen und namentlich kennenlernen zu wollen, ist etwas für Spezialisten. Zwei erregten auf ihre höchst unterschiedliche Weise mein Interesse. Der eine Käfer, der Haselnussbohrer, sieht mit seinem überkörperlangen, dünnen Rüssel so grotesk aus, dass ich kaum glauben wollte, dass so etwas echt sein kann, als ich ihn zum ersten Mal sah. Zudem sitzen die beiden Fühler am Rüssel, was besonders bizarr wirkt. Doch damit beeindrucken nicht etwa die Männchen dieses Rüsselkäfers ihre Weibchen, wie das meistens bei sonderbaren Bildungen von Tieren der Fall ist. Bei den Weibchen ist der Rüssel sogar noch etwas länger. Sie bohren damit die sich entwickelnden Haselnüsse an und legen ein Ei hinein. Die Larve frisst die Nuss aus. Leer und leicht fällt sie zu Boden, wo die Larve auskriecht und sich verpuppt. Im Frühjahr schlüpft der Käfer zur rechten Zeit, wenn neue Haselnüsse reifen. Ein durchaus merklicher Teil meiner Haselnüsse wird von den Haselnussbohrern genutzt. Im Auwald ist der Anteil der leeren Nüsse allerdings viel größer als bei mir im Garten. Da mir die Haselnussstaude zu stark wächst, wird sie immer wieder zurückgeschnitten. Somit stellt für mich der Käfer mit der grotesken Pinocchio-Nase eine Zugabe dar, die mir verdeutlicht, zu welchen Bildungen die Natur fähig ist, wenn es um so etwas Attraktives wie Haselnüsse geht. Auch ich esse sie ja sehr gern.

Auf andere Weise eine Überraschung waren die Schnellkäfer. Dass sie wie aus zwei Teilen zusammengekoppelt aussehen, hebt sie schon deutlich genug vom »Käfertyp« ab. Aber dass sie sich mit einem deutlich hörbaren Klick hochschnellen und in der Luft umdrehen, wenn ich sie auf den Rücken lege, grenzt an eine Zirkusvorstellung miniature. Im Garten kommen mehrere Arten von Schnellkäfern vor, die sich in der Größe und Färbung unterscheiden. Weniger witzig als ihre besondere Art, in richtiger Lage auf die Beine zu kommen, ist die Lebensweise ihrer Larven. Drahtwürmer werden sie genannt, weil sie so zäh und biegsam wie dicker Draht wirken und zudem unangenehm zwicken können. Zu tun hätte ich mit ihnen nichts, wenn sie nicht an den Wurzeln von Salat und anderen Pflanzen fressen würden. Und diese damit durchaus empfindlich schädigen können. Offenbar sind sie als Käfergruppe sehr erfolgreich, denn es gibt viele verschiedene Arten von Schnellkäfern. Mit den Käfern verhält es sich wie mit den Schmetterlingen. Je mehr ich mich mit ihnen befasse, umso klarer wird mir, wie viele verschiedene Arten allein hier im kleinen Garten leben und von meinem Gärtnern beeinflusst werden. Dass manche Arten selbst ihren Einfluss ausüben, muss ich akzeptieren. Denn der Garten lebt, und das nicht allein von meinen Gnaden oder nach meinen Vorstellungen. Meine zenbuddhistische Grundhaltung sollte mich daran immer wieder erinnern. Aber ich kann nicht umhin, vieles doch aus der praktischen Erfahrung zu betrachten. Zunächst zumindest. Bis mir die »Erleuchtung« kommt. Was schlicht bedeutet, dass ich versuche, vernünftige Kompromisse einzugehen, mit den Käfern und mit all den anderen Tieren meines Gartens.

Zwiegespräche mit Amseln

Maxi hatte ich das prächtige Amselmännchen genannt. Sein Gefieder schimmerte samtschwarz. Im hellen Sonnenlicht bildete sich eine Aura aus Glanz darauf. Goldgelb war der Schnabel, an der Spitze rötlich getönt. Ein feiner, aber kräftig gelborangefarbener Ring umgab seine Augen. Prächtiger könnte ein Amselhahn kaum sein. Weit und breit gab es keine schönere Amsel. Davon war ich überzeugt. Auch keine, die so ergreifend und so variantenreich sang. Warum ich mir so sicher war? Weil ich alles aus nächster Nähe erlebte. Denn Maxi kam herbei, wenn ich im Garten anfing, etwas zu tun. Anfangs suchte er die Erde ab, die ich beim Umgraben frisch aufgeworfen hatte. Da hielt er noch Abstand von zwei oder drei Metern. Bald rückte er näher. Er kam herbei, auch wenn ich nur Wäsche aushing. Trug ich den Wäschekorb aus dem Haus, hüpfte er ein paar Schritte vor mir genau dorthin, wo ich meistens mit dem Aufhängen anfing. War ich damit fertig, flog er zur Birke hoch und fing an zu singen, wenige Meter neben mir von einem der unteren Zweige aus. Dabei sah ich, wie goldgelb sein Schlund war. Goldene Kehle, dieser Ausdruck bekam für mich durch Maxi reale Bedeutung. Natürlich redete ich mir ein, dass er für mich sang. Ganz besonders schön. Das sagte ich ihm gelegentlich, wenn er an den Beeten wieder um mich herumhüpfte. Da hielt er den Kopf etwas schief und schaute mich an. Mit einem Auge. Mit dem anderen behielt er die Umgebung im Blick. Was wohl auch nötig war, denn bevor wir einen Hund hatten, streiften Katzen durch den Garten. Sicher waren sie stets bereit, einen Vogel zu fangen. Das ist Katzennatur. Ging ich ins Haus, sang Maxi noch ein wenig stärker.

Ob er ganz gesund ist, überlegte ich manchmal. Immerhin war es Frühjahr. Sollte er da nicht längst ein Weibchen und bald auch Junge im Nest haben? Diese Frage verdrängte ich sogleich, wenn Maxi kam und um mich herumhüpfte. Gefüttert habe ich ihn nie. Der Gedanke, Würmer auszugraben, um sie Maxi anzubieten, war mir nicht gekommen. Einen hungrigen Eindruck machte er auch nicht. Mir schmeichelte einfach die Vorstellung, dass sich dieses hübsche Vögelchen in meiner Nähe wohl fühlte.

Im März blühten im Garten viele Krokusse. Manche kamen als dottergelbe Keulchen hervor und öffneten ihre schlanken Kelche bei sonnigem Wetter. Andere wurden ähnlich groß, blühten aber lila oder dunkelviolett. Es gab auch kleine hellblaue. Seltsamerweise wurden die gelben Krokusse schlapp, kaum dass sie aufgewachsen waren. Einer nach dem anderen legte sich um und lag auf dem Boden. Die übrigen hingegen standen stramm und blühten eine Woche lang oder länger ganz prächtig, wenn die Tage kühl und die Nächte leicht frostig waren. Ziemlich betroffen berichtete ich meinem Mann von dem rätselhaften Sterben der gelben Krokusse. Er sah mich an und sagte zunächst nur ein Wort: »Maxi«. Auf meinen sicherlich ziemlich verdutzten Gesichtsausdruck hin erklärte er mir: »Das Gelb der Krokusse entspricht genau dem Gelb des Schnabels der Amselmännchen im Frühjahr. Es wirkt als Auslöser für einen Angriff. Maxi packt und knickt den Krokus. Er behandelt die Blüten wie ein fremdes Amselmännchen, das in sein Revier eingedrungen ist. Einen Rivalen würde er sofort heftig angreifen.« – »Aber der Krokus ist doch keine Amsel«, entgegnete ich und fügte hinzu: »Maxi kann doch nicht so dumm sein!« – »Oh«, entgegnete mein Mann, »da machen wir uns vielleicht etwas vor. Seit Langem wissen wir, dass Rotkehlchen ein Büschel rotbrauner Federn angreifen, als ob es ein ganzes Rotkehlchen wäre. Das sind Automatismen, ganz einfache, aber sehr wirkungsvolle Auslöser des Aggressionsverhaltens. Außerdem hat Maxi kein Weibchen. Deshalb kann es sein, dass er jetzt besonders aggressiv auf alles reagiert, das dem gelben Schnabel eines anderen Amselmännchens auch nur entfernt ähnelt.« Für mich war das sehr ernüchternd. Denn nun sah ich mich dazu gezwungen, darüber nachzudenken, wie mich denn Maxi sehen könnte. Vielleicht betrachtete er mich gar nicht als eine gute Fee, zu der er sich gesellt, wenn sie im Garten ist. Die philosophische Frage »Was bin ich?« empfand ich mit einem Mal als ziemlich hochnäsig. Geradezu absurd. Was bin ich für dieses Amselmännchen? Wüsste ich es, verstünde ich mehr als die hohe Philosophie. Später musste ich immer wieder daran denken, wenn mich mein Hund anschaute und ich ihm in die Augen sah. Tief und fest. Der Austausch der Blicke sagte mir, dass wir keine Ahnung davon haben, was in Hund oder Vogel vor sich geht. Sie sind voller Leben. Sind sie wirklich so anders als wir? Bilden wir uns nicht zu viel ein, wenn wir glauben, über uns selbst Bescheid zu wissen?

Die kleine Amsel forderte mich stärker heraus, über mich selbst nachzudenken, als der Hund, weil mir dieser so viel näher stand. Ich hatte ihn als noch sehr kleinen Welpen bekommen und großgezogen. Deshalb hing er besonders an mir und himmelte mich an (wie auch ich ihn anhimmelte). Aber Maxi war ein erwachsenes Amselmännchen. Von sich aus war er zu mir gekommen. Ich hatte ihn nicht angelockt. Wir trafen uns im Garten. Diesen betrachtete er nach Vogelart als sein Revier, das er verteidigte. Was mochte ihn bewegt haben, meine Nähe zu suchen? Er balzte mich nicht an, wie ein als Nestling aufgezogener und auf Menschen geprägter Vogel das tun würde. In meiner Nähe fühlte Maxi sich offenbar einfach wohl. Gibt es Verbindungen, die wir nicht erkennen, weil uns der Sinn dafür fehlt; Verbindungen mit anderen Lebewesen? Darüber wollte ich nachdenken, fand aber keinen Zugang, der mich hätte tiefer hineinführen können in so ein Geheimnis. Sinnierend entfernte ich die schlaffen gelben Krokusblüten. Sie fehlten zwar nun den Bienen, die zu dieser frühen Jahreszeit gelbe Blüten besonders besuchen. Aber ohne diese stummen Rivalen würde es Maxi besser gehen, hoffte ich. Gedankenverloren lauschte ich ihm, wenn er abends vor dem Haus sang. Lang und laut flötete er von der Birke herab. Frühmorgens schien mir sein Gesang noch intensiver als abends. Er passte als Wecker für die Zeit, zu der ich aufzustehen hatte, um mit meinem Hund hinauszugehen. Abends hörte er mit fortschreitender Dämmerung plötzlich zu singen auf. Er fing an, schrill und heftig zu »tixen«. Aus der ganzen Umgebung kam alsbald so ein Tixen. Es verdichtete sich zu einer akustischen Hysterie. Fast schlagartig folgte Stille. Die Amseln waren zu ihrem Schlafplatz geflogen, einem kauz- und katzensicheren Gebüsch, in dem sie die Nacht verbringen. Den ganzen Winter über zog es sie allabendlich zum gemeinschaftlichen Schlafplatz, bis sich Paare bildeten und feste Reviere formierten, wenn die Weibchen aus dem mediterranen Winterquartier zurückgekehrt waren. Die meisten Amselmännchen blieben den Winter hier. Manche Weibchen zwar auch, aber die große Mehrzahl flog doch im Herbst in den Süden und kam im Frühjahr wieder zurück.

Wenige Tage nach der Exekution der gelben Krokusse bekam Maxi tatsächlich ein Weibchen. Es verhielt sich mir gegenüber viel scheuer, akzeptierte aber, dass sich mir Maxi weiterhin fast so näherte wie in den Wochen vorher. In unserer Thujahecke bauten sie ein gut verstecktes Nest. Oft vernahm ich ihr Schimpfen, wenn der streunende Kater aus der Nachbarschaft durch die Gärten streifte. Maxi griff ihn mehrfach im Sturzflug an. Dem Kater war dies sichtlich unangenehm. Von seinen Streifzügen abhalten ließ er sich aber nicht. Ob Maxis Brut erfolgreich verlief, bekam ich nicht mit. Für mich hatte er kaum noch Zeit, nachdem die Jungen geschlüpft waren und versorgt werden mussten. Doch dass sein Weibchen die Brut weit mehr als er fütterte, entging mir nicht. Auch nicht, dass Maxi manchmal deutlich zu weit fort flog in benachbarte Gärten und dort sang, obwohl in der Hecke bei uns seine Jungen noch nicht ausgeflogen waren. Im Frühsommer kam er dann nicht mehr. Ich vermisste ihn. Das andere Amselmännchen, das ihn offenbar bereits nach wenigen Tagen ersetzte, war mir so fremd wie ich ihm. Es sang ganz anders als Maxi. Mir kam es nicht näher. Es war einfach eine Amsel, wie es sie hundert- und tausendfach in den Gärten und Parkanlagen gibt. Maxi hingegen verdiente den Namen, der ihn zu einem Individuum machte. Er war eine kleine, für mich unverwechselbare Persönlichkeit. Mag sein, dass er einer Katze zum Opfer fiel. Oder einem Sperber. Oder dass er krank geworden war. Kleine Vögel sterben schnell und unauffällig. Ich trauerte um ihn. Als im nächsten Frühjahr wieder gelbe Krokusse blühten, musste ich an ihn denken. Sie blieben unversehrt stehen. Nachdenklich schaute ich den Bienen zu, wie sie in die tiefen goldenen Kelche hineinkrochen. Von der Birke herab erklang wieder Amselgesang. Doch die Strophen waren mir fremd. Im Nistkasten, den wir am Stamm befestigt hatten, baute gerade ein Kohlmeisenpaar. Eifrig trugen sie Moos ein und Federchen von den Tauben, die im Garten herumspazierten und hie und da eines verloren. Aus den Töpfen, in die ich Salat gepflanzt hatte, warfen mir die Amseln Erde aus und verstreuten sie. Das Amselleben im Garten ging weiter. Natürlich. Ganz natürlich. Bis mich mehrere Amselgenerationen später ein Weibchen verblüffte.

Wie jedes Jahr hatten wir ein Amselpaar im Garten. Oder, aus ihrer Sicht betrachtet: Unser Garten gehörte zum Revier dieses Paares. Beide verhielten sich unauffällig, weder scheu, noch vertraut. Wie Amseln eben so sind, die Menschen kennen und sich in ihre Welt eingefügt haben. Das Paar war schon mehrere Wochen im Garten, als wir eines Tages bemerkten, dass sich ein zweites Weibchen angeschlossen hatte. Auf seltsame Weise. Denn dieses hüpfte unablässig hinter dem ersten Weibchen her, dahin, dorthin, wohin es sich gerade bewegte, um Futter zu suchen. Dabei hielt es einen Abstand von einem halben Meter oder etwas mehr. Flog das eine Weibchen fort und in den Nachbargarten hinüber, folgte das zweite Weibchen. Das Männchen, das sich oft, aber nicht immer, in der Nähe des Weibchens aufhielt, griff das zweite Weibchen mitunter ein wenig an. Halbherzig, so mein Eindruck, nicht heftig genug, um es zu vertreiben. Eher wirkte das Männchen ratlos. Einige Tage dachten wir, das fremde Weibchen versuchte das vorhandene zu verdrängen, um das Männchen mit seinem Revier zu gewinnen. Aber wir sahen keine Angriffe. Das zweite Weibchen folgte dem ersten einfach wie von einer unsichtbaren Schnur gezogen. Da das Nest im Gebüsch im Nachbargarten gebaut wurde, bekamen wir nicht mit, ob sich das Zweitweibchen daran beteiligte. Aber als es wiederholt mit Futter im Schnabel aus unserem Garten fortflog und dem ersten Weibchen folgte, nahmen wir an, dass es bei der Jungenfütterung mitmachte. Möglicherweise hatte sich das Männchen also mit zwei Weibchen verpaart und mit diesen gemeinsam eine Brut großgezogen. Bei Männchenmangel kann das vorkommen. Ob das zweite Weibchen auch Eier ins (gemeinsame) Nest gelegt hatte, oder sich nur als Helfer betätigte, blieb uns verborgen.

Ungewöhnlich genug war dies, aber es wurde noch seltsamer. Immer häufiger blieb das zweite Weibchen allein bei uns im Garten zurück. Inzwischen war es Mai geworden. Die Jungamseln in den Nestern, die es in den Gärten gab, sollten ausgeflogen sein oder demnächst ausfliegen. Wurde Weibchen Zwei nicht mehr benötigt? Überraschenderweise fing es an, sich ähnlich wie Maxi zu verhalten. Kam ich in den Garten, wich es nicht aus. Manchmal folgte es mir. Bald schien es unter der Sternmagnolie am Rand der Terrasse geradezu auf mich zu warten. Oder sich dort wohl zu fühlen. Das Verhalten wurde immer rätselhafter. Schließlich tolerierte es meine Annäherung bis auf Armreichweite. Redete ich auf »Emma« ein, wie ich die Amsel nun nannte, schaute sie mich mit ihren dunklen Augen an. Voller Vertrauen, wie ich meinte. Doch etwas war anders als bei Maxi. Aus der Erinnerung fügte sich Bild zu Bild. Da erkannte ich den Unterschied. Emma sträubte die Federn zu stark. Sie wirkte zu dick, zu aufgeplustert. Sie war krank. Todkrank, denn sie wurde immer schwächer.

Jeden Morgen schaute ich zuerst nach ihr, legte ihr hart gekochtes, zerkrümeltes Ei in die Nähe, um sie mit guter Nahrung zu kräftigen. Immer öfters sahen wir, dass sie zum Vogelbad hüpfte und trank. Langsam tauchte sie den unauffällig braunen Schnabel ein, hob den Kopf und ließ das Wasser in den Schlund laufen. Immer wieder; zu oft für einen gesunden Vogel. Als ich meinte, heute ginge es ihr besser, war es das letzte Mal, dass ich Emma sah. Sie hatte mich auf andere Weise als Maxi tief berührt und nachdenklich gemacht. Maxi war gesund. Er war ein topfittes, prächtiges Amselmännchen. Ich habe keine Ahnung, weshalb er meine Nähe suchte und diese sichtlich genoss. Mit Emma verhielt es sich anders. Sie war ein Zweitweibchen geworden. Den Grund kannte ich nicht. Nicht einmal Vermutungen konnte ich anstellen, außer dem genannten Männchenmangel. Dass sich diese merkwürdige Triobildung in unserem Garten abspielte, war Zufall und hatte nichts mit mir zu tun. Emma lernte mich dabei lediglich kennen, einfach weil ich viel im Garten war. Das Besondere kam, als sie krank geworden war. In diesem Zustand suchte sie meine Nähe, die Menschennähe. Wiederholt erlebte ich, dass sie die Augen schloss, nachdem ich ein wenig zu ihr gesprochen hatte, und einschlief, während ich neben ihr an den Beeten arbeitete. Dieses Vertrauen berührte mich. Maxi hätte jederzeit blitzschnell davonfliegen können, wenn irgendeine Tätigkeit von mir bedrohlich erschienen wäre. Emma begab sich in meinen Schutz. Wie fasste diese Amsel die Zuversicht, dass ihr in meiner Nähe nichts geschieht? Im erkrankten, zunehmend hilfloseren Zustand? Zwei Vögelchen im Garten machen mir klar, dass es keine so tiefe Kluft zwischen Tieren und Menschen gibt, wie es die hier im Westen so verbreitete Ansicht lehrt. Und dabei den Menschen zu einem fremdartigen, naturfernen Wesen macht. Allenfalls beim Hund und einigen wenigen anderen Haustieren wird die emotionale Nähe akzeptiert, doch mehr im Verborgenen. Ich verstehe diese Kluft nicht, denn in meiner vom Zen-Buddhismus geprägten Auffassung vom Leben gibt es diese Spaltung nicht.

Je mehr ich im Garten tätig wurde, desto deutlicher erkannte ich, dass diesen auch andere Lebewesen als ihren Lebensraum betrachten, als ihnen gehörig. Mit meinem Tun drang ich ein in ihre Welt. Ich griff ein in ihr Leben. Dies umso stärker, je mehr ich den Garten nach meinen Vorstellungen ausrichtete.

Rasenmähen

Verläuft das Frühjahrswetter normal, also wechselhaft apriltypisch, rückt ein Problem näher, das mich von Jahr zu Jahr intensiver beschäftigt. Das Moos, das dem Rasen winterliche Weichheit gegeben hat und ihn gelbgrün färbte, verschwindet, weil das Gras wächst. Manchmal ist es schon Ende April so hoch, dass ich meine, es müsste nun gemäht werden. Verläuft das Frühjahr trocken, dauert es bis in den Mai. Dann ist es soweit. Aus der ganzen Umgebung ist das Rattern der Rasenmäher zu hören. Ich fühle mich davon gedrängt, nun auch zur Tat zu schreiten. Weil der Rasen gepflegt werden muss. Sonst wird er zur Wildnis. Eine solche sehen bekanntlich die Nachbarn nicht gern. Die Straßenränder, Böschungen und all die Freiflächen, die es im Ort gibt, werden ebenfalls gemäht. Damit sie wieder ordentlich aussehen. Wie es sich gehört.

Obwohl ich weiß, dass es an der Zeit ist zu mähen, und obgleich es rundherum gemacht wird, gerate ich immer tiefer in einen Zwiespalt. Denn mir ist klar, dass das Mähen sehr viel vernichtet. Die langjährige Beschäftigung mit dem Garten hat mir die Augen dafür geöffnet. Der frisch gemähte, »saubere« Garten vermittelt einen höchst oberflächlichen Eindruck. Das Mähen hat Folgen. Sehr ungute sogar. Je mehr ich auf das Leben im Garten achte, desto deutlicher erkenne ich sie. Ein zauberhafter Schmetterling, der Aurorafalter, gehört zu den ersten Fällen, die mich nachdenklich machten. Er fliegt im April oder Anfang Mai. Sehe ich einen im Garten, freue ich mich besonders. Denn der kleine, weiße Falter trägt orangefarbene Flügelspitzen. Aber nur die Männchen. Den Weibchen fehlt diese Färbung, die schon auf einige Distanz wirkt. Sie ähneln kleinen Kohlweißlingen und fallen daher weit weniger auf. Landen sie an den Blüten des Wiesenschaumkrautes, lassen sie sich aus der Nähe betrachten. Dann sieht man, was sie von den Kohlweißlingsarten unterscheidet. Die Unterseite ihrer Hinterflügel ist wie auch bei den Männchen wunderschön moosgrün marmoriert. Schön und zart sind sie, die Auroras. Und ganz harmlos dazu. Denn ihre Raupen leben am Wiesenschaumkraut und an der Knoblauchsrauke. Diese wächst vorwiegend entlang von Waldwegen und Forststraßen. Schäden verursachen sie also nicht. Wir können die reine Schönheit dieser Frühlingsfalter bewundern und genießen. Das Rasenmähen gerät aber damit in Konflikt. Denn es vernichtet die Raupen und damit die nächste Generation von Auroras. Ihre Schönheit kommt nicht aus dem Nichts. Die Raupen brauchen das Wiesenschaumkraut und die Möglichkeit, sich erfolgreich zu verpuppen. Nur dann sehen wir im nächsten Frühjahr die bezaubernden Falter wieder.

Wiesenschaumkraut wächst nicht in jedem Garten. Der Boden muss feucht, am besten etwas moorig sein. Also ein spezieller Fall, auf den man, wie ich es tue, Rücksicht nehmen könnte. Für die Aurorafalter bin ich gern bereit, einige Quadratmeter Rasen mit Wiesenschaumkraut ungemäht zu belassen. Aber andere Fälle sind komplizierter. Zu den schönsten und mittlerweile besonders selten gewordenen Tagfaltern gehören die Bläulinge. Die Flügel der Männchen scheinen das Himmelsblau in den unterschiedlichsten Tönungen und Intensitäten zu spiegeln. Eine Art heißt sogar Himmelblauer Bläuling. Ihre schlimmsten Feinde sind der Rasenmäher in den Gärten und die Pflegemaßnahmen an den Freiflächen draußen. Sie rasieren die Futterpflanzen ihrer Raupen weg und schädigen auch die Ameisen, die ihre Nester auf den Rasenflächen anlegen. Die Raupen mancher Bläulinge leben darin. Andere, nicht so sehr durch augenfällige Schönheit ausgezeichnete Falter brauchen Gräser als Raupennahrung. Die Rasenmäher wirken besonders verheerend auf sie. Denn im Wirtschaftsgrünland draußen, auf den einstigen Wiesen, können sie nicht mehr leben. Vier- bis fünfmal pro Jahr wird gemäht und die gesamte Grünmasse siliert oder in riesigen Ballen als Futter für Stallvieh aufbewahrt. Die Gärten gehören zu den letzten geeigneten Lebensräumen für Schmetterlinge, die auf den Fluren nicht mehr leben können. Wie auch für die Wildbienen und zahlreiche andere Insekten. Ihr Verschwinden wird bedauert. Die Landwirtschaft soll die Nutzungen naturfreundlicher gestalten. So wird es gefordert. Und was machen wir in den Gärten und auf den öffentlichen Flächen? Vernichtung über Vernichtung.

Überlegungen dieser Art stürmen auf mich ein, wenn es wieder an der Zeit scheint, den Rasen zu mähen. Weitere Folgen davon lernte ich im Lauf der Jahre kennen. Sie verunsicherten mich noch mehr. So ahnte ich nicht, dass häufiges Mähen die Nacktschnecken füttert. Weil ihnen fein zerhackte Gräser und Kräuter besonders schmecken. Es bleibt ja viel liegen nach jeder Mahd. Wäre dies eine Möglichkeit, mit Rasenmähen die Nacktschnecken von meinen Gemüsebeeten fern zu halten? Durch Ablenk-Fütterung. Die Enttäuschung kam umgehend. Auch die Schnecken bevorzugten Qualität. Sie zogen meine Salat- oder Kohlrabipflanzen und anderes Gemüse dem Kleingehäckselten vor. Die großen Nacktschnecken können es sich leisten, wählerisch zu sein. Die kleinen, die mir weniger auffallen, profitieren davon, was der Rasenmäher hinterlässt. Die großen kriechen gezielt zum Salat, wie mir ihre Schleimspuren am Morgen verraten. Über den gemähten Rasen geht dies leichter als durchs hohe Gras. Also spricht auch der Kampf gegen die Schnecken gegen das Rasenmähen.

Doch so einfach ist es nicht. Das lernte ich aus Gartenbüchern. Darin wird die Bedeutung der Regenwürmer für die Fruchtbarkeit des Bodens betont. Ich sehe sie beim Umgraben. Wo der Boden gut und locker ist, stoße ich auf große, sichtlich wohlgenährte Regenwürmer. Unter Golfrasen soll es besonders viele geben, außer man behandelt diese mit Giften, um sie frei von unerwünschten Pflanzen zu halten. Der Grund ist klar. Das Mähen versorgt die Würmer mit zerkleinerten Pflanzenteilen. Rasenmähen ist also gut für die Regenwürmer. Und auch für die Larven verschiedener Insekten, die von Pflanzenteilen leben, die an der Bodenoberfläche allmählich verrotten. Etwa die Larven der großen, langbeinigen Schnaken. Zwar wirken sie irgendwie bedrohlich und viele Menschen meinen, sie würden stechen oder beißen. Das tun sie nicht. Die Schnaken sind völlig harmlos. Die richtigen Schnaken, nicht die regional (Rhein-)Schnaken genannten Stechmücken. Die Larven der Schnaken fressen allerdings auch Wurzeln ab. Wo sie in großer Häufigkeit vorkommen, schädigen sie die Pflanzen. Bei mir im Garten ist das nicht der Fall. Vielleicht weil Amseln und Stare intensiv genug nach den Schnakenlarven suchen und diese vertilgen. Das können sie am besten, wenn der Rasen gemäht ist. Unsere Amseln und die Stare aus der Nachbarschaft kommen herbei und suchen die gemähten Stellen gleich gründlich ab. Ist das Gras zu lange lang, beschleicht mich mitunter das Gefühl, die Amseln schauen mich an mit der Frage, wann endlich wieder gemäht wird und sie auf dem Boden frei herumhüpfen können. Langes Gras behindert sie. Auch das Rotkehlchen braucht kurzrasige, offene Flächen. Der Igel ebenfalls. Da kann er ungehindert nach Würmern und Schnecken suchen.

Also spricht die Berücksichtigung von Igel, Amsel, Star und Rotkehlchen, von Regenwurm und Bodeninsekten für das Mähen. Mit Einschränkungen, wie mir weitere Funde und Befunde im Garten zeigten. Die dicken Larven der Junikäfer, Engerlinge, wie die Larven ihrer größeren Verwandten, der Maikäfer, fraßen an manchen Stellen die Wurzeln der Gräser so sehr, dass im Rasen braune Flecken entstanden – und interessanter Käferflug in den Abendstunden der Wochen um die Sommersonnenwende. Geht es dem Igel im Garten gut, haben es die Rotkehlchen schwer. Denn sie bauen ihr backofenförmiges Nest, wie es in den Büchern über Gartenvögel heißt, im Buschwerk am Boden. Da kommt der Igel hin und holt sich die Eier oder kleine Junge. Nicht einmal für Igel und Rotkehlchen gibt es klare Verhältnisse zur Abwägung, was für oder gegen das Mähen spricht. Mein eigenes Empfinden kommt dazu. Ich möchte den Garten nicht sich selbst überlassen und zusehen, wie er zur Wildnis wird. So bleibt mir nicht anderes übrig, als zu akzeptieren, dass das Mähen manche Pflanzen und Tiere schädigt, anderen aber zugute kommt. Daraus ergibt sich für mich die Abwägung, wann und wie gemäht wird. Das ist weniger rational durchgetaktet, sondern basiert eher auf einem Bauchgefühl.

Wann, das hängt sehr von der Entwicklung mancher Pflanzen ab. Ich möchte, dass der so schön blau blühende Kriechende Günsel mit seinen Blütenkegeln die Zeit bekommt, seine Samen auszustreuen. Ende April/Anfang Mai, wenn er in voller Blüte steht und quadratmetergroße Flächen auf dem Rasen azurblau färbt, besuchen ihn Hummeln und andere Wildbienen ganz intensiv. Ihn zu schützen, kommt diesen zugute. Also nehme ich es hin, dass seine Blütenstände verblüht als braun werdende Kegel aus dem Rasen ragen. Ebenso akzeptiere ich Gruppen verblühter Margeriten. Ihre großen, weißen Blütensterne mit den dottergelben Zentren mag ich gerne – und manch schöner Käfer auch. Sie bleiben von der ersten Mahd verschont. Stehen bleiben Stücke mit hohen Gräsern, Flächen, die voller zarter, weißwolkig himmelblauer Blüten vom Ehrenpreis sind, oder wo Lichtnelkengruppen aufwachsen. Und, und, und ... Es gibt so viel zu berücksichtigen und zu erhalten. Ziel ist eine fürs Auge angenehme Vielfalt.

Der Rasenmäher darf nicht einfach englische Verhältnisse schaffen, bei denen nichts mehr vorkommt, außer dem kurz gestutzten Grün. Ein solches böte besser und pflegeleichter ein künstlicher Rasen. Mit dem Versuch, Vielfalt zuzulassen und zu erhalten, muss ich unterschiedlichste Kompromisse eingehen. Die Ansprüche der verschiedenen Arten sind zu verschieden. Längst nicht allen kann ich gerecht werden. Aber vom moderaten, eher mosaikartigen Mähen profitieren viele. Ohnehin bekomme ich nur einen Teil der Vielfalt zu Gesicht, denn zahlreiche Arten entfalten ihr Leben nachts oder halten sich, so gut es geht, im Verborgenen. Über Falter, die ans Licht fliegen, erahne ich, welche Fülle nachts aktiv ist. Und wenn ich mir tagsüber oder abends mal eine Mußestunde genehmige und einfach dem Leben und Treiben im Garten zusehe, nehme ich die Früchte meiner Bemühungen wahr. Dabei wird mir in aller Deutlichkeit bewusst, dass all mein Tun im Garten Folgen zeitigt, Veränderungen verursacht und Gegenreaktionen auslöst. Ich kann sie nicht berücksichtigen, all die komplexen Beziehungen und Wechselwirkungen, weil ich sie nicht in ihrer Gänze durchblicke. Aber ich fühle mich eingebunden in das Geschehen. Daraus schöpfe ich Freude; Lebensfreude.

Rosen und Palmen

Sie gefallen mir, meine Rosen. Von Juni bis Dezember blühen sie. Meine geringen Kenntnisse in der Rosenpflege nehmen sie mir nicht übel. Manchmal denke ich, sie sind froh, dass ich nicht so viel an ihnen herummache. Umso prächtiger werden sie. Aber das ist bekanntlich oft so im Garten. Zu viel Beeinflussung erstarrt. Der Zustand wirkt dann künstlich. Naturfern. Ausgerechnet ich als Japanerin schreibe das. Wo doch bekannt ist, dass in unseren Gärten kein Wildwuchs zugelassen wird. Und erst Bonsai. Nicht einmal die härteste Hungerkur kann Bäumchen zu dieser Zwergform werden lassen, zu der sie die Scheren zurechtstutzen. Aber Japanische Gärten und Bonsai repräsentieren Klischees. In Japan sind sie allerdings tatsächlich weit verbreitete Formen der Gestaltungskunst auf kleinen Flächen und gewiss nicht vergleichbar mit Schrebergärten oder Schlossparkanlagen. Mein Gemüsegarten könnte als Mini-Schrebergarten durchgehen. Der nicht produzierende Teil vor dem Haus mit Blumen und Büschen ist höchstens aus der Ameisenperspektive eine Art Schlossparkanlage. Vom Wohnzimmer aus schaue ich über die Rosen hinaus in den Garten. Daher habe ich diese am häufigsten im Blick. Sehe ich mir ihre so perfekt spiralsymmetrischen Blüten in samtig glänzendem glutvollem Rot, zartem Rosa und kräftiger getönten Rändern oder einem Gelb, das sich von elfenbeinfarben im Innern zu zitronefarben nach außen verstärkt, versinke ich in Erinnerungen an Kindheit und Jugend in Japan.

Dort hatten Urgroßeltern und Großeltern kunstvoll gestaltete Gärten. In Bezug auf ihre Schönheit könnte ich keine Details hervorheben. Aber vom Garten eines Großonkels weiß ich, dass er eine große Palmensammlung enthielt. Als kleiner Park lag er an einem Hügel am Rand der Stadt. Die verschiedensten Palmenarten und Wuchsformen waren so arrangiert, dass sie den Vordergrund abgaben zu einem Durchblick auf den gewaltigen Vulkan Sakurajima. Ein Landschaftsgemälde von erhabener Schönheit war dies (fernab von Bonsai oder Kiesgärten). Die empfindlichen tropischen Palmen hielt der Großonkel in einem Gewächshaus. Das stellte keinen Fremdkörper dar, sondern war im Garten gleichsam die kristallene Quelle der so formschön schlichten Strukturen, mit denen Palmen und Farne beeindrucken. Vor dem Vulkan schimmerte blau die Bucht. Jenseits davon, nur zu erahnen, weil weit draußen, lag das Meer. Den Blick durch den Garten auf den Vulkan begleiteten filigranes Grün in Wedeln und Schöpfen aus sanft geschwungenen, grazilen Stämmen gleichbleibender Dicke oder riesige Blattfächer, die wie erstarrte Springbrunnenformen aus dem lichten Grün des gepflegten Rasens emporstiegen. Der Wind, der durch den Garten strich, versetzte sie mitunter in Schwingungen, die von einer unhörbaren Melodie dirigiert zu sein schienen. Mein Staunen als Kind glich bei jedem Besuch wahrscheinlich schon Anfängen von Meditationen, die in das Wesen der Pflanzen und den Ursprung der Formen hineinführen. Mein Großonkel wäre sicherlich ein großartiger Zen-Meister gewesen, stelle ich mir vor. Vielleicht empfand er meine Ehrfurcht und hielt sie für aufkeimenden, knospenden Zen.

Entliehene Landschaft wird diese Gartengestaltung genannt, die in die Tiefe führt. Die Rosen sind als Gegenstücke von Landschaft für mich *entliehene Schönheit*, entnommen aus dem Perfekten. Ihre Blüten übertreffen ja die in der Natur verwirklichten Spektren von Formen und Farbtönungen. Ich muss mich in sie hinein vertiefen, ihren Duft aufsaugen und mich dem smaragden glänzenden Käfer angleichen, der sich in ungestümem Drang ins Zentrum der Rose bohrt. Goldgrün glänzt sein Panzer auf, wirft Licht zurück, das bei Betrachtung aus der Nähe fast blenden kann, und scheint sich und die Welt zu vergessen bei seiner Versenkung in die Rosenblüte. Mitunter finde ich diese Käfer am Morgen nach kühler Nacht noch schlafend in der Blüte. Schöneres Nächtigen gibt es für Käfer wohl kaum. Aber hinter diesem Gedanken verbirgt sich gewiss meine Bewunderung der Rose. Dungkäfer, nahe Verwandte der Rosenkäfer, haben andere Vorlieben: einen sonnengereiften Kuhfladen zum Beispiel.

Die Rosen scheiden für mich zwei Welten der Betrachtung. Die Vertiefung in ihre Schönheit wirkt wie ein Gang ins Innere. Jenseits von ihnen, im Außen, liegt das Weite. Der Palmengarten meines Großonkels vermittelte mir diese Sicht wie kein anderer Garten. Den größten Genuss und die tiefste Ruhe bot eine Aussicht, die wie eine Avenue aus dem fast körpernahen Dunkelgrün der Palmwedelformen und ganzer Palmen den Blick auf den Vulkan und die

Endlosigkeit dahinter lenkte. Vom Gewächshaus durch den Garten bis hin zum gelegentlich rauchenden Berg fügte sich alles Anzuschauende zu einer Einheit zusammen. Doch nicht im Stehen sollte es betrachtet werden, denn das hätte zu wenig Muße zum Verweilen gegeben. Sitzend, in sich gesammelt, steigerte sich das Bild zu tiefer Harmonie, die ins Innere überging. Der Moment des Betrachtens im verlangsamten Schritt durch den Garten reichte dafür nicht aus. Die Sitzhaltung wurde korrigiert, wenn sie nicht richtig eingenommen worden war. Augenhöhe und Position des Körpers mussten stimmen. Als Kind wurde man so lange sanft, aber bestimmt ermahnt, bis alles passte. Dann konnte sich Ruhe ausbreiten, gingen die Sinne auf und ließen einströmen, was das Bild vermittelte. Die Ermahnungen wandelten sich zu gefühltem Lob. Das Bild schien zu sprechen. Die Haltung war die Antwort. Sie glich sich dem an, was zuhause auch sein sollte: Zurückhaltung, Aufmerksamkeit, Besonnenheit. Ohne es zu verstehen, nahmen wir Kinder auf, was der Garten vermittelte wie eine übermächtige, aber stets gute und gütig gestimmte Person. Vor allem erfassten wir, dass er lebendig war, keine bloße Kulisse. Die Natur ist der Lehrmeister, das wurde mir vermittelt.

Bäume und Büsche, offene Flächen, Steine und Blumen, kleine Teiche und murmelnde Bäche repräsentierten die sich wandelnde und sich dennoch erhaltende Natur. Die Jahreszeiten legten sich über die Gärten wie eine Aura in unterschiedlichen Kleidern. In den Anlagen der Großeltern und Urgroßeltern erlebte ich die Vielfalt im doch stets Einen als Kunst, die selbst Natur ist. Jeder Garten war anders und blieb doch Garten; der Ort, um zu sich zu finden, sich zu entspannen und nachzudenken, bis sich alles Denken in sich selbst verlor. Die steinerne Laterne, die winzige Brücke über den kleinen Wasserlauf, das rote Herbstlaub des Ahorns auf dunklem Moosrasen, sie wurden zu Stellen, an denen sich die Augen festhielten und das Denken durch Empfinden abgelöst wurde. Blüten spielten dabei eine geringere Rolle. Sie drücken eher die Jahreszeit aus, wie ein Ikebana-Gesteck das soll. Oder ein bestimmtes Ereignis. So belegten wir Schülerinnen den Schulhof im Mai mit einem Rosenblütenteppich, weil wir gelernt hatten, dass dies in Europa so bei Marienprozessionen gemacht wird. Aber das war nur eine christliche Facette in der ansonsten buddhistisch geprägten Kultur meiner Heimat. Mitunter drängen sich Rosen in den europäischen Gärten zu sehr in den Vordergrund und beeinträchtigen den Blick auf das Ganze. Wie meine Rosen, die für mich jedes Mal wieder beim ersten Blick die Trennung vollziehen, sie oder der Garten, das Detail oder das Ganze, Sonderung von Kunst und Natur.

Doch genau dafür mag ich sie. Kratzer habe ich abbekommen, wenn ich sie wieder einmal zurückschneiden musste, weil sie zu sehr wuchsen. Bis zum nächsten Regen klebten dann Blutströpfchen an manchen ihrer Stacheln – oder bis ein Insekt sie entdeckte und ableckte. Sie blühen bis zum Winter und in diesen hinein, wenn es im Dezember keine Fröste gibt. Dann finde ich an sonnigen Wintertagen zarte Fliegen mit schwarzen Ringen am flachen Hinterleib; Schwebfliegen, deren Larven Blattläuse fressen. Als Fliege überwintern sie. Wie sie es anstellen, so unzeitgemäß ausgerechnet meine letzten Rosenblüten zu finden, ist ihr Geheimnis. Ich bewundere sie, weil sie noch härter im Nehmen sind als die Rosen, die den Frösten zum Opfer fallen werden. Die kleinen Schwebfliegen hingegen überstehen diese. Gemeine Winterschwebfliege heißen sie. Ganze Welten von Insekten liegen zwischen ihnen und den wie aus Erz gegossenen Rosenkäfern. Die Rose vereint sie und zahlreiche andere Lebewesen auch. Das finde ich großartig.

Woher sie stammen, meine Rosen, wüsste ich schon ganz gern. Aber bei der Vielzahl von Zuchtformen und miteinander gekreuzten Arten will ich gar nicht erst versuchen, die Herkunft herauszubekommen. Sie darf für mich ein Geheimnis bleiben. Die Freude reicht mir, draußen in der Natur ihre schlichten Verwandten zu sehen, wenn sie Ende Mai oder im Juni blühen, die hellrosa blühenden Hecken- oder Hundsrosen und die weiß blühenden etwas kleineren Feldrosen. Anfangs fiel es mir nicht leicht, in ihnen überhaupt »Rosen« zu erkennen. Die Stacheln der Sprosse überzeugten mehr als die Blüten, die nur aus fünf scheibenartig flach ausgebildeten Kronblättern bestehen. Sie gleichen damit mehr den Blüten der Apfel- (rosa) und Birnbäume (weiß) als den faustgroßen Edelrosen, die bei Regen mit ihrer Blütenblattfülle auseinanderbrechen. In einem Tag können sich diese in faustgroße, verbräunende Klumpen verwandeln. Die Blüten der

Apfel- und Birnbäume, wie auch die der Hunds- und Feldrosen widerstehen dem Regen viel länger. Dass die raschere Vergänglichkeit der Preis der Schönheit ist, musste ich einsehen. Tatsächlich sind Apfel- und Birnbäume Rosengewächse, wie die Wildrosen draußen und meine Gartenrosen. Aber ihre schlichten Blüten dienen nur so lange der Anlockung von Bienen und anderen Insekten, bis sie bestäubt sind und sich weiterentwickeln können zur Frucht, zum Apfel, zur Birne, zu den Hagebutten.

Meine Apfelbäume sind das Gegenstück zu den Rosen vor dem Wohnzimmerfenster, auch räumlich, aber ganz nah. So nah, dass ich ihr Blühen und Fruchten mit verfolgen kann. Was oft ein Mitbangen bedeutet, denn selten passen Wetter und Umstände so zusammen, dass sie reichlich Äpfel tragen und diese ihren Wohlgeschmack entwickeln. Spätfrost kann die Blüten schädigen. Sie blühen dann nicht mehr nach. Die Rosen vertragen den Schnitt der Blüten und treiben umso üppiger neue. Unmöglich für die Apfelblüte. Fiel sie gut aus, fallen viele Äpfelchen ab, entweder weil es an Bienen mangelte und meine Bestäubungsversuche nicht gelungen waren, oder weil sich zu viele entwickelten und sich die Bäumchen der übergroß werdenden Fruchtlast rechtzeitig entledigen. Apfelwickler können die Äpfel befallen und »wurmig« werden lassen. Oder Schorf bildet sich, schlimmstenfalls sogar Feuerbrand, unter dessen Befall die Endtriebe schwarz werden und abfallen. Läuft aber ausnahmsweise alles bestens, wie im so einzigartig schönen Sommerhalbjahr 2018, brechen die Bäumchen schier unter der Last der Äpfel zusammen. Da fällt es mir schwer, die untragbaren Früchte vorzeitig zu entfernen, gerade weil auch sie so makellos schön sind. Der Kontrast der beiden Rosengewächse Apfelbaum und Zierrose offenbart, welch Unterschiedliches sich aus fast gleichen Ausgangsbedingungen entwickeln kann. Die Apfelbäume schwanken von Jahr zu Jahr unvorhersagbar zwischen Fülle und Mangel, und dies umso mehr, je weniger ich eingreife. Von sich aus halten sie keine vernünftige Mitte im Ertrag. Die Rosen blühen und blühen und blühen, wenn die Witterung nur einigermaßen dazu taugt. Sie nehmen es hin, gestutzt und geschnitten zu werden, ohne aufzugeben. Nicht einmal die Blattläuse beeinträchtigen sie, obwohl ich an den Hibiskussträuchern direkt neben den Rosen einen mich fast zur Verzweiflung treibenden Kampf gegen die klebrigen Sauger führe. Jedes Jahr wieder und ohne Aussicht auf einen endgültigen Sieg. Blattläuse befallen auch die neuen Triebe der Apfelbäume. Was die Ungunst des Wetters, »Apfelwurm« und Schorf nicht schaffen, das erledigen die Blattläuse. Armer Apfel, stöhne ich da manchmal, und schneide die Rosensträucher, auf dass sie weiterhin so schön und so üppig blühen. Den ganzen Sommer und Herbst hindurch bis in den Winter hinein.

Rosen gehören zu den nobelsten Geschenken. Eine neue, gleichmäßig hell karminrot blühende englische Rose erhielt 1961 den Namen *Princess Michiko* als Signum der Freundschaft zwischen Großbritannien und Japan. Michiko war damals noch Prinzessin. Als sie 1991 Kaiserin geworden war (bis 2019, da dankte Akihito, der 125. Kaiser ab), widmete ihr das Britische Königshaus erneut eine Rose, die ungemein zart cremig hellrosa blühende *Empress Michiko*. Ehrende Geschenke dieser Art tragen die Verpflichtung zu sorgsamster Pflege in sich. Lange sollen sie lebendig bleiben. Doch vergänglich sind auch die schönsten Rosen. Das Wesen des Zen drückt sich in so einem Gedanken nicht wirklich aus. In der tiefen Schönheit der Rose und in der weiten Perspektive *entliehener Landschaften* der Gärten spüre ich die wundervollen Harmonien der Natur. Zumindest ein wenig.

Kartoffeln

Kartoffeln esse ich gern. Als Bratkartoffeln, als Pellkartoffeln, auch als Kartoffelsalat oder als Pommes frites, mit Käse überbacken und als Püree. Beim Einkauf hatte ich zu lernen, was »fest kochend« oder »mehlig« bedeutet. Mehlig war leichter vorstellbar, da es ja auch Kartoffelmehl gibt. Bei »fest kochend« half nur die Praxis. Wie überhaupt bei den Kartoffelgerichten. Während ich die verschiedensten Rezepte ausprobierte, dachte ich ans Essen, an die weitere Garnierung der Gerichte, nicht aber an die Kartoffel selbst. Die Vorstellung, sie selbst anzupflanzen, lag mir so fern, wie hier im Garten Reis anzubauen. Er gehört zwar fern meiner ursprünglichen Heimat zu meinem Leben. Ein Traum änderte dies. Er gaukelte mir vor, im Garten Kartoffeln ausgegraben zu haben; schöne und erstaunlich gut schmeckende Kartoffeln. Dabei kam ich ins Schwitzen, so groß waren sie und so schwer die Erde, die ich nach ihnen durchsuchen musste. Und gar nicht von Schnecken sind sie befressen, stellte ich erstaunt fest. Zweifellos war der Wunsch der Vater des Traumes. Im Supermarkt stehe ich meistens vor der Wahl zwischen verschiedenen Sorten, die ich aber nicht beurteilen kann. Sie schienen sich vorwiegend darin zu unterscheiden, wie gut gewaschen sie waren. Auf dem Wochenmarkt bekam ich vom vorhandenen Angebot nur Vorzüge angepriesen. Die Sortennamen vergaß ich wieder. Sie sagten mir nichts zu Geschmack und den Kochqualitäten. Und da ich im Garten Salat ziehe und gegen die Schnecken, Raupen und all die anderen Interessenten von »echt Bio« verteidigen muss, lag es irgendwie nahe, selbst Kartoffen anzubauen. Und zwar genau die, die mir besonders schmeckten. Auch weil ich nicht jeden Tag Sushi oder Curryreis machen wollte. Zudem reizte die Vorstellung, Pommes frites aus Eigenproduktion herzustellen. Der Traum warnte jedoch irgendwie auch vor Mühen, an die ich noch gar nicht gedacht zu haben glaubte.

Als ich am Morgen über den Traum nachsann, weil er merkwürdigerweise recht detailliert im Gedächtnis geblieben war, fiel mir ein Spruch ein, den ich auf dem Land wiederholt zu hören bekommen hatte, und von dem ich lange nicht verstand, was er eigentlich ausdrücken sollte: Die dümmsten Bauern haben die größten Kartoffeln! Die Leute, die ihre Kartoffeln auf dem Wochenmarkt anboten, waren mir fast durchwegs sympathisch. Ich hätte sie mit ihren Kartoffeln keiner Kategorie zuordnen können. Gelegentlich erhielt ich eine besonders Schöne geschenkt »zum Probieren«. Leider fand ich sie dann im Mittagessen unter den anderen Bratkartoffeln nicht mehr. Weil kein Stück eine eigene Signatur hinterließ. Kurz und gut, ich legte mir einen Mini-Kartoffelacker an. Gleich neben dem Salat und ausgesetzt der Morgensonne, nachmittags vom Haus beschattet. Mein Mann meinte, der Boden sei zu wenig sandig. Also schleppte er ein paar Eimer feinsten Schwemmsand vom Fluss herbei, um den fetten Salatboden für die Kartoffeln aufzubessern. Angeblich mögen sie mageren Boden. Das wunderte mich, denn sie machen ja große Knollen. Noch mehr wunderte mich, dass das nicht gerade eindrucksvolle Kartoffelkraut, das den Sommer über aufwuchs, tatsächlich viele große Kartoffen liefern sollte. Auf diese musste ich warten, während mich der Salat in Atem hielt. Verteidigte ich ihn erfolgreich gegen die Schnecken, hatte ich plötzlich so viel, dass es auch für sehr bewusste Ernährung zu viel Grünzeug war. Fraßen ihn mir die Schnecken großenteils, musste ich zwischendurch wieder Salat im Supermarkt oder auf dem Wochenmarkt kaufen. Das würde, so die Hoffnung, bei den Kartoffeln ganz anders werden. Sie dürfen sich so üppig wie möglich entwickeln, weil wir sie nicht gleich frisch essen müssen. Dieses naive Wissen stellte dennoch meine Geduld auf die Probe. Keinesfalls zu früh sollte ich die ersten Kartoffeln ausgraben. Doch wann es noch zu früh oder schon an der Zeit ist, konnte mir niemand sagen. Fragte ich beim Wochenmarkt nach, erhielt ich die Rückfrage, welche Sorte es denn gewesen sei und wann ich gepflanzt habe. Dass beim Kartoffelpflanzen so etwas wie eine Buchführung nötig wäre, hatte niemand erwähnt. Aber ich wurde getröstet. Es hängt davon ab, wo im Garten die Kartoffeln aufwachsen, unter wie viel Schatten, in welchem Boden, wie oft gegossen und so weiter. Ein gutes Zeichen ist das Aussehen des Kartoffelkrautes. Das sah den Sommer über gut aus, denn auf den einen Käfer, den ich daran entdeckte, folgten keine weiteren. Seine halbkugelige Form und die geradezu ins Auge springende gelb-schwarze Längsstreifung ergaben sofort die irritierende Diagnose Kartoffelkäfer. Kennengelernt hatte ich ihn unter ganz anderen, eher ungewöhnlichen Umständen, nämlich mitten im großen Forst und zwar an Tollkirschenstauden. An ihren Blättern saßen mehrere Kartoffelkäfer und fraßen. Eher lustlos, wie mir schien, aber immerhin.

So absonderlich, wie ich meinte, war die Tollkirsche als Futterpflanze der Larven des Kartoffelkäfers jedoch nicht. Sie gehört wie die Kartoffel zu den Nachtschattengewächsen. Sie sind alle mehr oder weniger giftig, meist eher mehr als weniger. Die so auffällige Streifung in Gelb und Schwarz warnt Vögel davor, diese Käfer zu verzehren. Denn sie haben Giftstoffe aus den Nachtschattengewächsen in ihren Körper übernommen. Daher können es sich die Käfer leisten, nicht rasch fortzufliegen, sondern träge sitzenzubleiben. Dass wir sie nicht essen, sondern vernichten wollen, liegt ihrer Käfer- und Larvenwelt fern. So verhält es sich nicht nur beim Kartoffelkäfer, der, wie ich dazulernte, wie die Kartoffelpflanze aus Amerika stammt, sondern auch bei anderen Tieren, die vom Kartoffelkraut leben. An diesem trifft sich die Welt unter Umständen in einem kleinen Garten, nämlich Tiere der Neuen und der Alten Welt. Gleichsam wie mein Mann als Bayer und ich als Japanerin, wenn wir die Kartoffeln verspeisen. Globalisierung auf den Punkt gebracht. Noch tat er mir jedoch nicht den Gefallen, der Afrikaner, den ich gern am Kraut meiner Kartoffeln gefunden hätte, der Totenkopfschwärmer. Fast alljährlich, wenn im Frühsommer die Witterung dafür günstig ist, fliegen diese mächtigen Nachtschwärmer von Afrika her über die Alpen und suchen nach Kartoffelfeldern. Die Weibchen legen ihre Eier am sprießenden Kartoffelkraut ab. Nicht zu viele und nicht zu nahe beisammen, sondern weiter verteilt. Die Raupen werden sehr groß. Sie brauchen entsprechend viel Nahrung. Sind sie bereit zur Verpuppung, haben sie die Größe kleiner Würstchen erreicht.

Sie sind knallig gelb und tragen zahlreiche blaue bis hell violette Schrägstreifen, oder sie sind bräunlich, wie verwelkendes Kartoffelkraut. Klar, dass auch sie nicht zu genießen sind. Denn bei ihrem Fraß sammeln sie Gifte in ihrem Körper an. Die Rebhühner, Fasane und andere Feldvögel sehen es sofort oder lernen nach dem ersten Versuch, dass so etwas nicht genießbar ist. Und da der Boden der Kartoffeläcker locker und weitgehend bewuchsfrei gehalten wird, brauchen sich die ausgewachsenen Raupen der Totenkopfschwärmer nur eine kleine Erdhöhle graben, in der sie sich verpuppen. Als mahagonifarbenes Gebilde ruht die Puppe, bis die Umwandlung in den Falter vollzogen ist und dieser schlüpfen kann. Ende September bis Mitte Oktober ist es so weit, sofern der Sommer warm genug verlief. Der Jumbo unter den Schmetterlingen schlüpft, kriecht aus der Höhle und am Kartoffelkraut noch ein Stück in die Höhe. Dort wartet er ab, bis die Flügel voll entfaltet und gehärtet sind. Ist das Wetter günstig, startet er in der Abenddämmerung seinen Flug nach Süden über die Alpen und übers Meer zurück nach Afrika, wie ein Zugvogel.

Für so ein Wunder aus der Welt der Schmetterlinge gäbe ich gern Kartoffelkraut. Denn seit die Kartoffelernte automatisiert und die Felder gegen Pilze und Schädlinge gespritzt werden, wurde der Totenkopfschwärmer zur Rarität. Seine Chancen liegen in den Gärten, sofern kein Gift verwendet wird und die Kartoffeln nicht mechanisch, sondern gefühlvoll geerntet werden. Nach dem Sommer 2018 brachte uns ein Imker einen Totenkopfschwärmer, der auf Anhieb gar nicht mehr als solcher zu erkennen war. Er war in einen Bienenstock eingedrungen, hatte sich mit Honig vollgetankt, und die Bienen hatten ihn mit Wachs überzogen und einbalsamiert. Der Imker fand ihn als Mumie. Zu mir waren seine Verwandten in jenem legendären Sommer leider nicht gekommen. Ich hätte dem geschlüpften Falter gern Honig gegeben, damit er den langen Flug über Berge, Meer und Wüste schafft.

Mein Kartoffelkraut schrumpfte auch so, ohne Fraß durch Kartoffelkäfer oder Raupen vom Totenkopfschwärmer. Dank des trockenwarmen Sommerwetters gab es keine Kartoffelfäule. Als das Kartoffelkraut reif für den Kompost aussah, schloss ich daraus, dass dies die richtige Zeit für die Ernte sein müsse. Ich wählte einen Tag mit schönem Herbstwetter, das eine eventuelle Enttäuschung erträglicher macht, sollte mein erster Versuch mit Kartoffeln gescheitert sein. Was ich jedoch herausbekam, waren die »größten und schönsten Kartoffeln …« Sie schmeckten besser als alle jemals gekauften, natürlich, weil der Geschmackssinn dies nach den monatelangen Bemühungen einfach erwartete. Nur mit Brennnesseljauche hatte ich sie von Zeit zu Zeit gedüngt. Sie seien objektiv vorzüglich, befand mein Mann. Und warnte, die geernteten Kartoffeln bloß nicht dem Licht auszusetzen. Sonst werden sie grünlich und giftig. Dazu wäre es bei mir nicht gekommen, denn was ich erntete, ließ sich mit Süß- und Sauerrahm, Salz und Pfeffer sowie einem Schuss Zitronensaft in einen sehr wohlschmeckenden typisch niederbayerischen »Erdapfelkäs« verwandeln. Er war, auf Bauernbrot dick aufgestrichen, viel schneller weggegessen als hergestellt. Seither pflanze ich alljährlich Kartoffeln auf deutlich größerer Fläche und mache mir keine Sorge, ob etwas daraus wird. Auf den Totenkopfschwärmer hoffe ich noch immer.

Tomaten

Tomaten kannte ich aus meiner Heimat, wo sie ›Tomato‹ heißen. Dass dies keine japanische Bezeichnung ist, sondern vom altmexikanischen Tomatl kommt, erfuhr ich irgendwann mal. Wir Japaner hatten den Namen von den Amerikanern übernommen. In meiner Kindheit und Jugend mochte ich die knallroten, auf der vulkanischen Erde der japanischen Südinsel gewachsenen Tomaten ganz gern. Sie schmeckten aromatisch. Die deutschen Supermarkt-Tomaten waren hingegen nur fest und fade. Eine Herausforderung wurden sie, als ich selbst welche ziehen wollte. Die erste Frage war, welche Sorte es sein sollte. Dass es verschiedene Sorten gab, wunderte mich zunächst. Ich dachte, das hätte sich längst durch die EU-Gesetzgebung erübrigt. Perfekt geformt liegen die Einheitstomaten gleich groß und glänzend rund im Angebot der Supermärkte. Den schwachen Geschmack hat das wie lackiert wirkende, knallige Rot auszugleichen. Diese Situation kam mir japanisch vor. Wir essen mit den Augen, heißt es bei uns. Oft stimmt das auch. Dass dies unter Umständen wenig Schmackhaftes bedeutet, fällt nicht so auf. Hauptsache, es stechen keine Unregelmäßigkeiten oder gar Flecken ins Auge. Dann kommt man mit weniger Geschmack ganz gut zurecht. Man würzt sie. Tomaten im Salat erhalten einfach einen Extraschuss Essig, oder gleich ein »Dressing«, was immer dieses amerikanische »Bekleiden« bedeuten mochte.

Geschmacksarme EU-Standardtomaten schwebten mir als Ziel meines gärtnerischen Strebens natürlich nicht vor. Sie hätten die Mühe nicht gelohnt und meine Erwartungen nicht erfüllt. Gewiss wären sie mir nicht tomatenrund und knallrot gelungen. Cocktailtomaten oder Kirschtomaten kamen eher in Frage. Oder jene Tomaten, die ich von Österreich kannte und südöstlich von Wien, am Neusiedler See, genossen hatte. Sie verdienen die dortige Bezeichnung Paradeiser. Paradiesäpfel! Das klingt gut und verlockt zum Hineinbeißen.

Tomaten reizten mich aus einem anderen Grund. Sie galten als leicht zu ziehen. »Das klappt sofort«, meinte die freundliche Gemüsefrau auf dem Wochenmarkt, bei der ich das kaufte, was sie, je nach Jahreszeit und Witterungsverlauf, gerade anzubieten hatte. »Ich bring dir Setzlinge«, versprach sie, »die wachsen gut!« 85 Jahre war die freundliche Gemüsefrau alt. Sie brachte mir die Pflänzchen ins Haus. Da mir ihre Tomaten stets schmeckten, betrachtete ich das Angebot geradezu als Verpflichtung, es nun selbst mit den Pflanzen zu versuchen. Die Erinnerung zauberte dazu ein literarisches Bild herbei: Hermann Hesse vor seinen Tomatenstauden, diese hochgebunden an Stöcken, mit sorgfältig prüfendem, versonnen wirkendem Blick. Der große Dichter war sichtlich stolz auf seine Tomaten. »Schön in geraden Reihen« standen sie, seine Stauden, schwer behangen mit Paradiesäpfeln. »Saftig und strotzend im Laub«. Die Anleitung lieferte er freimütig dazu: »Jegliche Wurzel umgab ich mit feuchtem, lockerem Torfmull, dem ich ein Gran Kunstdünger beimischte.« Davon schlagartig ernüchtert, zerplatzte die schöne Vision. Weder Torfmull, noch Kunstdünger wollte ich verwenden. Den restlichen Torf brauchen die letzten Moore, die es noch gibt. Sie sind ausgebeutet und fast völlig verschwunden. Was noch übrig ist, bitte nicht für Tomaten aufbrauchen.

Das war für mich klar. Vor hundert Jahren mag es noch (etwas) anders ausgesehen haben. Heute würde Hermann Hesse gewiss umweltbewusster denken und handeln, redete ich mir ein. Aber wie sollte ich das Kunststück vollbringen, die verführerisch roten, aromatischen Kugeln zu bekommen, wenn nicht einmal Kunstdünger sie treiben durfte. Durch die Düngung gerieten sie allerdings bloß kunstvoll im Äußeren, blieben aber geschmacksarm im Innern. Mit der Tomatenfrage begann in mir etwas aufzudämmern, das mich im Garten und darüber hinaus in vielfältiger, mitunter durchaus bedrückender Weise beschäftigen sollte: Wie kommen Wachsen und Gedeihen eigentlich zustande?

In meiner Heimat wuchsen die größten, saftigsten und süßesten Rettiche der Welt – nicht übertrieben, auch nicht, weil Heimatliches in verklärter Form bekanntlich ganz von selbst zum Bezug für das Neue und Fremde wird. Nein, wirklich, die Rettiche wurden so groß, dass man sie kaum noch tragen konnte. Ein einziger Rettich für ein volles Bierzelt sozusagen. Davon gibt es genug Fotos als Beweise im Internet. Die Riesen erhielten für ihr Zustandekommen bei uns gewiss keine Vielfachspritzen mit Kunstdünger und Wachstumshormonen. Die vulkanischen Böden bewirkten das Wachstumswunder selbst. Böden sind entscheidend; Böden, die es hier nicht gibt, schon gar nicht in meinem Garten. Das bei mir tatsächlich vorhandene Angebot drückte sich, bestens sichtbar, in einem moosigen Rasen aus, der allenfalls nach ausgiebigen Frühjahrsregen den Anschein erweckte, einen Rasenmäher zu benötigen. Aber Blumen erblühten darauf. Viele Blumen. Von ihnen berichte ich in anderem Zusammenhang.

Für die Tomaten verbannte ich die Blumen aus meiner weiteren Betrachtung. Diese sollten auf dem mageren Boden weiter sprießen und blühen dürfen. Doch meine Tomaten mussten das Beste überhaupt bekommen: Bioerde, angereichert mit Kompost aus Eigenproduktion. In einem Standard-Kompostbehälter verwandelten sich unsere organischen Küchen- und Gartenabfälle bestens. Das bewiesen die dicken Engerlinge der Rosenkäfer, die sich darin entwickelten. Deren Vorhandensein und Aussehen ist gewöhnungsbedürftig. Die prachtvoll metallisch grün glänzenden Käfer selbst sind es nicht. Über sie freue ich mich jedes Mal, wenn einer durch den Garten fliegt oder ich ihn in einer Rosenblüte entdecke. So gut, wie ihre Larven gediehen, müssten meine Tomatenstauden mit dem Kompost auch wachsen, mindestens. Die organischen Reste stammen von Biogemüse. Sie sind daher, wie ich annahm, auch frei von irgendwelchen Umweltgiften. Sonst ginge es den werdenden Rosenkäfern, den Würmern und leider auch den Nacktschnecken gewiss nicht annähernd so gut. Jetzt sollte all das Gute aus dem Kompost die Bioerde anreichern und meinen Tomaten zugutekommen.

Die anfangs so schmächtigen Pflänzchen wuchsen tatsächlich prächtig. Sie schossen geradezu in die Höhe. Die Sonnenwärme, der sie an der südostwärts ausgerichteten Hauswand vom Morgen bis in den späten Vormittag ausgesetzt waren, tat ihnen sichtlich gut. In den Töpfen und Trögen, in die ich sie gesetzt hatte, brauchten sie allerdings reichlich und regelmäßig Wasser. Das Gießen wurde zur notwendigen täglichen Verpflichtung. Begeistert von ihrem Wachsen und Gedeihen gesellte ich ihnen Töpfe mit Paprika und Salat dazu. Auch eine Prunkwinde ließ ich neben den Tomatenstauden an der Hauswand hochwachsen. Ich stellte mir vor, wie schön es aussehen würde, wenn sich im Hoch- und Spätsommer ihre großen Trichterblüten frühmorgens über den sich rötenden Tomaten öffneten. Dünne Bambusstäbe, die es den Tomatenstauden später ermöglichen sollten, die schweren Früchte zu tragen, könnte die Winde als Kletterhilfe mitbenutzen. Sie strebt dann einfach in die Höhe, ohne die Tomatenpflanzen zu drücken. Von Woche zu Woche zufriedener betrachtete ich mein sichtlich gedeihendes Werk. Manchmal beschlich mich allerdings der leise Verdacht, dass die Pflanzen nicht besonders kräftig aussähen. Um es offen zu sagen: Sie wirkten mit der Zeit mickrig.

Zur aufkeimenden Besorgnis kam ein erster Schreck. Eines Morgens bemerkte ich in einem der Töpfe einen blass rötlichen, schleimigen Klumpen. Zu übersehen war er wirklich nicht, denn das faustgroße Gebilde hatte eine verstörende Ähnlichkeit mit frisch Erbrochenem. Über den Rand des Topfes schien es zu quellen. Hatte sich eine Katze übergeben? Danach sah es bei näherer Betrachtung nicht aus. Von einem Igel stammte es gewiss auch nicht. Der hätte ziemliche Schwierigkeiten gehabt, sich dazu hinaufzuhieven auf den Topf. Vögel kamen ohnehin nicht in Frage. Bestürzt holte ich meinen Mann, um ihm den breiigen rosa Klumpen zu zeigen. »Das ist ein Schleimpilz, der einen Fruchtkörper gebildet hat«, stellte er lakonisch fest. Erläuternd fügte er hinzu: »Kein Pilz im üblichen Sinne. Schleimpilze sind etwas ganz anderes. Sie leben als winzige, fürs bloße Auge nicht sichtbare Einzelzellen im Boden ähnlich wie Amöben. Zu Zeiten, die nur sie selbst wissen, kriechen sie zusammen und bilden ein Gerüst. In diesem Fruchtkörper entstehen Sporen. Diese werden von Wind, Wasser oder Tieren verbreitet, ähnlich wie bei den echten Pilzen.«

Nun wusste ich es zwar, verstand es aber nicht. Die Feststellung, dass Schleimpilze diesen seltsamen Fruchtkörper in meinem Tomatentopf gebildet hatten, beruhigte mich überhaupt nicht. Was zum Teufel hatten Schleimpilze in meiner Tomatenerde zu tun? Ich wollte geschmackvolle, lackglänzend rote Paradeiser ernten, und nicht unappetitlichen Schleimpilzen zusehen müssen, wie sie es anstellen, sich zu vermehren. Wohin geraten nun ihre Sporen? Sagt die Feststellung, dass dies ein Fruchtkörper eines Schleimpilzes ist, etwas darüber aus, ob diese Dinger gut oder schlecht für meine erwarteten Tomaten sein würden? Mit den Folgen von Schleimpilzen im Boden auf die spätere Bildung von Tomaten habe er noch nie etwa zu tun gehabt und daher keinerlei Erfahrung, beteuerte mein Mann. Nachforschungen im Internet ergaben lediglich, dass die Schleimpilze in meinen Tomatentöpfen eher Kleinausgaben waren, verglichen mit dem, was sich unter für sie noch günstigeren Bedingungen entwickeln und als rosa Brei bis auf den Weg hinaus ergießen oder die Hauswand hochkriechen konnte. Über Schäden am Gemüse fand ich nichts. Nach dieser wenig ergiebigen Recherche musste ich erneut feststellen, dass die ekligen Schleimpilze jetzt sogar in Töpfen entstanden, in denen ich Salat zog. Töpfe benutze ich, weil ich die Pflanzen hochstelle und so dem nächtlichen Anmarsch der Nacktschnecken zu entziehen trachte. Kein Nacktschneckenfraß, dafür nun Schleimpilzbrei neben dem Salat. Das war arg frustrierend. Die Einsicht ließ sich nicht weiter verdrängen: Bioerde und Kompost stecken voller Leben. Man weiß anfangs bloß nicht, um welches es sich handelt. Das zeigt sich zu seiner Zeit und meist ziemlich überraschend.

Ein paar trockenheiße Frühsommertage, gefolgt von Gewittergüssen, ließen die Schleimpilze verschwinden. Hätten danach nicht graue, fast weiß gewordene Krusten an den Topfrändern geklebt, hätte ich sie für ein Phantom halten können. Für eine Einbildung, dem Übereifer entsprungen, mit dem ich mich an das Heranziehen von Tomaten im Garten gemacht hatte. Nicht so schlimm war es zumindest, wie ich auf den ersten Schreck hin befürchtet hatte. Der Garten erforderte zudem jetzt im beginnenden Hochsommer andere Tätigkeiten. Beim nach wie vor nötigen, regelmäßigen Gießen der Tomatenstauden sah ich nichts Neues, außer dass sie erfreulich wuchsen. Fast zu stark, so mein Eindruck, als sie eineinhalb bis zwei Meter Höhe erreicht hatten. Sie dämpften Befürchtungen, dass zu hoch zu viel werden könnte, mit reichlichem Blühen. Ihre kleinen, gelben Sternchen fand ich niedlich. Fast zu zart schienen sie mir, als dass daraus faustgroße Tomaten werden könnten. Zwar sah ich, wie Bienen die Blüten besuchten und sich, mit dem Rücken nach unten hängend, daran zu schaffen machten. Aber den Bienen und dem Zufall wollte ich es nicht überlassen, die Bestäubung der Blüten zu vollziehen. Hingebungsvoll bemühte ich mich selbst darum, mit zarten Fingerberührungen und Bepinselung. Die Bienen schienen mir nicht mehr häufig genug, was wahrscheinlich auch stimmte. Denn von einem uns bekannten Imker hörten wir, dass manche die Imkerei inzwischen aufgegeben hatten, weil der Befall ihrer Bienenvölker mit der *Varroa*-Milbe und dem *Nosema*-Virus zu stark geworden war. Außerdem mussten sie im Herbst, manchmal sogar schon im Sommer zufüttern, weil die Bienen keine Blüten mehr fanden. Meine blühenden Tomatenstauden wollte ich selbst zum Fruchten bringen, wenn es an den Bienen mangelt.

Mit Begeisterung sah ich zu, wie die anfangs kaum erkennbaren kleinen grünen Kugeln von Woche zu Woche zur Tomatenform heranwuchsen, immer größer wurden und sich allmählich über eine feine Gelbtönung zum typischen Tomatenrot umfärbten. Manche wichen von der Kugelform ab und wurden länglich wie Miniaturmelonen. Doch die Verlängerung ging jäh zu Ende, kurz bevor sie rot und reif geworden waren. Ihr vorderes, nach unten gerichtetes Ende wurde nicht rund, wie es sich gehört hätte, sondern stumpf und schwarzbraun. Wie abgeschnitten und verfault sah es aus. Meine Tomaten, zum Glück nur die eine Sorte, die verhältnismäßig große, walzenförmige Früchte ausbildet, litten unter einer seltsamen, wenig bekannten Mangelkrankheit, Blütenendfäule genannt. Dabei verhärtet der vordere, bei der Fruchtbildung nach unten gerichtete Teil. Er wird schwarz und faulig. Das geschah Mitte Juli bei schönstem Tomatenwetter. Gegossen hatte ich reichlich. An Wassermangel lag es gewiss nicht, und auch nicht an zu großer Hitze. Die Stauden hatten Schatten.

Was ihnen leider tatsächlich fehlte, war das »Gran Kunstdünger«, von dem Hermann Hesse geschrieben hatte. Mineralstoffmangel war der Grund, Mangel an Magnesium und Kalium oder an anderen mineralischen Pflanzennährstoffen, vielleicht auch an Spurenelementen. Die reifenden Tomaten, die zu einem Drittel schwarz geworden waren, zwangen mich, meine Bioerde samt Kompostbeimischung ernsthaft zu überdenken. Und sie doch mit zusätzlichen Nährstoffen zu versorgen. Der Bedarf der Tomaten war größer als das, was der Boden hergab. Nun verstand ich, warum ich mitunter den Eindruck hatte, die Blätter meiner Tomatenstauden würden zu mickrig aussehen. Was dem Salat reichte und sich in seinem Wachsen und im Geschmack ausdrückte, war Tomatenpflanzen, die zwei Meter hoch aufschossen und reichlich blühten, einfach zu wenig. Brennnesselbrühe musste das Defizit beheben. Sie tat es. Die Blütenendfäule verschwand. Die Tomaten, ob groß oder klein, gerieten nun prächtig. Gegen Ende August hatten wir so viele, dass wir es kaum noch schafften, alle in ihrer vollen aromatischen Frische zu verspeisen.

Die Prunkwinde gedieh ebenfalls neben und mit den Tomaten. Sie rankte sich hoch und erreichte mit einer Ranke das gekippte Fenster der Toilette. Wie zur Erforschung schickte sie eine Triebspitze hinein. Von dieser breiteten sich einige Blätter so aus, als wären sie eine Dekoration von mir. Dann entwickelte und entfaltete sie sogar ein paar Blüten. Als Ikebana-Gesteck hätte ich sie gewiss nicht schöner hindrapieren können. Doch einige der herzförmigen und satt grünen Blätter bekamen seltsame Beschädigungen. Winzige walzenförmige, schwarze Krümel sammelten sich darunter auf dem Fensterbrett an. Ich suchte die Blätter ab, fand aber nichts. Anscheinend besuchte nachts eine Raupe die Triebspitze der Prunkwinde. Sie krabbelte außen am Haus hoch, so stellte ich es mir vor. Mein Mann wollte dies nicht glauben und suchte selbst. Er fand die Raupe. Sie sah aus wie ein dicker Stängel der Winde oder wie eine Mittelrippe des Blattes. So hatte sie sich angeschmiegt. »Die Raupe eines Eulenfalters«, erklärte er. »Lassen wir sie fressen, bis sie sich verpuppt. Die Prunkwinde hat genug Blätter. Ist die Raupe verpuppungsbereit, hört sie mit dem Fressen auf. Wir müssen nur morgens nachsehen, ob die Nacht über frische Krümel gefallen sind.«

Da die Ranke ohnehin keine Blütenknospen mehr trug, nahm ich seinen Vorschlag mit gewissem Zaudern an. Jeden Morgen schaute ich nun nach den Krümeln, um den entscheidenden Tag nicht zu versäumen. Ich verpasste ihn nicht, auch wenn ich die

Krümel nicht gezählt habe. Die zur Verpuppung bereite, prall gewordene Raupe saß ausgestreckt an der Blattunterseite und rührte sich nicht. Vorsichtig nahmen wir sie mitsamt dem Blatt ab und verbrachten sie in ein oben mit Gaze abgedecktes Glasgefäß. Schon in der folgenden Nacht verpuppte sie sich. Knapp drei Wochen später saß – fast wie bei der Kleinen Raupe Nimmersatt – ein wunderschöner Schmetterling im Glas. Und was für einer! Einer, den mein Mann nicht kannte und der anschließend die Bestimmungskunst von besonderen Kennern herausforderte. Denn es war, kaum zu glauben, eine Südostasiatische Kupfergoldeule. Mit ihrem Schlüpfen war das Tomatenjahr vollends zu Ende. Letzte, nur noch karminrote Kügelchen hingen an krummen, dürren Seitenästen der sichtlich absterbenden Stauden. Meine ersten Tomaten waren ein voller Erfolg. Sie hatten mich einiges gelehrt. Natürlich ziehe ich seither unsere Tomaten selbst.

Kraut

Sauerkraut ist gesund. Das glaube ich. In Maßen genossen schmeckt es mir auch. Die Menge machts, das ist mir klar. Aber welche ist richtig? Wenn ich auf dem Wochenmarkt um 150 Gramm bitte, bekomme ich ein Viertel Kilogramm; mindestens und auch so berechnet. Tendenz zu 300 Gramm. Dabei sieht mich die an sich sehr nette Verkäuferin an, als ob ich noch ein Kleinkind wäre. Zumindest nicht tauglich für eine Normalportion dieses Gesundmachers. Dass mein Magen nach Verzehr der halben Portion rumort, gehört offenbar dazu. Sonst wirkt es nicht. Vom Krautsalat reicht mir eine geringere Menge fürs Wohlbefinden und zur Zufuhr von Vitaminen. Das Sauerkraut wollte ich nicht ersetzen, als ich beschloss, im Garten Weißkraut zu pflanzen. Von der Herstellung von Sauerkraut hatte ich gehört, dass man dafür Fässer braucht, einen Keller, der die passende Kühle hat, und Gummistiefel, um das fein gehobelte Kraut zusammenzupressen und zur Gärung zu bringen. Weder wäre unser Keller dafür geeignet gewesen, noch konnte ich mir ein ganzes Fass Sauerkraut vorstellen, war mir doch das halbe Kilo, das hier Pfund heißt, schon viel zu viel auf einmal. Mit den so schön kugeligen Krautköpfen würde ich mich hingegen anfreunden können. Da war ich sicher. Außerdem betonte meine Gemüsefrau, dass Kraut genauso leicht zu ziehen sei wie Tomaten. Noch leichter, weil man sich nicht um Blüten, um Bestäubung und um Stützen für die heranreifenden Tomaten kümmern müsse. Das Kraut werde ganz von selbst zum Krautkopf, stellte sie klar. Da müsse man keine Blätter hindrehen. Es reiche, die Pflanzen machen zu lassen. Und wenn es im Hochsommer heiß und trocken werden sollte, dann eben gelegentlich gießen. Nicht überschwemmen. Kraut ist ganz einfach. Deshalb wächst es regional als Feldfrucht auf den Fluren. Eindrucksvoll sehen sie aus, die Kohlköpfe, wenn sie geerntet werden. Ganze Wagenladungen davon; jeder Krautkopf größer als ein Fußball. Und viel schwerer. Die Pflänzchen kosteten fast nichts. Das hätte mir auffallen sollen.

Je ein Dutzend erstand ich in wächsern hellem Grün und in rötlichem Blau. Weißkraut und Blaukraut sollen sie ergeben. Das Kraut durch den Kohl ersetzt und das Blau durch Rot, und man hat die nord- und hochdeutsche Bezeichnung, so lernte ich. Meine blau getönten Pflänzchen sahen zwar etwas schwächlich aus, aber zum festen Kopf verdichtet würden sie schon richtiges Blaukraut ergeben. Und die anderen, aus denen Weißkraut werden sollte, würden grüner. Seltsam genug. Aber wie und warum aus den ganz normal aufrecht stehenden Blättern eine feste Kugel wird, konnte ich mir nicht vorstellen. Noch weniger gelang mir dies, als die Pflänzchen so richtig zu wachsen angefangen hatten. Da gingen ihre Blätter in die Breite, nicht auf die Mitte zu. Ausladend wurden sie. Aber noch war der Sommer jung und die Tage waren lang. Wenn sie kürzer werden, würden sich die Blätter nach innen neigen und die Kugel formen, so las ich es. So muss es sein, denn Jahr für Jahr hatte ich »Krautköpfe« auf dem hiesigen Wochenmarkt oder im Laden gekauft, in für meinen Bedarf passender Größe. Also in kleineren, handlichen Exemplaren. Keine Riesenkrautköpfe, die ich kaum heben konnte. Zum Geheimnis ihrer Kopfbildung erfuhr ich nichts. Fragte ich bei meinen Freundinnen und Bekannten nach, stellten sie entweder fest »Das ist halt so!«, oder sie sagten mit Achselzucken »Dös woaß i net!«. Umso mehr beschäftigte mich dieses Problem. Irgendetwas muss doch die Krautpflanze dazu bringen, die nachwachsenden Blätter immer stärker nach innen zu krümmen, bis die innersten überhaupt keinen

Platz mehr haben, stark zusammengedrückt werden und sich nicht mehr zum Blatt entfalten können. Schalenartig sehen sie aus. Wie angeklebt. Der Krautkopf entwickelt eine nach innen gerichtete Kraft, die mich irritierte. Denn bei intensiver Meditation versucht man seine Kraft ganz nach innen zu lenken, sich zu konzentrieren. Die zum Krautkopf werdenden Blätter konzentrieren sich auch. Diese Ähnlichkeit hätte mich eigentlich belustigen können, weil das Vergleichen von Krautkopfentstehung und Meditation doch so absurd ist. Trotzdem gingen mir die Überlegungen dazu nicht aus dem Kopf, weil mir niemand sagen konnte, warum das geschieht und welche Kräfte am Werk sind.

Löcher lenkten mich von solchen (pseudo-)philosophischen Überlegungen zu den Krautpflanzen ab. Schön und kräftig hatten sie sich entwickelt und ihre Blätter weit ausgebreitet. Doch plötzlich sah ich, dass diese unregelmäßig geformte Löcher trugen. Zweifellos fraßen Tiere an meinem Kraut. Kaum hatte ich die Stellen entdeckt, war ich schon sicher, um welchen Feind es sich handelt. Die großen, schleimigen Nacktschnecken, die nachts ihre Spuren über die Beete zogen, mussten die Übeltäter sein. Allein schon, weil ich sie nicht ausstehen konnte. Bei feuchter Witterung waren sie auch tagsüber unterwegs. Unübersehbar, weil in Mengen, die kein halbwegs normaler Garten erträgt und kein noch so hungriger Igel dezimieren könnte. Unverzüglich schritt ich zur Tat. Mit Bier wollte ich die gefräßigen Viecher zumindest von meinen jungen Krautpflanzen fernhalten. Auch von den Kohlrabipflänzchen, die ich im Beet daneben gepflanzt hatte. Die Schnecken mochten diese offenbar noch lieber. Vielleicht, weil sie zarter als das Kraut waren. Wie auch immer, weder von Kohlrabi, noch von Kraut wollte ich etwas an die Schnecken abgeben.

Am Abend schon dufteten flache Schalen mit dunklem Bier, angesüßt mit Honig, rund um die Kohlpflanzen. Das Gebräu roch so gut, dass es wirken musste. Welche Schnecke könnte dieser Verlockung widerstehen? Die Frage, ob davon ein Igel besoffen werden könnte, wenn er die Schälchen mit dem süßen Bier ausschlürft, beschäftigte mich nur kurz, denn dieses Jahr hatten wir noch keinen Igel in unserem Garten. Am nächsten Morgen war die Enttäuschung riesengroß. Trotz lauer Nacht saß nur eine Nacktschnecke an dieser Biertheke. Berauscht wirkte sie nicht. Das hätte mich nicht erzürnt, hätte der Fraß an den Kohlblättern nicht so sehr zugenommen. Sogar an neuen Stellen. Schnecken fand ich keine an den Pflanzen oder in ihrer Nähe. Sie saßen in gewohnter Menge am Kompost und leider auch an reifenden Erdbeeren in der Nähe.

Mein Hund, der meine sicher seltsam verwirrt wirkende Suche bemerkte, fing zu allem Überfluss an, mitzusuchen. Auf seine Weise durchwühlte er das Beet mit den Krautpflänzchen, bis seine Nase aussah wie die eines Wildschweins. Dafür wollte er gelobt werden. Was mir schwerfiel, denn das Beet sah tatsächlich aus wie nach einer Wildschweinbehandlung. Mehrere der Krautpflänzchen hatte er flachgelegt. Wahrscheinlich rochen sie für seine Nase nicht gut. Ich setzte sie wieder ordentlich in

Position, erklärte dem Hund, dass hier nichts mehr zu suchen sei, und nahm ihn mit ins Haus. Frisch umgegrabene Erde reizt, das war mir klar. Es könnte ja darin etwas vergraben sein, ein alter Knochen zum Beispiel. Ein Waldspaziergang war fällig, um ihn abzulenken. Die Waldluft sollte mir helfen, eine neue Strategie zu entwickeln. Sie führte in eine völlig andere Richtung, nachdem ich nachmittags die Übeltäter entdeckte. Kohlweißlingsraupen waren es. Nicht die Schnecken hatten sich über meine Krautpflänzchen hergemacht, sondern die kleinen Raupen Nimmersatt.

Sorgfältig sammelte ich sie alle ab. Doch damit wars nicht getan, wie ich sah. Mehrere Kohlweißlinge tänzelten durch den Garten. Der Vergleich mit einem Bestimmungsbuch für Schmetterlinge bestärkte meinen Verdacht. Ihren breit dunkelbraunen Flügelspitzen und dem schwarzen Fleckenpaar auf den Vorderflügeln zufolge handelte es sich um Weibchen des Großen Kohlweißlings. Dieser Weißling hat es besonders auf Kraut abgesehen. Sein etwas zierlicherer, recht ähnlich aussehender Verwandter, der Kleine Kohlweißling, ist nicht so wählerisch. Aber das war mir in der gegenwärtigen Situation ziemlich gleichgültig. Denn ob Großer oder Kleiner, zweifellos waren sie auf der Suche nach Pflänzchen, an denen sie ihre Eier ablegen konnten. Richtig duften sollten diese, nach Kraut eben. Dass meine Krautpflänzchen passten, roch ich selbst. Das ließ sich nicht ändern. Aber abhalten konnte ich die cremig weißen Schmetterlinge, die mir gleich viel weniger gefielen. Früher fand ich sie hübsch, geradezu subtil in ihrer elfenbeinfarbenen Schönheit, wenn sie an den Blüten des Sommerflieders saßen und Nektar tranken. Jetzt war ich nicht mehr neutral. Wie schnell das geht! Zudem hatte ich die Lösung an der Hand. Im Frühjahr zäunte ich den Zugang zum Gemüsegarten mit einem entrollbaren Gitter ab, um meinen Hund davon abzuhalten, die frisch umgegrabenen Beete nochmals umzugraben oder darin etwas zu verstecken. Diese Gitter rollte ich über mein Krautpflänzchenbeet. Die Kohlweißlinge waren auf diese Weise ausgesperrt. Sonne und Luft behielten aber freie Einwirkung. Sogar gießen konnte ich durch das verzinkte Gitter. Sehr zufrieden betrachtete ich mein Werk, mochte mein Hund auch anderer Meinung sein. Es gab für ihn andere Ecken im Garten, wo er graben durfte. Ohne frische Erde war seine Neigung dazu ohnehin nicht ausgeprägt. Die Krallen an seinen Pfoten nutzten sich bei den langen Gängen in Wald und Flur gut genug ab.

Ein paar Tage herrschte eitel Sonnenschein. Draußen dank schönstem Frühsommerwetter und in meinem Kopf, weil ich mehrfach sah, wie sich Kohlweißlinge vergeblich mühten, irgendwie durchs Gitter zu meinen Pflanzen zu gelangen. Ich goss diese ganz nach Bedarf, bis ein Gewitterschauer mich davon befreite. Die Pflänzchen wuchsen prächtig. Die befressenen Blätter vergilbten und neigten sich zu Boden. Bald würde sie zu Humus werden. Gerade so, wie man es sich wünscht. Auch mit den Kohlrabis sah es gut aus. Doch eine Woche war noch nicht vergangen, da sah ich, dass mich die Kohlweißlinge überlistet hatten. An einem schönen Weißkrautblatt klebte ein dottergelber, körniger Fleck. Ich brauchte keine Lupe, um zu erkennen, dass das an die zwanzig Eier waren. Stumpf kegelförmig klebten sie dicht an dicht auf der Blattunterseite, die aber, dank des kräftigen Hochwachsens der Blätter, von der Seite her zu sehen war. Es war nicht das einzige Gelege. Drei weitere fand ich.

Die zusammen über fünfzig Eier hätten genügend Raupen ergeben, um all meine Kohl- und Kohlrabipflanzen total aufzufressen. Jetzt bemerkte ich, was mich wahrscheinlich zum genaueren Nachsehen angeregt hatte. In einer Ecke flatterte unter dem Gitter ein Weibchen des Großen Kohlweißlings. Der Hinterleib war fast wie bei den Männchen schlank geworden. Die Eier klebten an meinen Pflänzchen. Mir blieb nichts anderes übrig, als sie alle zu zerdrücken. Das war zwar im Gegensatz zum Blattläusequetschen harmlos, aber dafür ungleich stärker von Emotionen begleitet. Der Schmetterling musste sich mit flach zur Seite gelegten Flügeln so unter das dem Boden nicht überall dicht aufliegende Gitter gezwängt haben, dass das Hineinschlüpfen gelang. Ich ersparte es mir, den Kohlweißling zu töten. Das Weibchen »hatte fertig«. Nach der Ablage der Eier würde es ohnehin zugrunde gehen. Vögel fressen es nicht. Die Kohlweißlinge schützt genau das, was für uns das Kraut auch so gesund macht, die giftigen Senfölglykoside. Essen wir Kohl, nehmen wir sie in Mengen zu uns, die ungefährlich sind, aber viele Bakterien abtöten und daher den Darm reinigen. Die Dosis macht bekanntlich das Gift.

Für die Kohlweißlinge und ihre Raupen bringen die Senfölglykoside große Vorteile. Die Raupen speichern so viel davon, dass sie für die allermeisten Vögel zu schlecht schmecken oder sogar direkt giftig wirken würden. Zum Beispiel, wenn sie von den Vogeleltern an ihre kleinen Jungen im Nest verfüttert würden. Gespeicherte Senfölglykoside werden sogar auf die später aus den Puppen schlüpfenden Schmetterlinge übertragen. Die Kohlweißlinge schmecken deswegen den allermeisten Vögeln nicht, die von Insekten leben. Sie können es sich daher leisten, so auffällig und so langsam umher zu fliegen. Ganz selten einmal fiel mir auf, dass ihren Flügeln ein Stückchen fehlt. Bei anderen, nicht durch Gift oder miesen Geschmack geschützten Schmetterlingen gibt es diese so genannten Schnabelmarken viel öfters. Sie zeigen an, dass ein Vogel zwar zugeschnappt, den Falter aber nicht richtig erwischt hatte. Kohlweißlinge kann man hingegen mit etwas Geschick und langsamer Annäherung mit zwei Fingern packen. Das praktizierte ich, als ich das Weibchen ergriff – und fliegen ließ.

Mein Schutzgitter war also nicht schmetterlingssicher. Da kommt man schon ins Grübeln: Den Hund hält es ab, nicht aber den so zerbrechlich zarten Falter! Und so ging ich ins nächste Gartencenter und suchte Rat. Kein Gift, das schloss ich von vornherein aus. Was die Suche nach einer Lösung nicht leichter machte. Wie können auf dem Wochenmarkt diverse Produkte gleich in verkaufsfähigen Mengen als »nicht behandelt« oder »ungespritzt« und »bio« angeboten werden, wenn ich nicht einmal mein Dutzend werdender Krautköpfe schützen kann? An diesen wurden neue Fraßspuren sichtbar, obwohl ich geglaubt hatte, alle Eier des Kohlweißlings vernichtet zu haben. Was ich mir als Einschlupfmöglichkeit vorstellen konnte, verstopfte ich. Es half nichts. Die kleinen Biester waren mir überlegen. Wären es Mücken oder Flöhe gewesen, hätte mich das Scheitern nicht so getroffen wie ausgerechnet bei Schmetterlingen, die nur zur Schönheit gebaut erscheinen. Eine kurze Berührung beschädigt das Schuppenkleid dieser empfindlichen Falter. Von ihnen ausgetrickst zu werden, ging gegen die Ehre und ins Gemüt. Mit Zen-Übungen kam ich nicht weiter. Im Gegenteil. Die Kohlweißlingskämpfe wurden zum Anti-Zen in meiner kleinen Gartentätigkeit. Ich sah mich außerstande, in annähernd ähnlicher Weise zu empfinden wie der berühmte Dichter Issa Kobayashi (1763–1827), der folgendes Haiku verfasst hatte: »Man gratuliert mir! Auch dieses Jahr haben die Mücken mich gebissen«. So bitter arm, wie er war, besaß er immer noch wenigstens Blut. Nichts hätte er zum Essen anbieten können, nur Blut den Moskitos.

Dass mir Issas Haiku durch den Kopf ging, beruhigte mich ein wenig. Mir fiel ein, dass der Befragte im Gartencenter etwas von Netzen gemurmelt hatte. Das war irgendwie logisch. Ein feinmaschiges Netz lässt sich überall rund ums Beet so dicht dem Boden auflegen, dass gewiss kein Falter durchkriechen kann. Zudem hatte mich mein Mann damit geärgert, dass er ans Gitter am Krautbeet ein Schild stellte mit der Aufschrift »Für Kohlweißlinge verboten!«. Auf mein fast zorniges »Du mit deinen

Schmetterlingen« antwortete er gelassen: »Meine Schmetterlinge waren Wasserschmetterlinge, keine Kohlweißlinge!«. Also wurde anderntags das Gitter durch ein Netz ersetzt, das moskitosicher aussah und das Gießen erschwerte. Die Kohlweißlinge hatten keine Chance mehr. Alle vorhandenen Gelege und Raupen vernichtete ich. Die Krautpflanzen sollten nun im gedämpften Licht unbefressen gedeihen können. Das Netz hatte jedoch den Nachteil, dass ich nicht mehr so genau sah, was sich ereignete. Mittlerweile war es August geworden. Die Krautpflanzen fingen auf die mir rätselhafte Weise an, Köpfe auszubilden. Doch da sah ich neue Fraßschäden. Große Löcher in den Blättern sahen durchs weiße Netz schwarz aus. Ich musste erneutes Scheitern zur Kenntnis nehmen. Und meinen Mann zu Rate ziehen. Er deutete die Fraßbilder mit der Diagnose »Hausmutter«. Das machte mich sprachlos und traf doppelt hart. Denn diese Hausmutter, die nicht seltsamer hätte benannt werden können, war doch auch ein Schmetterling, allerdings ein Eulenfalter. Die Spezialisten nennen sie »die Pronuba«, weil sie als Schmetterlingskenner kaum Trivialnamen benutzen. Sie bevorzugen ihre wissenschaftliche Geheimsprache. Gut so in diesem Fall, denn *Noctua pronuba* klingt kennerhaft, Hausmutter nach Kindersprache.

Tausende Arten von Nachtschmetterlingen richtig zu bestimmen, erfordert Wissen. Warum aber ausgerechnet diese schöne Eule, die mich mit ihren am Außenrand samtschwarz gebänderten gelben Hinterflügeln faszinierte? Beim Ruhen deckt sie diese mit den rinden- oder rostbraunen und rindenartig gezeichneten Vorderflügeln ab. Sitzt dieser Schmetterling an einem Baumstamm, ist er kaum zu erkennen, so gut wirkt die Tarnung auf der Borke. Tippt man ihn an wie ein Vogel, der testet, ob sich da etwas Fressbares verbirgt, wird das Gelb der Hinterflügel plötzlich sichtbar und der Eulenfalter fliegt mit einem Hopser davon. Die Hausmutter ist häufig. Wenn in Sommernächten die Schmetterlinge ans Licht kamen, war sie oft dabei. Dass sie mein Gegner sein sollte, über deren Namen ich mich amüsierte, wollte ich kaum einsehen. Der Grund wurde mir erst klar, als ich mehr über die Lebensweise ihrer Raupen erfuhr.

Im Hoch- oder Spätsommer schlüpfen sie aus Gelegen, die die Weibchen irgendwo abgesetzt hatten. Hunderte Eier kann ein einzelnes Eipaket umfassen. Aber ein Weibchen setzt mehrere davon ab. Etwa 2000 bis 3000 Eier, wie ich einem Schmetterlingshandbuch entnahm. Die frisch geschlüpften Räupchen lassen sich mit einem selbst erzeugten Seidenfaden durch Luftwirbel forttragen. Wo sie landen, ist nicht so wichtig, denn sie können viele verschiedene Pflanzen verzehren. Mein Kraut nicht, denn seine Blätter sind viel zu dick, um von den Jungraupen befressen zu werden. Später doch, wenn die Raupen groß und fast kleinfingerlang geworden sind. Solche waren in meine Krautschutzzone eingedrungen. Denn sie graben sich tagsüber in den Boden ein und kommen erst nachts zum Fressen heraus. Dass Raupen mein Schutznetz untergraben, damit hätte ich nie und nimmer gerechnet. Tagsüber fand ich keine, so gründlich ich die Krautpflanzen auch absuchte. Da steckten sie im Boden. Sie dort zu finden, wäre ein hoffnungsloses Unterfangen gewesen. Ich akzeptierte also, dass sich die Raupen der Hausmutter von meiner Krautkopfzucht einen Teil einverleibten. Im Spätsommer oder nächstes Jahr werden sie in Form der Schmetterlinge mit den gelben, schwarz gesäumten Hinterflügeln wiederkommen. Verfrüht geerntete Krautköpfe zeigten mir immerhin, dass sich der Raupenfraß auf die äußeren, ohnehin recht harten Blätter beschränkte.

Nicht alle Pflänzchen hatten überlebt. Die Kohlrabis erntete ich aus Angst zu früh. Was blieb mir übrig, trugen sie anstatt der Blätter doch nur noch zerfetzte Stängel. Die Knollen schmeckten süß und zart. Mein Blaukraut schaffte es gar nicht. Vom Weißkraut bekam ich dann doch einige schöne, feste Köpfe. Der letzte, den ich Ende Oktober erntete, wog 650 Gramm. Rekordverdächtig war diese grüne Kanonenkugel nicht, aber ein Erfolg. Die Krautköpfe waren auf genau die kleine Größe herangewachsen, die ich haben wollte. So konnte ich sie halten und gut hobeln. Selbstverständlich waren sie köstlich; ganz bio. Vom Hausmutterfraß schmeckten wir an ihnen nichts.

Im nächsten Jahr mache ich es anders. Nach diesem Vorsatz schloss ich schon kurz nach dem Auspflanzen mein Krautbeet mit der auch für Moskitos undurchdringlichen Gaze ein. Das vorher frisch umgegrabene, pflanzenleere Beet konnte keine Raupen des Hausmutterschmetterlings enthalten. Die Anlage glich nun einem Sicherheitstrakt; jedenfalls einem Versuchsgelände. Die Krautpflänzchen standen in Reih und Glied. Gut sichtbar durchs feine Netz. Bestens sichtbar wurde, was sich alsbald dennoch vollzog. Sie wurden offenbar noch stärker befressen als im Jahr davor. Unter der kompletten Abschirmung. Der Verzweiflung nahe, wollte ich das Kraut aufgeben. Hoffnungslos. Die Nachsuche ergab, was ich kaum noch glauben konnte: Raupen vom Kleinen Kohlweißling. Wie konnten diese in mein so perfekt geschütztes Beet gelangt sein? Da die Schäden bereits so groß aussahen, weil die Pflänzchen noch so klein waren, beschlossen wir, alles zu belassen. Als Studienobjekt. Der Fraß müsste doch von selbst aufhören. Das tat er dann auch im Lauf des Sommers. Aber frustrierend langsam. Herausgekommen sind fast vierzig perfekt aussehende Kleine Kohlweißlinge ohne Fehl und Tadel, denn dank des Schutzes hatten den schlüpfenden und frisch geschlüpften Faltern auch Regengüsse und Wind nichts anhaben können. Mein Krautbeet war eine Zuchtanlage für Kohlweißlinge geworden. Offenbar befanden sich bereits Gelege an den Pflänzchen, als ich sie übernommen hatte. Verständlich, dass mir zunehmend Zweifel kommen, wie »bio« die angebotenen Bio-Produkte tatsächlich sind.

Schmetterlinge

Zu den Schmetterlingen habe ich daher ein ziemlich gespaltenes Verhältnis. Das geht mir nicht anders als vielen Menschen, den meisten sicherlich, die den Lohn ihrer Mühen auch angemessen genießen möchten. Die Spaltung geht tief. Aber sie ist glücklicherweise nur eine kleine Abspaltung, denn an fast allen Schmetterlingen erfreue ich mich. Die Ausnahmen betreffen die beiden Kohlweißlingsarten, für deren Raupen ich die zarten Salatpflänzchen wirklich nicht hege und pflege, und einige wenige Nachtfalter, deren Raupen aus der Erde kommen, wenn ich meine, den vollkommenen Schutz für meine Salatkultur geschaffen zu haben. Nicht so schlimm betroffen fühle ich mich vom Buchsbaumzünsler. Die beiden Buchsbäumchen, die mir sein »Gewürm« aufgefressen hat, stammten ohnehin aus dem Gartencenter, und sie gefielen mir bei weitem nicht so am Pavillon wie der Schopflavendel, den ich als Ersatz an ihre Stellen pflanzte. Sehr erfolgreich, vor allem für Bienen und Hummeln. Aber mir ist natürlich klar, dass man die Buchshecken an Schlössern und in Parkanlagen nicht einfach als Raupenfutter aufgeben möchte, bis der an sich recht schön perlmuttschimmernde Buchsbaumzünsler nichts mehr zu fressen hat und wieder ausstirbt.

Die Verhältnisse sind außerdem viel komplizierter, als man annimmt, wenn man mehr über ihn liest. Denn genau genommen ist er hier gar nicht heimisch, der Buchsbaum, zumindest nicht in Bayern und im größten Teil Deutschlands. Er stammt aus dem Mittelmeerraum und aus Südwesteuropa. Seit dem 16. Jahrhundert wird er als Zierstrauch angepflanzt und geschätzt. Ich betone dies, weil ein anderer, ebenfalls nicht ursprünglich heimischer Zierstrauch eine ganz hervorragende Bedeutung für die Schmetterlinge im Garten hat, der Schmetterlingsflieder *Buddleja davidii.* Dass er seit Ende des 19. Jahrhunderts in Europa eingeführt ist, reicht für einen ähnlich geschätzten Status wie beim Buchsbaum nicht aus. Im Gegenteil. Die Buddleja wird angefeindet. Viele Naturschützer wollen sie am liebsten wieder ausgerottet sehen, Schmetterlinge hin oder her. Weil der Buchsbaumzünsler dabei ist, den älteren Fremdling Buchsbaum auf höchst biologische Weise ganz ohne Gift auszurotten, ist er der Böse. Für die Falter, die zur Buddleja fliegen, darunter durchaus besonders geschützte Arten, die auf keinen Fall gefangen werden dürfen, sind die Landwirtschaft und all jene, die Gift spritzen, die Feinde. Das kann ich nachvollziehen. Nicht aber, dass es gut ist, diesen Schmetterlingen die so wichtige Nahrungsquelle, die Buddleja, die im Hoch- und Spätsommer blüht, zu nehmen. Was der Artenschutz an ihrer Stelle anbietet, erfuhr ich bislang nicht. Neben meinem biologisch sauberen Kleinkrieg gegen Raupen an meinem Salat bildet diese Ideologie die andere dunkle Seite meiner ansonsten unbeschwerten Betrachtung der Schmetterlinge. Sie bezaubern mich, so wie sie zur Buddleja fliegen und sich am Nektar ihrer kleinen Trichterblüten delektieren. Stundenlang könnte ich ihnen zusehen, gäbe es da nicht die Gegenspieler namens Pflicht und Hausaufgaben. Denn Schmetterlinge zu beobachten, ist etwas Wundervolles.

Im Frühjahr und Frühsommer sehe ich noch recht wenig von ihnen. Am meisten fallen mir die

Zitronenfalter auf, die so gelb sind, wie sie heißen, und gar nicht zitronig in ihrer Art, sondern eher zuckersüß. Aber sie haben es eilig, wenn sie im April oder Mai durch den Garten tänzeln. Da ich in meiner Hecke keinen Faulbaum habe, an dem die viel blasser getönten Weibchen ihre Eier ablegen würden, liegt die Begeisterung ganz auf meiner Seite. Zu bieten habe ich ihnen vorerst nichts. Das wird im Hochsommer anders, wenn die neue Generation der Zitronenfalter geschlüpft ist. Dann kommen die Falter zu den Blüten im Garten, insbesondere zur Buddleja. Sie trinken Nektar und fliegen wenig. Das schien mir nicht zusammenzupassen, bis mir mein Mann erläuterte, was geschieht. Die frisch geschlüpften Zitronenfalter tanken sich mit Energie auf und suchen sodann einen vor Regen, Sturm und Vögeln – die noch nicht wissen, dass diese Falter nicht sonderlich gut schmecken – geschützten Platz in der Hecke auf. Dort ruhen sie, wie in einen wochenlangen Sommerschlaf versunken, bis in den Herbst. Im Oktober werden sie wieder munter und fliegen umher, jetzt aber auf der Suche nach einer Stelle, an der sie frei im Gestrüpp, etwas über dem Boden hängend überwintern. Dazu brauchen sie nicht einmal Schutz vor Frost, denn aus dem Nektar der Buddleja-Blüten haben sie ein Frostschutzmittel gebildet. Es wirkt ähnlich wie das, was den Autokühlern zugefügt wird, damit der Motor auch bei strengem Frost laufen kann.

Die im Spätherbst zur Winterruhe wechselnden Zitronenfalter werde ich dann, wenn alles gut geht, im März oder April, vielleicht auch noch im Mai durch den Garten fliegen sehen. Zehn bis elf Monate sind sie dann alt, die ganz frisch aussehenden Zitronenfalter des Frühlings. So eine Lebensgeschichte stimmt mich nachdenklich. Auch auf mich selbst bezogen. Wie sehr brauche ich doch im Winter Wärme, nicht selten im Sommerhalbjahr sogar, wenn dieses nur formal kalendarisch dem Sommer entspricht. Es war für mich nicht leicht, mich auf die so wechselhafte und so extrem zwischen warm und kalt schwankende Witterung hier in Europa einzustellen. Ich leide immer noch. Die schwüle Sommerhitze, in der ich als Kind aufwuchs, war zwar bedrückend, aber sie schlug nicht plötzlich um in eine Kälte, die im Sommer einem milden Wintertag entsprechen konnte. Was muss ich alles tun und wie viel Geld muss ich ausgeben, um mit der wechselhaften Witterung hierzulande zurechtzukommen. So viele verschiedene Jacken hatte ich noch nie nötig wie in Deutschland. Hadere ich wieder einmal, wie so oft, dass das Wetter nicht beständig bleibt, wie es sich der Jahreszeit gemäß gehören würde, denke ich an den Zitronenfalter – und werde kleinlaut. Kaum geben die Wolken die Sonne frei, gaukeln sie herum. Trifft sie der Schatten, ruhen sie aus, bis wieder Sonne kommt. Sonnenkinder, flatterhaftes Faltervolk, was las ich nicht alles über sie. Aber viel mehr sagen mir die Beobachtungen am Schmetterlingsflieder über sie. Dort lassen sie sich betrachten, oft aus nächster Nähe. So eifrig trinken sie Nektar. Allein zu erleben, wie der Rüssel entrollt wird und wie der Falter damit den haarengen Kanal ertastet, der zum Nektar führt, ist ein

Genuss, den ich mir immer wieder gönne und die Zeit dafür nehme. Auf den Buddleja-Blüten zeigen die Falter ihre Flügel und was sie mit den Farben und Mustern bewirken.

Die Pfauenaugen zum Beispiel, oder die Admirale und die Distelfalter in manchen Jahren. Pfauenaugen kommen jeden Sommer an die Buddleja, jedoch in sehr unterschiedlichen Häufigkeiten. Manchmal sind die Blüten so voll, dass neu ankommende Falter kaum noch Platz finden und mit ihren Versuchen, sich hineinzudrängen, ein aufwirbelndes Durcheinander rotbraunbunter Flügel verursachen. Alle paar Jahre gibt es solche Pfauenaugenjahre. In größeren Zeitabständen kommen die scheckigen Distelfalter. Mitunter dauert es ein Jahrzehnt, bis wieder ein starker Einflug aus dem Süden oder Südosten stattfindet. Dann drängeln auch sie sich an die Buddleja-Blüten, bis kaum noch ein Falter Platz findet. Regelmäßige Gäste in geringerer Häufigkeit sind die Admirale. Der breite, karminrote Ring, der in der Sitzhaltung der Falter oder beim Anflug den Eindruck eines riesigen, rot gerändert-dunklen Auges erweckt, wirkt offenbar auch wie ein solches. Wiederholt sah ich, wie ein Spatz erschrak, als sich dieses »Auge« öffnete oder auf ihn zuflog, wenn er an einem Meisenknödel an der Buddleja herumpickte. Auch mich flogen Admirale manchmal so an, dass ich meinte, ein fast faustgroßes Auge würde mir entgegenkommen. Die Pfauenaugen haben vier Augen; auf jedem Flügel eines. Durch unregelmäßiges, aber häufiges Auf- und halb wieder Zuklappen der Flügel bringen sie diese Augen, die sogar mit scheinbaren Lichtreflexen in der Pupille ausgestattet sind, zur Wirkung. Gegen wen sie gerichtet werden, zeigte mir die genauere Beobachtung. Die Tagpfauenaugen wehren damit vor allem anfliegende Bienen und große, bienenähnliche Schwebfliegen ab, nicht nur Vögel. Vielleicht am Tag diese sogar eher weniger, da die Vögel sicher gut genug sehen, dass es ein Schmetterling ist. Anders ist es, wenn das Tagpfauenauge in einer Nische oder unter einem Dach ruht. Da hält es die Flügel hochgeklappt geschlossen. Die fast schwarze Unterseite mit ihrer fein rindenartigen Zeichnung lässt sie dann einem dürren Blatt ähneln. Testet ein Vogel dieses vermeintliche Blatt, öffnet das Pfauenauge blitzschnell die Flügel. Dann schauen gleich zwei schimmernde Augenpaare dem Interessenten entgegen. Die Augenflecken der Tagpfauenaugen, und nur sie, reflektieren UV-Licht, das die Vögel sehen – und gehörig erschrecken lässt, weil sonst nichts vom Falter dieses kurzwellige Licht reflektiert.

Tagpfauenaugen trinken viel Nektar an den Buddleja-Blüten. Von allen verschiedenen Falterarten, die dorthin kommen, bleiben sie zumeist am längsten. Kurzes, schnelles Nachtanken ist bezeichnend für die Distelfalter. Kaum mehr Zeit lassen sich die Admirale. Sie sind unterwegs nach Süden und müssen günstiges Flugwetter im Spätsommer und Herbst ausnutzen. Denn ihr Ziel ist der wintermilde Mittelmeerraum, beim Distelfalter Afrika am südlichen Rand der Sahara. Dort legen sie Eier und entwickeln eine Wintergeneration. Nach Süden ziehen auch viele Tagpfauenaugen, aber meistens nur bis in den nördlichen Mittelmeerraum, also über die Alpen. Ein Teil der Sommer- oder Herbstgeneration versucht bei uns zu überwintern. Mit Erfolg, wenn der Winter trocken und nur mäßig kalt verläuft. Pfauenaugen haben also im Herbst nur eine kurze Flugstrecke vor sich. Bei günstigem Wind kommen sie in zwei oder drei Tagen über die Alpen in den Süden.

Ähnlich, weniger auffällig verhält sich der Kleine Fuchs. Er zählt ebenfalls zu den regelmäßigen, allerdings viel selteneren Gästen an der Buddleja. All diese Falter direkt nebeneinander zu haben, gehört zu den schönsten Erlebnissen mit Schmetterlingen im Sommer. Ich kann ihnen von der Terrasse zusehen. Da sind sie auf Armreichweite nahe. Trotz der geschäftigen Unruhe, mit der sie Nektar trinken, vermitteln sie eine beruhigende, entspannende Atmosphäre. Jäh wird sie unterbrochen, wenn plötzlich eine Besonderheit ankommt. Ein Schwalbenschwanz zum Beispiel. Da kann es schon geschehen, dass ich hochfahre aus meinem Sitz vor lauter Begeisterung. Der große, ockerfarbene Falter mit dem schwarzen Gittermuster aus Adern auf den Flügeln bringt das Flair des Noblen mit. Wahrscheinlich reagieren wir so, weil er so selten geworden ist. Und bei der Ankunft irgendwie signalisiert, dass er gleich wieder entschwinden wird. Denn seine Flügel zittern weiter, wenn er die Blüten mit den Beinen touchiert, ohne sich richtig festzusetzen. Dann fährt er scheinbar umso gelassener den langen Rüssel aus und versenkt ihn in eine Blüte. Für einen Sekundenbruchteil nur. Denn offenbar muss er testen, wo es für ihn überhaupt noch etwas zu holen gibt, wenn vorher und in seiner Umgebung so viele andere Falter gleichfalls Nektar tanken. Sekunden später ist er schon wieder fort, davon gesegelt wie ein Wunschbild. Ein solches sind seine Raupen. Sie dürften gern das Kraut meiner Karotten verzehren, wenn aus ihnen doch eine solche Falterschönheit entsteht. Aber bisher sind sie nur im Hochsommer zur Buddleja gekommen, die Schwalbenschwänze, und nicht im Frühjahr, um Eier ans Karottenkraut abzulegen. Leider lassen sie sich nicht herbeizaubern.

Noch flüchtiger sind Schmetterlinge, deren Verwandtschaft üblicherweise in der Dämmerung und nachts fliegt und daher Nachtschwärmer heißen. Oder kurz »Schwärmer«. Schmetterlingsfreunde kommen über sie ins Schwärmen. Zwei am Tag fliegende Angehörige dieser Schwärmer, die eine frappante Ähnlichkeit mit Kolibris haben, sehe ich jeden Sommer an den Buddleja-Blüten. Am regelmäßigsten kommt das Taubenschwänzchen. Sein wissenschaftlicher Gattungsname bedeutet Großzunge. Der Rüssel des Taubenschwänzchens ist so lang, dass es in Zentimetern Abstand vor den Blüten im Schwirrflug in der Luft »stehen« kann, während es Nektar trinkt. Die Flügel bewegen sich dabei so schnell, dass ich sie nur als Unschärfe neben ihrem Körperchen ahne, aber nicht sehe. Auch das Taubenschwänzchen ist ein Wanderfalter. Es fliegt im Frühsommer über die Alpen und die Nachkommen dieser Einflieger kehren im Hoch- oder Spätsommer wieder zurück. Bei ihrer Größe einer großen Hummel ist dies gewiss eine Leistung. Diese Kleinen sind zudem gar nicht scheu. Manchmal meine ich, sie schauten mich zwischendurch richtig an, wenn sie von Blüte zu Blüte wechseln. Ihnen zum Verwechseln ähnlich ist ein weiterer Schwärmer, der Hummelschwärmer. Er hat etwa die Größe wie das Taubenschwänzchen, aber durchscheinende, außen dunkel gerandete Flügel, so dass bei ihm der Körper allein vor der Blüte in der Luft zu stehen scheint. Am Hinterleib trägt er eierartige gelbe Haarbüschel. Entdecken wir einen Hummelschwärmer an der Buddleja, ist die Freude riesengroß. Weil er so besonders und (als Gartenbesucher) so selten ist.

Häufig enttäuschen uns ganz andere Schmetterlinge mit ihrem Schwirrflug an den Blüten ein wenig. Betrachte ich sie näher, bleiben sie grau und unauffällig. Sie sind meistens recht scheu, diese Gammaeulen. Sie gehören nicht zu den Schwärmern, sondern zu einer mit ihnen nur entfernt verwandten Familie von Schmetterlingen, den Eulenfaltern. Dass sie am Tag fliegen und eifrig Nektar tanken, hat den gleichen Hintergrund wie bei Distelfalter, Admiral und Taubenschwänzchen. Auch die Gammaeule ist ein Wanderfalter. Der Zahl nach in den meisten Jahren sogar der häufigste. Wahrscheinlich sind es alljährlich Millionen, die im Frühsommer über die Alpen kommen und deren Nachkommen im Hoch- und Spätsommer wieder zurückfliegen. Es berührt mich tief, dass der Schmetterlingsflieder in meinem Garten so einen, wenn auch nur kleinen Knotenpunkt im interkontinentalen Fluggeschehen von Schmetterlingen bildet. Deshalb pflege ich ihn so, dass er jedes Jahr besonders üppig blüht. Für die Schmetterlinge bilden seine Blüten das Gegenstück zu den Meisenknödeln für die Vögel, die ich auch an seine Zweige hänge. Mein Denken kann sich verlieren beim Betrachten des Geschehens am Schmetterlingsflieder. Herkunft der Falter, ihre Flugdistanzen und die Einfügung in größere Zeitläufte gewinnen Eingang in meine Empfindungen. Zu wissen, wer es ist, der da Nektar trinkt, woher dieses Wesen kommt und wohin es fliegen wird, vergrößert meine Bewunderung. Jedes Flügelmuster verdient vertiefte Betrachtung, jede Flugbewegung Achtsamkeit. Einzig beschränkend wirkt die Zeit. Fast immer ist sie zu knapp. Und sicher geschieht gerade dann etwas besonders Spannendes, wenn ich nicht mehr hinschauen kann.

Vögel im Garten

... sind fast immer da. Zumindest schauen sie nach, was ich so mache. Am zutraulichsten sind die Amseln. Nicht alle. Maxi und Emma waren Ausnahmen. Aber die anderen Amseln, denen ich keine Namen gab, weil sie Abstand hielten, tolerierten meine Anwesenheit im Garten dennoch viel mehr als die übrigen Vögel. Ein paar Meter Distanz reichten ihnen bei der Suche nach Nahrung am Boden. Sang das Männchen von der Birke oder vom Dach des kleinen Pavillons, beachtete es mich nicht weiter.

Nur bei Maxi hatte ich das Gefühl, er richtete sein Lied auch an mich, wenn er es mir zugewandt von unteren Zweigen vortrug. Amseln haben ein angenehmes Verhalten. Sie sind nicht so hektisch wie die Spatzen, die sogleich in Deckung flitzen, wenn ich nur auf die Terrasse hinausgehe. Will ich ihnen zusehen, muss ich das vom Wohnzimmer aus durchs Fenster tun. Dabei haben die Spatzen am meisten von mir, weil sie das ganze Jahr über Meisenknödel bekommen. Oft auch Sonnenblumenkerne und Vollkorn-Reiskörner, zuerst gekocht und dann getrocknet, die ich ihnen schön verteilt auf der Terrasse anbiete. Eigentlich streue ich sie für die Türkentauben aus. Aber die sind häufig zu langsam. Bis sie bemerken, dass es etwas für sie gibt, haben die Spatzen schon fast alles aufgepickt.

Sonnenblumenkerne holen sich sogar die Amseln. Sie taten dies besonders im extrem trockenen Frühjahr 2020. Da kamen aus dem Boden keine Regenwürmer mehr und auch keine Insektenlarven an die strohtrockene Oberfläche. In ihrer Not nahmen sie die für ihre Verdauung sicherlich fast zu harten Kerne auf. Aber sie überlebten. Ob dank dieser Ersatznahrung, weiß ich nicht. Jedenfalls blieb das Amselpaar hier und versuchte zu nisten. Drei Nester baute das Weibchen an den unterschiedlichsten Stellen, nachdem es Anfang Mai geregnet hatte und das Buschwerk wieder grün und dicht geworden war. Das erste Nest machte es in einer Nische des hölzernen Gartenzauns. Dass darüber die Katzen aus der Nachbarschaft spazieren gehen, bemerkte die Amsel offenbar erst, nachdem sie ihr

Werk schon vollendet hatte. Die nächsten beiden Versuche in einer Nistnische für Hausrotschwänzchen unterm Dach der Garage und in der Thuja-Hecke scheiterten, weil die Elstern den Nestbau beobachtet und zur rechten Zeit die Eier herausgeholt hatten. Die Eierschalen lagen auf der Terrasse. Dennoch sang das Männchen morgens und abends und oft auch tagsüber aus voller Brust, so als ob es das Beste aller Amselreviere anzukündigen hätte. Noch blieben dem Weibchen zwei Monate für weitere Versuche. Letztes Jahr waren wir sicher, dass das Paar immerhin ein Junges erfolgreich großgezogen hatte. Diese, am gesprenkelten Brustgefieder leicht zu erkennende Jungamsel suchte im Sommer mehrere Wochen lang im Garten in der unmittelbaren Nähe der Eltern nach Nahrung und machte einen gesunden, munteren Eindruck. Heuer brachten es unsere Amseln auch wieder auf ein ausgeflogenes Junges, vielleicht auf deren zwei.

Wenn ich den Amseln so zusehe, bekomme ich Mitleid mit ihren schier unermüdlichen und dennoch meistens erfolglosen Brutversuchen. Es fällt mir schwer zu glauben, dass es ihnen in den Gärten besser geht als draußen in den Wäldern. Wahrscheinlich bekomme ich im Garten einfach viel mehr mit von ihrem Leben. Im Wald vermitteln selbst lange Spaziergänge keine wirklichen Einblicke in die Lebensläufe der Vögel, deren Lieder mich erfreuen. Im Garten sind sie mir nahe, räumlich und emotional. Auch wenn die Vögel unnötig scheu bleiben, wie die Spatzen. Öffne ich nur die Türe zur Terrasse, schießt die ganze Gruppe davon, als ob ich ein Sperber wäre. Die Amseln und die Tauben warten hingegen ab, wohin ich mich begebe. Sie wahren ein paar Meter Distanz und geraten über mein Erscheinen nicht in Panik. Ist das Spatzenhirn so wenig lernfähig? Diese Frage beschäftigt mich umso mehr, als es die Spatzen sind, die als Erste wiederkommen, wenn ich neue Meisenknödel aufgehängt habe. Sie beobachten mich also aus einer Distanz, die sie für sicher halten, wie von der Spitze einer Baumkrone. Obgleich sie distanziert blieben, hatten sie meinen Hund schnell akzeptiert. Manchmal dachte ich, sie ziehen ihm jetzt gleich Haare aus dem Fell, wenn er auf der Terrasse lag und wie träumend auf den Garten hinausblickte. So nahe waren sie zu ihm herangehüpft. Seine Unterwolle war hoch begehrt. So sehr, dass sie sich dafür näher an mich heranwagten als ans Futter, wenn ich die Wolle nach dem Kämmen auf der Terrasse auslegte. Die Mutigsten, meistens Männchen, eilten in eleganter Flugbahn herbei, schnappten sich ein Haarbüschel und flogen damit aufs Dach des Pavillons. Dort ordneten sie es so im Schnabel, dass sie damit weiterfliegen konnten zu ihren Nestern unter den Dächern der Häuser in der Nachbarschaft. Manches Wollbüschel schien mir so groß, dass ich mir nicht vorstellen konnte, wie sie im Flug sehen, wohin es geht.*

Hingen frühmorgens nur die leeren Netzchen der Meisenknödel an den Zweigen, weil alles ausgepickt

* Die Wolle war nicht giftig, da nicht vergiftet! Wenn die Hunde mit einem Mittel gegen Zecken oder Flöhe eingerieben werden, kann ihre Wolle nämlich die empfindlichen Jungvögel im Nest töten, wie neueste Untersuchungen ergeben haben.

worden war, kamen die Spatzen an die Terrassentüre und hüpften auffällig davor herum. Ich bekam den Eindruck, dass sie sich bemerkbar machen wollten und wussten, dass die geschlossene Glastüre genauso Schutz bietet, wie das Fenster, durch das ich ihnen bei ihren akrobatischen Versuchen, mit den Meisenknödeln zurechtzukommen, zuschaute. Öffnete ich die Türe, stoben sie auseinander und waren im Bruchteil einer Sekunde verschwunden. Das schien mir unlogisch, wenn sie mich doch aufmerksam machen wollten, dass kein Futter mehr da ist. Und Energieverschwendung dazu. Denn Minuten später turnten sie an den frisch aufgehängten Meisenknödeln so selbstverständlich herum, als ob sie deren Lieferung in Auftrag gegeben hätten. Hatten sie wohl auch. Ich reagierte ja wie dressiert. Die Spatzennatur ist einfach anders als die Amselnatur. Sogar die beiden Arten von Spatzen gleichen einander in ihrem Verhalten nicht vollständig.

Die Haussperlinge, meistens ein Schwarm von um die fünfzehn Exemplare, sind zwar am häufigsten, aber es kommen auch mehrere Feldsperlinge zu den Meisenknödeln. Diese sind ein wenig kleiner als die Haussperlinge. Ein rundlicher, schwarzer Fleck auf ihren weißen Wangen kennzeichnet sie. Außerdem tragen beide Geschlechter ein gleich aussehendes Gefieder mit brauner Kopfkappe. Ansonsten sind sie »Spatz« in ihrem Verhalten, schien es mir. Bis ich sie genauer beobachtete. Dabei fiel mir ein Unterschied auf, den ich bemerkenswert fand, nämlich die Art und Weise, wie die Feldsperlinge mit den Meisenknödeln zurechtkommen. Sie fliegen diese direkt an, landen daran fast so elegant wie die Meisen und picken sich heraus, was sie mögen. Die Haussperlinge versuchen dies aus kurzer Entfernung von einem Ästchen aus. Das wirkt unbeholfen und ist es auch. Sie strecken den Hals, bis es nicht mehr geht, um an die Knödel zu gelangen. Erst dann wagen sie die leichte Turnübung, sich daran zu hängen. Die kleineren Feldsperlinge erzielen dank ihrer größeren Geschicklichkeit dabei beachtliche Vorteile. Üblicherweise müssen sie den dominanten Haussperlingen ausweichen. Diesen genügt meistens ein kurzes Drohen mit leicht geöffnetem Schnabel, um die Konkurrenz mit dem schwarzen Wangenfleck auf Distanz zu halten. Das Paar Feldsperlinge, das regelmäßig zu den Meisenknödeln kommt, schafft es dennoch, Junge, die mitkommen, auf einem Ästchen direkt neben den Knödeln zu füttern – umringt von Haussperlingen beider Geschlechter. Die Jungen setzten sich auf einen möglichst waagerechten Zweig und betteln unentwegt mit zitternden Flügeln. Der Nachwuchs der Haussperlinge verhält sich genauso. Ich amüsiere mich darüber, mit welcher Selbstverständlichkeit sich die Jungen direkt neben den Meisenknödeln von den Eltern füttern lassen, ohne selbst einen Versuch zu machen, die vor ihrem Schnabel hängende Futterquelle zu nutzen. Der gelbliche Schnabelrand weist sie als flügge Jungvögel aus. Kinder eben, denke ich unwillkürlich. Erfüllte Elternpflicht, so wie Haus- und Feldsperlinge ihren Nachwuchs füttern, nur weil dieser bettelt, anstatt selbst zu fressen. Eltern sind nachgiebig.

Gleich nebenan, wenige Ästchen weiter, tschilpt ein Haussperling, ein flottes Männchen mit großem, schwarzem Kehlfleck, mit herabhängenden Flügeln und schräg nach oben gestelztem Schwanz vor einem sich ganz uninteressiert gebendem Weibchen. Die Jungen sind ausgeflogen. Eine neue Brut kann folgen. Dazu wird gebalzt, dass es eine Lust ist, den Spatzen zuzusehen. Was geschieht, ist ebenso komisch wie selbsterklärend. Ein anderer Spatz bekommt Panik und saust wie eine Minirakete ins Gebüsch. Alle anderen folgen, ob gerade balzend oder an den Meisenknödeln beschäftigt. Spatzenleben. Ich genieße es, obwohl es so voller Hektik ist. Vielleicht auch deshalb, weil die Tauben, die unter den Meisenknödeln herumtrippeln und nach heruntergefallenen Stücken suchen, so ruhig wirken. Ihr Gefieder schimmert sandbraun mit leicht rosafarbener Tönung. Ihre Schritte sind trippelnd. Kopfnicken begleitet jede Bewegung. Dabei kommt der schmale, schwarze Halbmond am Hals zur Geltung. Gemessen grazil, fällt mir zur Charakterisierung ihres Äußeren ein. Die Ruhe selbst, verglichen mit der Nervosität der Spatzen.

Beide sind als Vögel so verschieden, dass sie gar nicht zueinander zu passen scheinen. Beide leben sie aber direkt und ausschließlich in Dörfern und Städten, stets in unmittelbarer Nachbarschaft zu den Menschen. Beide stammen sie aus dem Südosten, aus Vorderasien. Die Haussperlinge schlossen sich jedoch schon vor Jahrtausenden den Menschen an. Sie folgten den Ackerbauern bei ihrer Ausbreitung nach Westen. »Spatzenkinder, macht den Weg frei, hierher kommt eine Pferdekutsche«, hatte Issa in einem sehr bekannten Haiku geschrieben. Die Türkentaube kam viel später, erst vor knapp einem Jahrhundert auf die »Idee«, sich wie die Spatzen in die Menschenwelt hineinzubegeben. Es ist ihr gelungen. So sehr, dass ihr Lied, ein sehr monotones »Guh, Guh, Gu^{ck}«, manchen Menschen richtig auf die Nerven geht, weil die Tauber das ganze Jahr über in Balzstimmung sind und rufen. Die Haussperlinge benehmen sich vom Spätsommer bis zum Frühling deutlich ruhiger. Aber immer sind sie im Schwarm zusammen unterwegs. Da scheint mir jeder kundtun zu wollen, dass er (noch) da ist.

Immer ruhig und selbst zur Brutzeit nicht durch laute Lieder auffällig sind die beiden Meisenarten, die ich im Garten habe: die größere Kohlmeise mit dem schwarzem Streifen über dem gelben Bauch und die kleinere Blaumeise mit ihrem blassblauen Käppchen. Oft bemerke ich sie erst, wenn ich das Treiben an den Meisenknödeln betrachte. Sie fliegen an, landen an beliebiger Stelle der Kugel und picken sich heraus, was sie mögen. Im nächsten Moment sind sie wieder fort. Die Anwesenheit der Spatzen macht den Meisen offenbar wenig aus. Nur wenn sich gleich mehrere um einen Meisenknödel scharen, warten sie ab, bis einer aufgibt, weil ihm das Ankrallen daran zu anstrengend geworden ist. Dann schwingt sich die Meise mit wunderbarer Leichtigkeit hin, so dass man meinen könnte, sie mache es den plumpen Vögeln vor, wie man richtig elegant turnt.

Diese Eigenarten und Unterschiede beeindrucken mich immer wieder. Denn sie zeigen, wie unterschiedlich die Vögel sind, die gemeinsam in den Gärten ihr dennoch eigenständiges Leben führen. So wie sie es ihrer Natur gemäß können. Offenbar begrenzen vor allem die Beine die Möglichkeiten. Wenn Stare kommen und versuchen, von den Meisenknödeln etwas herauszupicken, sehe ich dies besonders deutlich. Mit sichtlicher Mühe landen sie auf dem nächstmöglichen Ästchen. Da sie beträchtlich größer sind als die Spatzen, erreichen sie mit ihren langen spitzen Schnäbeln den baumelnden Knödel zwar gerade noch, aber das reicht nicht. Sie müssen picken und zupacken können. Doch der erste Schnabelstoß versetzt den Knödel in Bewegung. Die folgenden lassen ihn schwingen wie ein Pendel. Oder wie eine Schaukel, die immer wieder angestoßen wird. Mit jedem Schnabelhieb. Da schwanke ich selbst zwischen Lachen und Mitleid. Denn es gelingt den Staren offenbar kaum, auch nur ein Stückchen Fett herunterzubekommen. Der Knödel entzieht sich ihnen und kommt zurück wie ein Ball, ohne dass der Schnabel richtig zupacken kann. Sichtlich frustriert fliegen sie zu Boden und suchen dort nach den Krümeln, die von der Bearbeitung durch die Spatzen herunterfallen. Dabei schreiten sie in geradezu grotesker Weise umher. Weit ausgreifend, Schritt für Schritt mit aufgerichtetem Körper. Das ist zu langsam, wenn eine Amsel da ist und auch nach den Krümeln sucht. Sie hüpft hin, bevor der Star mit seinem gemessenen Schritt die Stelle erreicht. Doch oben im Busch, wo die Meisenknödel hängen, versucht es auch die Amsel erst gar nicht, direkt an diese so erstrebte Nahrung zu kommen. Ihre Füße, mit denen sie so elegant hüpfen kann, taugen nicht zum akrobatischen Turnen im Geäst.

So habe ich sie an der Futterstelle alle vor mir, die Bewegungsweisen der Gartenvögel. Die Amseln können zwar auch schnell laufen, hüpfen aber meistens wie die Spatzen und, weniger auffällig, die Finken und die Grünlinge. Die Stare hingegen schreiten, die Tauben trippeln und die Meisen begeben sich kaum zu Boden. Ihre Domäne ist das Geäst. Sie sind Turner. Als Fußgänger betätigen sie sich nur ausnahmsweise.

Nachdem ich mir diese Unterschiede bewusst gemacht hatte, verstand ich, warum die Stare immer gleich kamen, wenn wir den Rasen gemäht hatten. Dann schritten sie eher anmutig über die nunmehr offenen Flächen. Da und dort steckten sie den Schnabel plötzlich zentimetertief in den Boden, drehten sich ein wenig und zogen etwas heraus. Einen Wurm oder eine Insektenlarve. Auch die Amseln hopsten die frisch gemähten Stellen ab und untersuchten sie gründlich. Die Türkentauben interessierten sich dafür nicht so sehr, wahrscheinlich, weil sie auf dem frisch geschorenen Rasen keine Sämereien fanden. Die Spatzen hüpften schon darauf herum. Sie suchten nach Insekten. Ein paar Tage lang wimmelte es auf dem gemähten Rasen. Dann war das Gras schon wieder nachgewachsen. Die Anziehungskraft auf die Vögel schwand. Die hüpfenden Amseln nutzten die Mähflächen länger als die schreitenden Stare. Die Spatzen gingen als Erste zum üblichen Verhalten über, außer sie waren gerade dabei, neues Nistmaterial zu sammeln. Einige Tage nach dem Mähen gab es dann aus ihrer Sicht besonders gute, frisch getrocknete und damit noch elastische Halme. Was sie besonders lieben, bietet ihnen mein Garten nicht: Offene, sandige Stellen, auf denen sie Staubbäder nehmen können. Doch dafür haben sie gleich mehrere Vogelbäder. Diese nutzen alle Vögel meines Gartens, dass oft die Tropfen nur so fliegen.

Gänzlich uninteressiert am gemähten Rasen erwiesen sich leider die Mönchsgrasmücken. Entgegen meiner Hoffnung, zumindest das so wohltönend singende Männchen, das eine schwarze Kappe auf dem Hinterkopf trägt, nun endlich auch mal im Freien ausgiebig bestaunen zu können, kam es nicht heraus aus der Deckung im Buschwerk der Hecke. Seine Strophen ließ es bis in den Frühsommer hören. Anfangs sang es vielfach tagsüber. Aber im Mai dann vorwiegend abends und frühmorgens, im Juni erneut wieder am Tag. Daraus schloss ich, dass es ein Weibchen hatte anlocken können und mit ihm nistete. Junge Mönchsgrasmücken bekam ich leider nicht zu Gesicht. Vielleicht fielen die Bruten den Katzen zum Opfer. Elstern und Krähen wagen sich wohl eher nicht in so dichtes Gestrüpp. Oder die Jungen zeigen sich einfach nicht, was mir für die Grasmücken als Erklärung am liebsten wäre.

Außer diesen Vögeln, für die der Garten entweder ein Teil oder das Zentrum ihrer Brutreviere ist, besuchen ihn gelegentlich andere Vögel. Eine Klappergrasmücke singt alljährlich zwischen Mitte April und Anfang Mai, bleibt aber nicht. Ein Weibchen stellte sich also höchstwahrscheinlich nicht ein. Das Nistbrettchen, auf dem dann einmal die Amsel zu nisten versucht hatte, reizte die Hausrotschwänzchen bislang nicht, die wir so gern in den Garten und ans Haus gelockt hätten. Vermutlich war es nicht hoch genug angebracht. Denn das rauchschwarze Männchen sang vom Dach des Nachbarhauses so regelmäßig und so intensiv, dass dort das Zentrum seines Reviers liegen musste. Grünlinge besuchten jahrelang regelmäßig den Garten. Die Männchen sangen klingelnd und vollführten schaukelnde Schauflüge, die irgendwie an bauchlastige Papierflieger erinnerten. Vor ein paar Jahren traf auch sie eine Seuche, die weithin die Bestände der Grünlinge dezimierte. Warum sich kein Buchfink im Garten wohl fühlt, ist mir ein Rätsel. Mindestens einer sang von Ende Februar bis in den Sommer hinein mit frustrierender Ausdauer im Nachbargarten. Nicht einmal zur Nahrungssuche kamen die Buchfinken regelmäßig zu mir. Vielleicht mähten wir den Garten zu wenig. Auch die Finken mögen kein hohes Gras. Dass uns im April 2020 ein Wendehals im Garten besuchte, lag sicher daran, dass er auf dem Flug in ein geeignetes Brutgebiet eine kurze Rast nötig hatte. Er hatte anscheinend nicht einmal Zeit, uns mit seinem »Gä, Gä, Gä ...« auszulachen.

An die Tatsache, dass Elstern den Garten täglich kontrollierten, musste ich mich gewöhnen. Nicht weil sie mir nicht gefallen. Sie sind mit ihrem Schwarzweiß etwas Besonderes. Ihr Gefieder schimmert wunderschön metallisch grün und violett, insbesondere die langen Schwanzfedern. Dass Elstern sehr gewitzt sind, brauchte mir niemand zu erklären. Das sah ich selbst. Sie erkannten schnell, dass sie mir nicht willkommen waren, weil sie versuchten, die Meisenknödel abzumontieren, um sie fortzutragen. Es reichte, dass sie mich beim Hantieren in der Küche erblickten. Sofort flogen sie ab. Dennoch holten sie sich immer wieder ganze Meisenknödel, weil ich nicht allgegenwärtig im Garten sein konnte. Dass sie den Amseln Eier und sicherlich auch kleine Junge aus den Nestern klauen, muss ich als natürlichen Vorgang akzeptieren; natürlicher ist es gewiss als das Jagen der Katzen, denn diese werden bestens versorgt. Sie brauchen nicht für sich selbst und ihre Kätzchen zu sorgen, wie die Elstern für ihre Brut. Das Jagen lassen sie dennoch nicht. Wahrscheinlich verhielten sich die Elstern genauso, würden sie wie die Katzen regelmäßig gefüttert. Ihre größten Feinde sind die Rabenkrähen. Der Habicht und andere Greifvögel stellen diesen nach. Keine Art ist auf der ganz sicheren Seite des Lebens. Nachdem wir mehrmals mitbekamen, wie ein Sperber in unserem Garten die Spatzen jagte, kann ich mir besser vorstellen, warum sie auf jede Bewegung so heftig reagieren, auch wenn ich es bin, ihre Wohltäterin, die in den Garten geht. Zuerst genauer schauen und dann wegfliegen geht nicht. Umgekehrt überleben sie besser.

Gelegentlich gibt es gefiederte Gartenbesucher, die ich als optische Leckerbissen betrachte. Stieglitze zum Beispiel, mit ihrem roten Gesicht und den gelben Federn im Flügel. Dass sie zu dieser subtilen Schönheit auch noch so zarte »Iglitt, Iglitt«-Rufe hinzufügen, macht sie für mich besonders charmant. Noch mehr jedoch die in manchen Wintern eintreffenden nordischen Seidenschwänze. Ihre Rufe klingen silberhell, ihr Gefieder wirkt seidenweich, und da sie wenig Scheu vor den Menschen zeigen, kann ich sie durchs Fernglas wie auf Armreichweite bewundern, wenn sie die Liguster- und Hartriegelbeeren an der Hecke verspeisen, die sonst kein Vogel gemocht hatte. Immer wieder stellen sie ihre Federhauben auf und klingeln. Fressen sie Mistelbeeren, ziehen sie im Flug nicht selten die Kerne an langen Klebefäden hinter sich her, bis sie irgendwo landen und diese dort hängen bleiben. Und sich vielleicht zu einem Mistelbusch entwickeln. Die Liste der Vogelarten, die ich im Garten zu sehen bekomme, würde recht lang werden, wollte ich sie wiedergeben. Sie würde nicht viel besagen, denn die allermeisten Vögel landen nur kurz oder fliegen bloß darüber hinweg, ohne dass der Garten und mein Tun darin für sie Bedeutung erlangte. Seltenheiten mögen reizvoll sein. Aber der Bezug zu ihnen bleibt reizlos. Die Amsel, die mir beim Umgraben zusieht, und dann die frische Erde absucht oder in einem Blumentopf scharrt, hat andere Bedeutung. Sie gibt mir das Gefühl, dass ich zu ihr, zu ihrem Leben gehöre.

Ohrwürmer

Nützlinge sind nützlich. Das sagt ihr Name. Leider ist Nützlichkeit keine Garantie für Schönheit. Eher verhält es sich umgekehrt. Ein Musterbeispiel bieten die Ohrwürmer. Es gibt gewiss schönere Insekten. Und netter benannte. Wie die Marienkäfer. *Frauenkäferl* heißen sie auf Bayrisch, wie man mir erklärte. Und die Ohrwürmer. Das sind die *Ohrwusler.* Das mag zwar seltsam klingen, trifft aber den Typ dieser Tierchen viel besser. Sie wuseln herum, zumeist dort, wo man sie gerade nicht erwartet, und sie sind keine Würmer. Auch keine Ohrenkriecher, weil sich das mit den Ohren auf ihre öhr- oder herzförmig gebogenen Zangen am Körperende bezieht. Damit können sie zwicken. Aber das ist harmlos und hinnehmbar bei ihren sonstigen Leistungen. Wer Ohrwürmer, wie ich, mit eigener Hände Arbeit zu ersetzen versucht, weiß, warum ich diese Tierchen schätze. Und sie ausgesprochen gut behandle, wenn sie sich ins Haus verirrt haben. Zwar komplimentiere ich sie hinaus, begründe dies aber damit, dass sie im Haus ihrer biologischen Bestimmung nicht nachgehen können, nämlich Blattläuse zu bekämpfen. Aber der Reihe nach. Denn dass Ohrwürmer nützlich sind, steht überall geschrieben, wo man etwas über den Garten lesen kann. Die Wirklichkeit ist meistens deutlich anders, oft viel härter.

Mein Loblied auf den Ohrwurm beginnt mit einem langen, höchst unangenehmen Vorspiel. Die Rosen blühen. Das freut mich. Die Hibiskusbüsche grünen. Das könnte mich auch freuen, wenn nicht, ja wenn sich nicht blaugraue bis schwärzliche Beläge genau dort bilden würden, wo sich Blütenknospen zu entwickeln angefangen haben. Beläge, die mich zuerst irritieren, dann wütend machen und schließlich dazu zwingen, geradezu verzweifelte Aktionen durchzuführen. Mit Brennnesseljauche. Sie stinkt mir entgegen, kaum dass ich die Tür zum Garten öffne. Das wäre hinnehmbar. Aber alsbald stinke ich auch danach, weil ich sie, hoffentlich in der richtigen Verdünnung, dass sie mir die Triebe der Hibiskussträucher mit den Blütenknospen nicht verbrennt, zur Bekämpfung der Blattläuse einsetze. Die ersten Kolonien hatte ich noch eigenhändig mit den Fingern zerdrückt. Mit Gummihandschuhen. Diese wurden aber nicht zur Blattlausbekämpfung entwickelt, sondern für die Küche oder die Klinik. Was die zerquetschten Blattläuse von sich geben, dringt durch und macht sich auf der Haut unangenehm bemerkbar. Nachhaltig, um einen sehr gebräuchlich gewordenen Ausdruck dafür zu verwenden. Mein Mann verzichtete auf die Gummihandschuhe und versuchte, den in die oberste Hautschicht eingedrungenen Blattlausbrei mit Kernseife loszuwerden. Mit mäßigem Erfolg und mit wohlwollender Duldung meinerseits. Dennoch gab er schnell auf. Leider. Das zwang mich zur Erzeugung von Brennnesselgülle. Meine Hibiskusbüsche stanken danach ganz landtypisch, wo die Güllefluten üblich geworden sind. Und hofften wahrscheinlich auf Regen. Wie ich auch. Aber nicht sofort, sondern zur rechten Zeit, am besten nachts und anhaltend.

Ein Gewitterschauer wirkt zwar reinigend, aber er kommt jenen Blattläusen zugute, die meine Jauchebehandlung überlebten. Dauerregen beeinträchtigt die Blütenbildung. Irgendwo dazwischen liegt der ideale Regen, der dann doch nicht kommt.

Deshalb brauche ich meine Freunde, die Ohrwürmer. Und schätze sie so sehr. Fällt mir einer aus der Rosenblüte entgegen, die ich zu mir gezogen habe, um ihren feinen Duft im richtigen Abstand aufnehmen zu können, erschrecke ich nicht. Auch nicht, wenn mir einer beim Frühstück auf der Terrasse ins Hosenbein krabbelt. So unduldsam ich im Hinblick auf die Annäherung von Mücken und Bremsen bin, so geduldig ertrage ich das, zugegeben nicht sehr angenehme Krabbeln des Ohrwurms. Es erinnert mich daran, wie ich aussah, verpackt wie eine Astronautin in eine viel zu große und gewiss nicht kleidsame Plastikhülle, und stundenlang gegen die Blattläuse kämpfte. Diese ertrugen meine Vernichtung mit einer Gelassenheit, die ich nur verstand, wenn ich mir vergegenwärtigte, was sie tun: trinken und gebären, gebären und trinken, ohne Unterbrechung. Vermehrung über Kinder und Kindeskinder, die schon bei der Geburt in den Geborenen stecken und gleich weitermachen, bevor sie den ersten Zug von Saft aus dem Hibiskuszweig genommen haben. Dass Ohrwürmer diese brütende und saugende Brut verzehren, empfinde ich als ein Geschenk der Natur.

Aber wie das so ist mit Geschenken. Man wird davon meistens nicht überhäuft, außer im Ausnahmezustand von Weihnachten, das für Blattläuse völlig aus ihrer Jahreszeit liegt. Meine Freunde, die Ohrwürmer, vermisse ich gerade dann, wenn die Schlacht gegen die Blattläuse ihrem Höhepunkt entgegengeht. Schlimmer noch. Bei meiner Radikalbekämpfung, die tagelang mein Riechvermögen beeinträchtigt und braune Flecken an den Fingern zurücklässt, sehe ich sie hauptsächlich, wenn ich frisch aus dem Garten geholten Salat wasche. Dann zappeln sie im Waschwasser und versuchen, dieses zu zwicken. Also rette ich sie mit bloßer Hand, obwohl sie meinen Rettungsversuchen oft wieder entfliehen. Kaum auf der Hand gelandet, schnellen sie sich davon und stürzen zurück ins Wasser. Habe ich einen oder zwei, bilde ich mit der anderen Hand eine Hohlkugel und trage sie wie einen Schatz hinaus in den Garten zu den Hibiskussträuchern. An diesen hätten sie sein sollen, nicht im Salat. Auch die Saltos sollten sie sein lassen, mit denen sie mir zu entkommen versuchen. Das sieht zwar lustig aus, ist aber unerwünscht, weil sie dann einen viel zu weiten Weg zu den Blattlauskolonien haben, zu denen ich sie bringen möchte. Warum entdeckten sie diese nicht von selbst und rechtzeitig, wenn ich sie doch so schütze, die flinken Wusler? Solche Gedanken begleitet eine Stimmung, die zwischen Misstrauen und Missmut schwankt. Denn bei Dave Goulson las ich »Die Blattläuse sind perfekt mundgerechte Happen« für die Ohrwürmer. An diesen Satz heftet sich die sich aufdrängende Nachfrage: Wissen sie das? Und haben denn ihre Mitstreiter, die Florfliegen und die Marienkäfer, nicht erfahren, dass es bei mir Blattläuse vom Feinsten gibt?

Ohrwürmer fand ich in den Resten von Grünem Tee, die ich nach Genuss des Aufgusses die Nacht über auf die Terrasse gestellt hatte, um sie anderntags als besonderen organischen Dünger Bedürftigen unter meinen Pflanzen wohl dosiert zuzuteilen.

Aus diesem Klumpen wuselten sie heraus. Beim Tee hatte ich sie nicht erwartet. Bei der Arbeit, beim Blattlausbekämpfen, sollten sie sein.

Trotz aller erdenklichen Schutzmaßnahmen, die ihnen zugutekommen sollten, bewahrten mich die Ohrwürmer nicht vor der Brennnesselbrühe. Jedes Jahr wieder treibt mich die zu geringe Wirksamkeit der biologischen Bekämpfung der Blattläuse durch Ohrwurm, Florfliege & Co zur Chemie. Denn mein Brennnesselsud ist auch eine chemische Bekämpfung, wie ich zugeben muss. Nur keine gekaufte und von einer Firma synthetisierte, sondern von mir fabrizierte.

Mein Loblied auf den Ohrwurm hat also einen üblen Beigeruch. Meistens. Denn höchst selten einmal gibt es eine Frühjahrswitterung, die den Blattläusen so zusetzt, dass sie zu keiner Massenvermehrung kommen. Nur dann schaffen es meine Ohrwürmer und Marienkäfer, sie unter der Schadensschwelle zu halten. Den Asiatischen Marienkäfern sei Dank. Mit ihrer Unterstützung kommen die Ohrwürmer mit den Blattläusen zurande. Aber vielleicht ist auch dies eine Fehleinschätzung. Wären sie nicht gekommen, hätte vielleicht ihre europäische Verwandtschaft, die Zwei- und Siebenpunkte, das Gleiche geleistet. Oder auch nicht. Offenbar wird viel vermutet, aber wenig wirklich gründlich untersucht. Denn wären unsere Zwei- und Siebenpunkte als Blattlausbekämpfer genügend wirkungsvoll gewesen, hätte man die Ostasiaten gar nicht erst eingeführt. Bei mir im Garten waren die Asiatischen Marienkäfer nur in einem der letzten zehn Jahre häufig. Alle Marienkäfer zusammen und die Ohrwürmer und Florfliegen schafften es dennoch nicht, die Blattläuse kurz zu halten. Das Argument, die Asiatischen Marienkäfer würden den europäischen Arten Konkurrenz machen, überzeugt mich daher nicht.

Ungeziefer und Unkraut

Mit juckenden Pünktchen fing es an. Sie waren kleiner als Mückenstiche, kräftiger rot und sie entwickelten sich nicht so blasenartig aufgetrieben wie richtige Mückenstiche. Ich bekam sie an Stellen, an die garantiert keine Stechmücke hätte hinkommen können. Also verdächtigte ich meinen Hund. Wie alle Hunde kratzt er sich gelegentlich, ob wegen Flöhen oder nicht. Da kann schon mal ein Floh überspringen, dachte ich, und behandelte die juckenden Punkte mit ein paar Tropfen »Schwedenbitter«, meiner Spezialtinktur gegen Insektenstiche. Sie milderte zwar den Juckreiz, aber weit weniger als ich das nach Stichen von Mücken oder Bremsen gewohnt war. Auf mein »Hast du mir einen Floh angehängt?«, reagierte der Hund wie üblich bei grundlosen oder auch begründeten Verdächtigungen mit Schwanzwedeln und einem besonders treuen Hundeblick. Die roten Pünktchen nahmen an Zahl zu. Die neuen juckten stärker als die alten, die sich mit einer Tiefenbehandlung mit Desinfektionsalkohol, den ich minutenlang einwirken ließ, nicht nennenswert unterdrücken ließen. An den Beinen, vom Knöchel aufwärts, bekam ich sie, und weiter aufwärts am Körper. Dass mein Hund indessen immer häufiger zwischen seine Zehen biss, irritierte mich zusätzlich. Mit Zecken konnte er leben. Wenn es ging und wir es begriffen, zeigte er uns an, wo eine saß, und ließ sie sich entfernen. Danach roch er daran, wie um sich selbst zu versichern, dass die schon mehr oder weniger mit seinem Blut prallvolle Zecke wirklich erwischt worden war. Manchmal zerbiss er sie mit sichtlichem Vergnügen. Das ersparte es mir, den Quälgeist mit den dafür bereitgelegten, flachen Steinen zu zerdrücken. Zecken, die ich auf seinem Fell entdeckte, bevor sie sich hatten hineinarbeiten und in der Haut festsaugen können, musste ich auf diese Weise vernichten. Mit den Fingernägeln allein schaffte ich es nicht. Die Vorgehensweise kannte er. Ich musste nur »Zecke« sagen, schon stand er stocksteif, ließ sich absuchen und die Zecke entfernen.

Bereitwillig gab er mir die Pfote, als ich seine Zehen nach Zecken absuchen wollte. Doch anders als sonst, wenn er mir seine weiche Pfote entgegenstreckte. Dieses Mal hatte ich das Gefühl, dass er sich dazu zwingen musste. Erwartungsvoll schaute er zu, zuckte aber immer wieder kurz. Irgendetwas steckte sicher zwischen seinen Zehen, das ihn so irritierte. Ich fand aber nichts. Kaum hatte ich seine Pfote losgelassen, legte er sich nieder und fing wieder an, mit einem Eckzahn und weit hochgezogener Oberlippe daran herumzubeißen. Mich juckten die roten Punkte auch wieder. Ich litt mit ihm. Und versuchte mich zu beherrschen und nicht zu kratzen. Die Hochsommerwärme erwies sich hierfür als nicht gerade hilfreich. Eine mäßig kalte Dusche brachte Linderung. Meinem Hund spritzte ich die Pfoten nass. Worauf er anfing, irgendwo im Garten ein Loch zu graben. Mit entsprechend schmutzigen Pfoten kam er zurück und musste gleich nochmals gewaschen werden. Kurz: Wir litten wirklich. In der Abenddämmerung wurde es zwar etwas kühler, aber die Nacht blieb mediterran nach den 35 Grad, die wir am Tag bekommen hatten. Das Jucken blieb. Mücken flogen keine. Es war zu heiß und zu trocken. Flöhe hätten es viele sein müssen, Dutzende zumindest, wären sie die Verursacher gewesen. Sie waren es nicht. Das Ungeziefer saß im Garten. Überall und unsichtbar; für mich zumindest. Grasmilben hatten mich und sicherlich auch den Hund befallen. Die winzig kleinen Biester bohren sich in die Haut, wo sie dünn und zart ist. Beim Hund zwischen den Zehen und an einigen wenigen weiteren Stellen an den Flanken, bei mir fast überall. Denn Menschhaut ist das Feinste, was sich ein Blutsauger nur wünschen kann. Wie für sie gemacht. Im Wasser lebende Larven und Würmer können sich fast mühelos einbohren, Zecken, Flöhe und Wanzen an Land auch. Bremsen aller Größen fliegen uns erfolgreich an, und natürlich Mücken, Mücken … Dass Milben auch noch dazu gehören, traf mich deshalb besonders hart, weil ich sie im eigenen Garten hatte, nicht sah, und ihnen daher auch nicht entgehen konnte. *Trombicula* heißen sie, diese Grasmilben, und es gibt sie vor allem vom Hochsommer bis in den Frühherbst auf Grasland, das früher von Schafen beweidet worden war, besonders dann, wenn die

Tomaten reifen. Diesen Informationen zufolge gab es also hier, wo jetzt mein Garten ist, vor Jahrzehnten magere Wiesen. Schafe grasten sie im Herbst ab. Eine Herde ist gegenwärtig in der Umgebung sogar für die Landschaft pflegende Beweidung im Einsatz. Kam ich beim Ausgang mit meinem Hund in ihrer Nähe vorüber, wurden wir von den Hütehunden heftig angebellt. Wir sahen ein, dass es einen besseren Weg gibt, und nahmen diesen.

Schafbeweidung zur Landschaftspflege ist eine gute Sache. Weit besser auf jeden Fall als die mechanische Pflege mit Mähgeräten, die alles kurz und klein machen, die Blindschleichen, Eidechsen, Kröten und Mäuse gleich dazu. Von den zerfetzten Raupen oder Puppen geschützter Schmetterlinge, die dieser Pflege zum Opfer fallen, bekommt man direkt nichts mit. Sie fehlen halt danach, wenn die Schmetterlinge fliegen sollten. Dass die Grasmilben ein Überbleibsel der früheren Schafbeweidung sein sollten, sah ich als plausibel an. Dass sie sich über Jahrzehnte ohne Schafe erhalten haben sollten, erschien mir hingegen weniger plausibel. Bis ich ein feines, kaum wahrnehmbares Krabbeln am Unterarm verspürte. Eine Zecke kroch darauf, und zwar aufwärts zum T-Shirt hin mit einer Geschwindigkeit, die ich den platten, so unförmig wirkenden Dingern nicht zugetraut hätte. Da ich gerade am Gebüsch vor dem Gartenzaun ein wenig gearbeitet hatte, musste sie von hier stammen. Auch das noch! Als ob die Grasmilben nicht schlimm genug gewesen wären. Gegen sie schützte ich mich dann, anscheinend ganz erfolgreich, mit Repellents, die ich von den Knöcheln bis zu den Waden sorgfältig aufrieb, wenn ich in den Garten ging. Oder aufsprühte, je nachdem, um welches Mittel es sich handelte. Das Zedernöl enthaltende Zedan mag ich am liebsten, weil es nicht so scharf riecht und ich keine Allergie bekomme. Nach der Entdeckung der Zecke versuchte ich also auch die Arme entsprechend zu schützen.

Wie unterschieden sich nun der Auwald voller Stechmücken und Bremsen und der Forst mit seinen vielen Zecken an den Wegrändern und Massen von Mücken von meinem Garten? Ein kleines Paradies sollte er sein. Mit Spatzen und anderen netten Vögeln, mit Schmetterlingen und Wildbienen, Marienkäfern und Wildblumen.

Und mit weichem Moos, auf dem ich frühmorgens so gerne mit nackten Füßen umhergehe und mich für den Start des Tages erfrische. Konnte ich dies noch tun, wenn im Grase die winzigen Milben lauern? Anstelle von barfuß hoch geschlossene Schuhe, am Morgen schon und abends wieder, wenn es im Garten am schönsten ist? Gartensandalen mit erhöhten Absätzen mussten den nötigen Abstand herstellen. Wenigstens übertragen sie keine Krankheiten, die Grasmilben. Am liebsten hätte ich gar nicht gewusst, dass es sie gibt, wenn es sie nicht bei mir gegeben hätte. Anders als die Zecken kommen sie offenbar nicht überall vor, sondern eben in jenen Gebieten, auf denen es früher Schafbeweidung gegeben hat oder immer noch gibt. Jahrzehntelang hungern und ausharren können sie nicht. Sie haben Überträger. Es reicht, wenn solche Weidegebiete in der weiteren Umgebung existieren. Denn es gibt genug Tiere, die sie umhertragen und verbreiten. Wie mein Hund die Zecken, wenn ich nicht alle finde, die sich an ihm festgesaugt haben. Lässt sich eine vollgesogene im Garten fallen, ist es geschehen.

Mit an Sicherheit grenzender Wahrscheinlichkeit hatte sie sich vorher rechtzeitig mit einem Männchen gepaart. Nun kann sie ihre Hunderte Eier absetzen. Hunderte Zeckenkinder, von den Zoologen verniedlichend Nymphen genannt, schlüpfen daraus, saugen an Mäusen und entwickeln sich trotz hoher Verluste weiter, bis sie eine Größe erreicht haben, bei der sie Hunde, Katzen und auch Menschen als Blutquelle anzapfen können. Und sich weiter vermehren. Auf ähnliche Weise werden die Grasmilben verschleppt. Vielleicht waren es früher Katzen, die von ihnen befallen wurden, nachdem keine Schafe mehr auf dem bebauten und besiedelten Gelände lebten. Vielleicht werde ich sie los, wenn mein Hund die Katzen aus unserem Garten fernhält, so ein Hoffnungsschimmer, der aufzusteigen begann. Vielleicht war der Sommer einfach zu schön geraten. Grasmilben bevorzugen trockene, warme und eher dünn bewachsene Grasstellen. Schimmer der Hoffnung sind wie blitzschnell zusammengebastelte Entschuldigungen für ein Missgeschick. Unser Gehirn leistet in dieser Hinsicht Hervorragendes.

Aber es waren Grasmilben. Erstmals konfrontiert wurde ich mit ihnen bei München kurz nach meiner Ankunft aus Japan. Damals war das Jucken so heftig geworden, dass ich befürchtete, eine Gürtelrose zu bekommen. Der Arzt gab mir eine Spritze.

Sie half. Und er klärte mich über die Grasmilben auf. An der Peripherie Münchens sind sie verbreitet und stellenweise sehr häufig. Schafweideland eben! Die zweite Großattacke traf mich im wunderschön alten Garten eines Schlösschens in Burgund. Meinen Mann auch, der sonst sehr wenig anfällig ist, weil er von Kindheit an den Stichen und Bissen der unterschiedlichsten Blutsauger ausgesetzt war und eine entsprechende Immunität entwickelt hatte. Wir verzweifelten fast. Hatte der erste Überfall von Grasmilben bei einem Bauernhof stattgefunden, war es in Burgund ein Park und jetzt bei mir der eigene Garten. Mein Hund betrachtete ihn sicherlich auch als seinen Garten. Wir brachten ihn zur Tierärztin, weil er sich wund zu lecken begonnen hatte. Auch er erhielt eine Spritze und Medikamente. Beides half. Zum Aufhängen von Wäsche ging ich mit Gummistiefeln in den Garten. Bei Rosenpflege und anderen Tätigkeiten verbreitete ich einen massiven Zedernölduft. Es ist der »Duft des Sommers« in der Zeit der Grasmilben. Über die Wochen und mit fortschreitender Trockenheit wurden sie seltener, mit den Jahren anscheinend auch. Das ist aber vielleicht bloß eine Hoffnung, weil die Sommerwitterung nie gleich verläuft. Doch irgendwie muss es möglich sein, sie auszuhungern und los zu werden. Wie die Nacktschnecken, für die der trockene Sommer eine Katastrophe, für uns aber, die wir die Schnecken loswerden wollen, buchstäblich ein Geschenk des Himmels war.

Der Blick zum Himmel lenkte bei diesen Gedanken mit einem Mal ab. Denn mir kam der Begriff in den Sinn, der all dies zusammenfasst, was verhindert, dass mein Garten, mein Paradies, einfach rundum paradiesisch ist oder dies wird. Den Begriff lernte ich sehr früh kennen, begriff seine Bedeutung aber nicht: Ungeziefer. Die Mücken, Zecken, Schnecken ... all dies ist Ungeziefer. Gelegentlich bekam ich zu hören, dass sich viel Ungeziefer entwickeln wird, wenn ich meinen Garten so behandle, wie ich es praktizierte. Aber was bedeutete dieses seltsame Wort? Seine positive Form, »Geziefer«, wird offenbar nicht benutzt. Wie kann etwas »un-« sein, wenn es nicht »ist«? Fremde Worte zu lernen und richtig anzuwenden, fällt mir besonders schwer, wenn ich nicht verstehe, was sie bedeuten. Beim Nachschlagen in Grimms Wörterbuch fand ich die Erklärung. Geziefer hatte es in der althochdeutschen Sprache tatsächlich gegeben. Es bezeichnete solche Tiere, die als Opfergaben geeignet, also das Opfer wert waren. Ungeziefer war es das nicht. Es wurde Sammelbegriff für all das tierische Kleinzeug, mit dem man – damals wie heute vielfach immer noch – nichts anfangen konnte. Diese Geschichte machte mich nachdenklich.

Es blieb nichts anderes übrig, ich musste akzeptieren, dass es in meinem Garten solches auch von mir unerwünschtes und für unnütz gehaltenes Ungeziefer gab und weiterhin geben wird. Das echte, sorgenfreie Paradies bekommt man nicht zustande, auch nicht mit noch so viel Arbeit und Streben. Annehmen, wie es ist und wie es sich entwickelt, das ist die Herausforderung. Eine beunruhigende Erkenntnis, die auch beruhigt. Denn es liegt eben nicht (nur) an mir, dass es kommt, wie es kommt. Der Garten, jeder Garten hat ein Eigenleben und eine Vorgeschichte. Nichts fängt ganz neu an, nicht einmal das perfekt gerichtete Beet.

Gärtnern heißt pflanzen, auslesen, fördern und vernichten. Vornehm ausgedrückt: gestalten. Konkret habe ich in der deutschen Ausdrucksweise zu unterscheiden zwischen »Kraut« und »Unkraut«. Doch scharf wie Messer und Spaten stellt sich für mich diese Sonderung nicht dar. Eher wie ein ostasiatisches Yin-Yang-Verhältnis, das zwar von einander gegenüberliegenden Polen ausgeht, aber auch ineinander übergeht. So eine Betrachtung nimmt der Trennung die Schärfe. Sie lässt tolerante Übergänge zu. Im Deutschen, habe ich gelernt, versteht man darunter, dass Gegensätze einander anziehen. Sehr richtig! Denn alles, was ich für Salat, Tomaten, Gurken, Kartoffeln oder auch für Blumen zurechtmache, zieht unweigerlich andere, nicht gemeinte Pflanzen und auch Tiere an. Zum »Kraut« gesellt sich Unkraut. Jegliches Gärtnern gerät zum Abwehrkampf. So lese ich es in Büchern. Beständig richtet sich das Tun im Garten gegen etwas. Das ist so selbstverständlich, dass es offenbar wie eine Naturgegebenheit hingenommen wird. Darüber lässt sich bestens klagen, ob über das wuchernde Unkraut, weil der Himmel ideales Wachswetter beschert hat, oder über die Schnecken, die dieses gleichermaßen schätzen. Mir widerstrebt die Klage. Es reicht, dass ich bei meiner Blattlausbekämpfung der Verzweiflung nahe bin. Meine Alternative liegt in der Betrachtung von Lebensweise und Erfolg von

Unkräutern. Für mich ist dies lehrreich. Weil es Verständnis schafft. Oder, anders ausgedrückt, weil ich bei der näheren Betrachtung der Unkräuter mehr über meinen Garten erfahre, als über die Ernte des Erwünschten. Und dabei vielleicht, so mitunter die Hoffnung, nach dem Ju Jutsu-Prinzip meiner Samurai-Vorfahren, die Schwächen erkenne, die es mir erleichtern, mit den Gegenspielern meiner Arbeit zurechtzukommen. Sanftheit gegen Grobheit. Nicht mit Gift und möglichst auch nicht mit dem Schwert, sondern mit sanfter Lenkung. Natürlich scheitere ich dabei immer wieder mal. Aber Fehlschläge gehören dazu. Zurückschneiden ist ja auch nicht gleichzusetzen mit Ausrottung. Wo sich die Möglichkeit zu anderweitiger Nutzung bietet, ziehe ich diese vor. Zum Beispiel bei der Begrenzung des Wachstums von Brennnesseln.

Irgendwie schaffen sie es immer, ihre Samen auf gut mit Pflanzennährstoffen versorgte Böden zu bringen. Irgendwann kommen sie. Das bezeichnende Kribbeln in der Haut verrät mitunter früher, dass Brennnesseln im Werden sind, als der kritische Blick, der über den Garten schweift. Über die Jahre lernte ich auch, dass es die Raupen der verschiedenen Arten von Schmetterlingen nicht schaffen, das Wuchern von Brennnesseln zu verhindern. So sehr ich mich auch darum bemühe, dass Tagpfauenaugen und Kleine Füchse möglichst den ganzen Sommer über nektarreiche Blüten in meinem Garten vorfinden. Auch die Nesselzünsler, faszinierend perlmuttfarben geflügelt, deren Raupen die Brennnesselblätter tütenförmig rollen, in denen sie dann leben und fressen, lade ich mit zartestem Nesselwuchs ein zu kommen und tätig zu werden. Und einige weitere Arten von Schmetterlingen. Für ihre Raupen finden sie offenbar genug Brennnesseln in besten Lagen. Als biologische Helfer im Eindämmen des Brennnesselwuchses versagen sie – leider.

Das wundert mich eigentlich nicht. Denn bei meinen Gängen in den Auwald oder hinaus in den Forst stelle ich fest, dass kein anderes »Kraut« so häufig ist und so üppig gedeiht, wie die Brennnesseln. Kraut hätte ich gar nicht in Anführungszeichen setzen müssen, denn früher war es durchaus üblich, Brennnesseln als Salat zu essen oder sie, klein geschnitten, an die Hühner und jungen Enten im Garten zu verfüttern. Sobald die nesselnden Brennhaare unschädlich gemacht sind, ist dieser Wildsalat sehr gesund. Mit dieser Art von Naturkost habe ich mich nicht angefreundet. Meine Nutzung läuft anders. Ich schneide die Brennnesseln und setze sie in Wasser zu einem »Aufguss« an, mit dem ich die Blattläuse an meinen Sträuchern bekämpfe, insbesondere an den Hibiskusstauden. Dazu brauche ich so viele Triebe von Brennnesseln, dass mir der Garten bei Weitem nicht genug liefert. Den tatsächlichen Bedarf decke ich im Auwald. Wenn ich dort Brennnesseln schneide, richten sich schon manchmal erstaunte Blicke auf mich. Vielleicht denken die Leute, die sich noch mit der früheren bäuerlichen Wirtschaft auskennen, ich hätte junge Enten zu versorgen. Oder ich werde einfach für eine Kräutertante gehalten. Brennnesseltee hat bekanntlich eine harntreibende und blutreinigende Wirkung. In der Drogerie gibt es ihn nicht kostenlos wie in der Natur. Und sicher nicht besser als frisch zubereitet. Mit der Brennnessel komme ich auf diese Weise zurecht; ganz gut.

Schwieriger geworden ist es mit dem Löwenzahn, seit die Nachbarn meine erstklassigen Bio-Löwenzahnblätter nicht mehr haben wollen, weil sie keine Stallkaninchen mehr halten. Daher wächst er inzwischen aus allen möglichen Ritzen und Fugen zwischen den Steinplatten, sogar am Eingang zum Haus. Und manch anderes Pflänzchen dazu. Das macht nach gegenwärtig üblicher Sicht keinen guten Eindruck. Total vergiftete Fugen dagegen anscheinend schon. Dass Moos am Zaun und Löwenzahn in Fugen wuchs, hatte Folgen. Von übereifrigen Lehrkräften aufgestachelte Kinder klebten mir einen Zettel an den Gartenzaun auf der Straßenseite, mit dem sie auf diesen Missstand hinwiesen. Unterzeichnet »Die Umweltdetektive«! Der Schulausfall durch die Corona-Krise dürfte eine derart seltsame Umweltbildung für eine Weile ausgebremst haben. Was ein kleiner positiver Effekt wäre. Wenn jedoch im großen Stil von der offiziellen kommunalen Straßenpflege vorgemacht wird, wie sauber alles zu sein hat, und dass Blumen an Straßenböschungen einer Sondergenehmigung für ihre Existenz bedürfen (Hinweisschild: *Hier blüht eine Blumenwiese!*), ist die Ausrichtung der kindlichen Umweltdetektive nicht weiter verwunderlich. Also zupfe und kratze ich die Pflanzen aus den Fugen, die in so bewundernswerter Weise demonstrieren, zu welchem Wachstum sie selbst unter widrigsten Bedingungen fähig sind, um wenigstens in der Grauzone der öffentlich gewünschten Sauberkeit zu bleiben. Wie es drinnen im Garten aussieht, geht nur mich etwas an. Auf die Idee, diesen als Vollkiesanlage ohne jeglichen Pflanzenwuchs oder mit perfekt künstlich eingefügter Konifere öffentlich zur Schau zu stellen, war ich nicht gekommen. Bis ich solche Gärten tatsächlich sah – und erschrak. Das ist nicht nur pflegeleicht, das ist lebensfeindlich. Plastikrasen passt dazu; Gift ist unnötig, wo es nichts mehr zu töten gibt.

Über Geschmack zu streiten, lohnt nicht. Auch nicht über meinen eigenen, denke ich mir dazu. Mein Mann meint ohnehin, dass ich dazu neige, zu viel zu sehr zu verändern. Zwar beteuert er, dass er nicht meint, der Garten sollte einfach zuwachsen und zur Wildnis werden. Dadurch würde er Charme und Artenvielfalt verlieren. Welch seltsame Arten wir tatsächlich haben, fällt mir von Zeit zu Zeit auf, wenn ich mir genügend Zeit zum Betrachten nehme. Ein Beispiel, das mich immer wieder fasziniert, bietet eine Pflanze namens Kompasslattich. Dieser wächst hauptsächlich aus der Fuge zwischen Hauswand und Plattenweg auf der Süd- und der Südostseite, die viel direkte Sonne bekommen. »Kompass« im (deutschen) Namen ist ziemlich zutreffend. Seine stark ausgezackten, aber ziemlich breiten Blätter richten sich nämlich in Süd-Nord-Richtung aus, wenn dies irgendwie geht. Dadurch trifft sie die Mittagssonne nicht so stark. Das sehe ich an ihrem eigenartigen Schattenwurf zu dieser Tageszeit. Von breitem Schatten frühmorgens wechselt dieser, immer schmaler werdend, zum Minimum beim Sonnenhöchststand und nimmt danach in den Nachmittag hinein wieder zu. Nur wo Beschattung durch etwas anderes um die Mittagszeit vor direkter Sonneneinstrahlung schützt, weicht dieser Lattich von seiner Kompassposition ab. Aber warum verhält sich der Kompasslattich so, nicht aber die vielen anderen Pflanzen im Garten? Als ich dieser Frage nachging, wurde es richtig spannend, weil ganz Unerwartetes zutage kam.

Vom mediterranen Kompasslattich stammt der Salat ab. Der übliche grüne Kopfsalat, um genauer zu sein. Diesen muss ich in meinen Beeten vor der Mittagssonne schützen. Sonst kann ich ihn gar nicht stark genug gießen. Und im Wasser oder Schlamm stehen soll und darf er auch nicht. Nun haben aber Salat und Kompasslattich auf den ersten Blick nicht gerade viel gemeinsam. Zupfe ich ein Blatt vom Lattich ab, tritt ein Milchtropfen aus. Wie bei großen Salatblättern. Das Lattichblatt ist hart mit ausgezackten Rändern. Seine Besonderheit sind Reihen kräftiger, nach unten gekrümmter Stacheln auf den Rippen. Ich möchte sie nicht in den Mund bekommen. Die Nacktschnecken offenbar auch nicht, denn sie meiden entweder den Kompasslattich ganz, oder sie vollführen abenteuerliche Klettereien, wie ich den Schleimspuren ablesen kann, die sie dabei hinterlassen. Als vor einigen Jahren eine als Baugebiet ausgewiesene Fläche am Ortsrand große Bestände von Kompasslattich trug, war die Wirkung dieser Stachelreihen bestens zu sehen. Obwohl es dort vor den großen Braunen Nacktschnecken nur so wimmelte, dass sogar mein Hund Schwierigkeiten hatte, beim Ausgang am Morgen nicht auf sie zu treten, trugen die Kompasslattiche fast keine Fraßspuren. Bei mir im Garten demolierten dagegen die Schnecken in diesem feuchten Frühsommer den Salat, dass ich schier verzweifelte. Eine Handvoll genügte dazu, wie es mir vorkam, während auf dem Kompasslattichgelände Tausende unterwegs waren.

Die Züchtung ließ die Stachelreihen verschwinden. Die Blattflächen wurden größer und größer, der Salat damit zarter und zarter und umso begehrter bei den Schnecken. Auf andere als die geografische Weise wurde mir der Kompasslattich daher zum Weiser. Ich lasse ihn an der Hauswand wachsen und blühen. Seine gelben Körbchenblüten ähneln Miniaturausgaben des Löwenzahns. Mit diesem und dem Löwenzahnsalat ist er botanisch auch näher verwandt. Was auf ähnliche Inhaltsstoffe in den Blättern schließen lässt. Und mich wiederum zum Nachdenken anregt. So ganz anders, als es bei oberflächlicher Betrachtung aussieht, sind die Gartenpflanzen meistens gar nicht. Sie haben ihre Verwandtschaft und von dieser kommen dann auch die meistens nicht so erwünschten Tiere in den Garten. Un-Kraut und Un-Geziefer sind die jeweiligen, einander entsprechenden Yin-Yang-Pole. Vielfältige Verbindungen liegen zwischen ihnen.

Sehr schön zeigen mir dies Blümchen im Frühjahr an, die ich in ihrer filigranen Zartheit schätze. Auch weil sie so schnell vergehen, wenn das Wachstum im April richtig in Schwung kommt. Beide sind klein, eines sogar so klein, dass ich es übersehe, wenn ich nicht gezielt darauf achte: Das Frühlings-Hungerblümchen *Erophila verna* und das Gartenschaumkraut *Cardamine hirsuta*. Beide gehören zu den so genannten Kreuzblütlern mit vier einander kreuzweise gegenüberstehenden Blütenblättern und damit zur Verwandtschaft der Kresse. Diese ziehe ich gern, weil ich mit ihrem zarten Bittergeschmack diverse Gerichte verfeinere und den Salat zu krönen pflege. Ihre Blüten sind klein, beim Frühlingshungerblümchen geradezu winzig. Was mir auffällt, wenn ich sie im April im Garten bemerke, sind die kleinen Rosetten, die ihre Blätter direkt an der Bodenoberfläche bilden. Das geht natürlich nur, wenn dieser offen genug, fast frei von anderer Vegetation ist. Beim Hungerblümchen sind die Blätter der Rosette länglich und etwas zackig, beim Schaumkraut fliederartig rundlich. Entwickeln sich die Schoten mit den Samen, werden diese beim Gartenschaumkraut lang und schlank, beim Hungerblümchen bleiben sie kürzer und rundlicher. Diese Feinheiten sind zwar Schönheit im Detail, aber nicht der Hauptgrund meiner Bewunderung. Diese ergibt sich aus ihrer Fähigkeit, sozusagen mit fast nichts zurechtzukommen. Sie wachsen und gedeihen auf den dürftigsten Plätzen, sofern nur etwas Boden vorhanden ist und sie Licht in voller Frühjahrsfülle haben. Damit charakterisieren sie für mich das ganz magere Ende des Spektrums von Wildpflanzen in meinem Garten. Am anderen stehen und wuchern Löwenzahn und Brennnessel. Die Kleinen zeigen mir, wie wenige Stellen es gibt, die arm an Nährstoffen sind. Ihr Erblühen im April nehme ich sehr wohl als Mahnung zur Kenntnis, den Garten nicht zu sehr zu düngen. Er bekommt ohnehin zu viel nährende Stoffe über die Luft zugeführt. Stickstoffverbindungen insbesondere. Wir riechen sie auf jene spezielle Weise, mit der sich seit Jahrzehnten die einst wirklich so gemeinte »gute Landluft« ausdrückt, mit den Güllegasen. Diese bilden einen Teil der Fremdeinwirkungen auf den Garten.

Ein anderer stammt aus den Verbrennungsmotoren. Auch sie liefern düngende Stickstoffverbindungen. Jahr für Jahr summieren sie sich auf um die 30 Kilogramm pro Hektar, als Reinstickstoff gerechnet, nicht dem unterschiedlichen Gewicht der verschiedenen Stickstoffverbindungen gemäß. Kein Wunder, dass so auch ungedüngter Rasen viel zu stark wächst und in angemessener Weise gemäht werden muss, ob man will oder nicht. Die Schwierigkeit der Kleinen des Frühlings, der Hungerblümchen insbesondere, in meinem Garten zu überleben, obwohl ich sie gerne am Leben lasse und gewiss nicht als Unkraut einstufe, drückt aus, dass der Garten keine Insel ist. Die Umgebung wirkt darauf ein, auch wenn ich ihn noch so gut abzuschirmen versuche. Es sind nicht nur die Vögel, die hin und her wechseln und ihn mit den anderen Gärten der Nachbarschaft verbinden. Oder die Bienen, die Nektar und Pollen aus den Blüten hier bei mir forttragen zu ihrem Stock und damit neue Bienen und Honig schaffen. Der Garten ist auch eingebunden in die Landschaft, in die städtische und in die landwirtschaftliche Atmosphäre. Besonders diese Verbindung stimmt mich nachdenklich, weil wahrscheinlich auch Gift herüber getragen wird von den Fluren, nicht nur die Gülle, deren Geruch direkt in die Nase geht. Dort draußen darf kein Unkraut (mit-) wachsen. So verschwanden die Insekten und mit ihnen die Vögel. Wenn einmal eine Schwalbe über meinen Garten fliegt, ist dies eine kleine Sensation. Die in der Stadt am Kirchturm in irgendwelchen Nischen nistenden Mauersegler kreisen noch, bei Regenwetter auch im Tiefflug, direkt über dem Garten. Aber wie lange werden ihnen die wenigen Insekten noch reichen, die aus den Gärten kommen, wenn diese auch immer einheitlicher und »gepflegter« sein werden? Die Spatzen bringe ich mit den Meisenknödeln übers ganze Jahr. Doch für ihre Jungen brauchen sie Insekten. Reicht, was sie davon hier und in anderen Gärten finden, für die Jungenaufzucht? Die etwa fünfzehn Spatzen, die tagtäglich die Meisenknödel nutzen, bringen nur wenige flügge Junge mit. Oder werde ich die nächsten Jahre auch ihr langsames aber sicheres Verschwinden miterleben müssen, wie schon bei den Mauerseglern? Im »Un« von Unkraut steckt mehr als die bloße Scheidung zwischen nützlich und unnützlich. Wie viel »Un« zugelassen wird, entscheidet schon in naher Zukunft darüber, von welcher Natur umgeben wir leben werden.

Bäume & Sträucher

Die meisten Bäume und Sträucher meines Gartens stammen vom Vorbesitzer. Sie waren eine Art Mitgift, und wie es sich mitunter bei Geschenken verhält, auch eine Last. Manches, was vorhanden war, sagte mir zu. Einige Gewächse hätte ich jedoch nicht gepflanzt. Sie konnten nichts dafür, dass sie da waren. Und so ließ ich sie – fast alle. In der Annahme, ihr Wachsen und Werden sollte mir zeigen, was passt und was nicht. Die Arten, die sich nicht von selbst gut genug entwickeln, werden eben verdrängt. Ganz wie in der freien Natur. Vorhersagen wagte ich zum Glück nicht. Rückblickend muss ich nämlich feststellen, dass ich mich damit sehr getäuscht hatte. Büsche und Bäume sind etwas anderes als Blumen und Gemüse, die ich pflanze und betreue, um mich an ihnen zu erfreuen oder etwas ernten zu können. Da heimische und fremdländische Arten von Büschen und Bäumen der Zahl nach etwa gleich vertreten waren, konnte ich aus ihrem Gedeihen im Lauf eines Jahrzehnts entnehmen, welche mit den Bedingungen im Garten am besten zurechtkommen. Und auch, wie sie auf meine Pflegemaßnahmen reagieren.

Der Garten war angelegt worden, bevor die pflegeleichten Koniferen Mode wurden. Offenbar ging es damals vor allem um exotische Vielfalt. So überraschten mich eine Aukube *Aucuba japonica*, auch Goldblatt genannt, und ein Schönfrucht- oder Liebesperlenstrauch *Callicarpa japonica* als »Japaner«. Gewiss wird man mir unterstellen, dachte ich, dass ich diese aus Nostalgie im Garten hätte. Nicht deswegen, sondern ob ihrer Schönheit pflanzte ich eine andere »Japanerin« tatsächlich an, die Sternmagnolie *Magnolia stellata*. Und eine japanische

Kamelie *Camellia japonica* versuche ich seit einigen Jahren im Freien zu halten, nachdem sie zuerst im Haus war und so prächtig rot geblüht hatte, dass ich sie erhalten wollte. Sind im Winter Frostnächte zu erwarten, in denen die bodennahe Temperatur unter –5 °C sinkt, schütze ich sie mit einer Plastikhülle und Schilfrohrgeflecht. Dank zweier Winter ohne wirklich tiefe Fröste brachte ich sie nicht nur durch, sondern im Frühjahr zu einer begeisternd schönen Blütenfülle. Nachgepflanzt habe ich auch Bambus, einen großen, der über drei Meter hoch wird, und einen kleinen, der jedoch kein Zwergbambus bleiben will, als den ich ihn gekauft hatte, sondern inzwischen neue Sprossen brusthoch treibt. Abgesehen vom Blühen der Sternmagnolien im April, wenn die beiden Büsche geradezu eingehüllt sind von handtellergroßen weißen Blüten mit sternförmigen Blütenblättern, drängen sich aber meine »Japaner« optisch nicht in den Vordergrund. Der Masse nach ohnehin nicht. Diese gibt die Hecke vor, die vorhanden war und die im letzten Jahrzehnt immer dichter und größer geworden ist. In ihr dominieren zwei heimische Arten, die Hainbuche und der Hartriegel. Die Lücken, die sie lassen, füllen die ebenfalls heimischen Heckenrosen, die Eibe und der Liguster sowie, nichtheimisch, aber für die Gärten typisch, Lorbeerkirschen *Prunus laurocerasus*, Forsythien *Forsythia × intermedia* und Pfeifensträucher *Philadelphus coronarius*. Auch ein Stück Thujahecke gibt es.

Zusammen bilden sie einen recht dichten Bewuchs rund um das Haus, seine Frontseite zur

Straße ausgenommen. Heraus ragen eine schlank pyramidenförmige Thuja und der Doppelstamm einer gegenwärtig rund zehn Meter hohen Hängebirke *Betula pendula.* Ursprünglich war sie ein Trio, aber einer der drei Stämme war zu sehr hin zum Nachbargrundstück gewachsen, so dass wir ihn fällen mussten. Mindestens zur Thujahöhe, wenn nicht darüber hinaus, würden die Hainbuchen reichen, die als zurechtgeschnittene Hecke ursprünglich gepflanzt worden waren, nun aber in die Höhe streben, weil sie mein Mann zwar nach außen zurechtgeschnitten hat, damit sie nicht auf den Bürgersteig hinausragen, nicht aber oben, weil sie auch Sichtschutz bieten sollen. Diese ihnen zugedachte Funktion nahmen sie in längst übermäßiger Weise wahr. Nun haben sie die Vögel auf ihrer Seite, vor allem die Spatzen, die sich sommers wie winters im dichten Geäst der Hainbuchen sicher fühlen. Das schafft Hemmungen für das überfällige Zurückschneiden.

Die Hainbuchen sind für mich noch ausgeprägter als die Rosen ein Phänomen. Werden sie zurückgeschnitten, treiben sie umso mehr. Die Rosen reagieren mit Blüten in nicht endender Abfolge von Mitte Mai bis in den Winter, die Hainbuchen mit immer dichter werdendem Geäst, das dann das Laub den Winter über behält. Anderes Buschwerk verträgt den Schnitt ungleich weniger oder gar nicht. Die Ebereschen kümmern, seit wir ihnen ein paar Äste wegnehmen mussten, weil diese auch zu weit aufs Nachbargrundstück wuchsen. Die Thujahecke nahm den Schnitt übel und ließ die zum Garten gerichtete Seite braun und wie tot aussehen. Jetzt möchte ich, dass sie wenigstens der Wilde Wein überwächst. Die Lorbeerkirsche wächst und wächst, auch wenn ich sie beschneide, und sie blüht phantastisch, setzt aber recht wenige ihrer Kirschen an. Die heimische Eibe wird mir ebenso überwuchert, obwohl sie angeblich mit ihren Ausscheidungen Konkurrenten auf Distanz halten soll. Betroffen sind meine beiden »Alt-Japaner«, die Aukube mit ihren goldfleckigen, lorbeerartigen Blättern, und die Schönfrucht. Von ihr bekomme ich fast nur noch im Spätsommer ihre in ganz ungewöhnlichen blauvioletten Tönen schimmernden Perlen zu sehen, der sie die Bezeichnung Liebesperlenstrauch verdanken. In Japan nennt man sie Murasakishikibu.

Das ist auch der Name der Verfasserin des Romans vom ›Prinzen Genji (entstanden um 1008). Sie gilt als erste Romanschriftstellerin. Ohne meine tatkräftige Unterstützung werde ich beide Sträucher nicht erhalten können, obwohl sie winterhart sind. Erdrückt zu werden, droht vielleicht dem Liguster, dies aber vom heimischen Nachbarn Hartriegel. Beide schätze ich sehr, weil ihre ungenießbaren bzw. für uns Menschen giftigen Beeren von Vögeln verzehrt werden. Zögerlich zwar auch, denn anscheinend schmecken sie den Amseln und Drosseln auch nicht sonderlich. Aber die nordischen Seidenschwänze stürzen sich darauf, wenn sie in manchen Wintern so weit nach Süden kommen. Allein für diese Vögel lohnen Hartriegel und Liguster. Doch am Liguster leben auch die Raupen des Ligusterschwärmers. Dass deshalb dieser Nachtschmetterling von der Größe eines Kolibris auch in unserem Garten vorkommt, ist ein besonders triftiger Grund, den in Blüte eher unangenehm riechenden und an sich giftigen Liguster zu tolerieren. Giftig ist ohnehin fast alles für uns Menschen, was nicht zu Gemüse und Obst gehört.

Von mir neu in den Garten gebracht worden sind die Hibiskusbüsche. Sie blühen weiß, rosa, hellviolett und mitunter gemischt, weil es sich um Hybridformen des »Eibisch« handelt, wie diese asiatischen Staudenmalven botanisch offiziell genannt werden. Hibiskus gefällt mir besser, wenngleich ich damit nicht die aus Südchina stammende, blutrot blühende und in der Südsee verbreitete Art meine. Für mich sind die zart schattiert weiß, hellviolett oder rosa blühenden Formen mindestens ebenso schön, vielleicht sogar schöner. Jedenfalls nicht aufdringlich. Die besondere Bindung an meine Hibiskussträucher erneuert sich alljährlich im Mai und Juni, wenn ich gegen Blattläuse kämpfe, die sie stark heimsuchen, bis ich mich selbst nicht mehr riechen kann. Im Sommer blühen sie dann aber umso schöner. Lohn der Mühe.

Nicht bemühen muss ich mich um die Haselstaude. Sie kam von selbst, weil wahrscheinlich ein Häher eine keimfähige Haselnuss direkt am Gartenzaun versteckt und vergessen hatte. Ich hätte sie nicht passender pflanzen können. Deshalb durfte sie aufwachsen, bis sie den Zaun zu sprengen drohte. Ein ungeplant radikaler Schnitt schien sie vernichtet zu haben, was wir bedauerten, da sie gute Haselnüsse geliefert hatte. Doch sie trieb aus dem Wurzelstock und wurde zum Busch. Zu einem sehr dichten, sehr wüchsigen Haselbusch mit Blättern von rekordverdächtiger Größe. Einzelne davon bedecken meine gesamte Handfläche. Da sie nach wenigen Jahren im Spätsommer Kätzchen bildete, die sich in warmen Tagen im Februar streckten und Wolken gelben Blütenstaubes freigaben, sah ich, dass sie auch weibliche Blüten gebildet hatte: kleine rote Zungen aus einer Knospe. Das Ergebnis waren erneut Haselnüsse und dies von Jahr zu Jahr mehr. Auch Schmetterlinge, die an den Blättern der Hasel leben, Hasel-Eulen genannt, und Haselnussbohrer, jene die Haselnüsse anbohrenden Rüsselkäfer mit den irrwitzig langen dünnen Rüsseln, stellten sich wieder ein.

Deren Verwandte, die auf ganz ähnliche Weise Eicheln anstechen (»Eichelbohrer«), werde ich im Garten nicht erleben. Denn die Eiche, die sicher auch ein Häher gepflanzt hatte, und die fast mitten auf dem Rasen aufwächst (und jetzt beim Mähen mit Steinen markiert geschont wird), schafft es selbst unter besten Bedingungen zu meinen Lebzeiten nicht, so groß zu werden, dass sie Eicheln bildet und damit Eichelbohrer und Eichelhäher ernähren kann. Mir würden beide Bohrer im Wald reichen. Sie machen mir aber, wie so viele andere Tierarten auch, immer wieder klar, dass es keine Trennung zwischen »der Natur« und dem Garten in der Menschenwelt gibt. Wie auch nicht zwischen heimisch und fremd.

Meine Bestandserfassung ergab nach einem Jahrzehnt, dass der Garten fünfzehn Baum- und Staucharten enthält, die im weiteren Sinne heimisch sind. Im weiteren Sinne deshalb, weil die Apfelbäumchen gezüchtet und keine direkten Nachkommen des mitteleuropäischen Wildapfels (Holzapfel genannt) sind. Nicht unmittelbar heimisch ist die Weinrebe, wenngleich mir in ihrem Fall jegliche Einstufung gleichgültig ist, denn ihre Beeren schmecken einfach köstlich. Grenzwertig liegen die Verhältnisse bei den Rosen. Die Zuchtformen stammen wohl von einer vorderasiatischen Rosenart ab und nicht von einer der beiden Wildrosen, die draußen frei wachsend vorkommen, der Hecken- und der Feldrose. Wie ich die Schwarzen Johannisbeeren einstufen soll, weiß ich nicht. Was sie in von Jahr zu Jahr schwankender Menge liefern, ergibt jedenfalls eine besonders aromatische Marmelade. Zur Kriechenpflaume finde ich kaum Angaben. Dafür fallen fast jedes Jahr Mengen düsterroter Kugelfrüchte ab, an denen es alsbald vor Fliegen und Wespen wimmelt und durch die Admirale, Tagpfauenaugen und andere Schmetterlinge angelockt werden, wenn sie in Gärung übergehen. Eine solche Kriechenpflaume hatten wir im Garten zwischen Thuja und Birke, aber ein Sommersturm zerriss sie, so dass wir sie entfernen mussten. Schößlinge, die aus den Wurzeln kommen, schaffen es wahrscheinlich nicht, richtig aufzuwachsen, weil sie zu sehr von den beiden großen Bäumen beschattet werden. Das Pfaffenhütchen als letzter Zugang unter den heimischen Arten findet sich hier im Garten leider nicht zurecht. Es mickert vor sich hin und wird von Läusen heimgesucht. Wahrscheinlich überlebt es nicht. Heimischer Boden garantiert keineswegs das Gedeihen heimischer Arten, wie ich lernen musste. Nicht nur meine japanische Kamelie ist heikel.

Den rund fünfzehn »Heimischen« stehen zwanzig Arten gegenüber, die aus mittelfern bis von fern herstammen und mehr oder weniger gut gedeihen. Im Spektrum enthalten sind natürlich, weil sie überall in den Gärten vorkommen, die Forsythie und die Weigelie. Erstere mit den bekannten goldgelben Blüten, die im März/April die Büsche überziehen, bevor die Blätter austreiben. Die Weigelie trägt große rote Trichterblüten, in die Bienen und Hummeln eintauchen, bis sie darin verschwinden. Die Forsythie bietet ihnen nichts. Bei meinen Hibiskusbüschen bin ich mir nicht sicher, wie viel oder ob überhaupt sie den Bienen Freude bereiten. Pollen zumindest, wahrscheinlich auch Nektar finden sie an den Blüten des Pfeifenstrauchs oder falschen Jasmins. Die bei mir im Garten üppig wuchernde Form duftet leider nicht, treibt dafür umso heftiger im Mai, bevor die meistens eher spärlichen Blüten aufgehen, und ernährt mit meterlangen Neutrieben erschreckende Mengen von Blattläusen. Sie auch noch zu bekämpfen, schaffe ich nicht. Eher entferne ich den Philadelphus. Also schneidet mein Mann all die neuen Wassertriebe, die bei den Blattläusen so begehrt sind, und entfernt sie. Das hält den Befall in Grenzen, wahrscheinlich aber auch das Blühen. Die übrigen nichtheimischen Arten bereiten mir keine Schwierigkeiten. Die beiden von mir gepflanzten rotblättrigen (japanischen) Fächerahorne wachsen bestens. So sehr, dass ich mir die Grundkenntnisse der Bonsaitechnik aneignen muss. Denn sie sollen klein und hübsch bleiben, keine großen Bäume werden. Beim Zurückschneiden der Forsythie oder der Lorbeerkirschbüsche habe ich keine Hemmungen. Das bestimmen die äußeren Gesichtspunkte, wie die Hecke sein oder bleiben soll. Ihre derben bzw. so normalen Blätter erregen bei mir kein Interesse. Das ist beim Fächerahorn anders. Ihre tief geschlitzten, so zierlich hand- und fingerartigen Blätter haben Symbolkraft. Sie sind für mich wie ein Wappen. Wenn ich gelegentlich lese oder höre, wie symbolträchtig das Blatt der »Deutschen Eiche« gewesen war, oder wenn ich das Ahornblatt im Wappen Kanadas sehe, verstehe ich meine Empfindung selbst besser. Die Blätter des Fächerahorns in tiefem Blutrot sind für Japaner das herbstliche Gegenstück zur Kirschblüte im Frühjahr. Daher zögere ich nicht, abgefallene Blätter meines Fächerahorns aufzunehmen und eine zeitlang auszulegen, um mich an ihrer Formschönheit zu erfreuen. Sogar auf dem Rasen liegen sie wie ein ausgebreitetes Kunstwerk. Bis sie von den kleinen gelben Dreiecken der Birkenblätter zugedeckt werden, die an manchen Herbsttagen nach ersten Frostnächten in regelrechten Schauern zu Boden rieseln.

Ja, sie prägen meinen Garten, die Bäume und Sträucher, wie sie die meisten Gärten der Umgebung prägen. Überall ragen Bäume auf, säumt Buschwerk die Grundstücksgrenzen und grünt und blüht es fast das ganze Jahr hindurch. Sie bilden eine eigene Welt, die Gärten, eine sehr vielfältige und reichhaltige Natur, die frei lebenden Tieren und wild wachsenden Pflanzen weit mehr bietet, als die landwirtschaftlich genutzten Fluren mit ihrer großflächigen Eintönigkeit voller fremder Pflanzen. Keine ist heimisch, weder der so verbreitete Mais, noch der Weizen, nicht einmal der Rote Mohn, wo er der chemischen Keule entgangen und zum Blühen gekommen ist. Schönheit ist kein Gesichtspunkt in der Nutzung der Fluren. Für umso bedeutsamer halte ich sie im Garten. Dass er dadurch nicht lebensfeindlich wird, bestätigen mir am eindrucksvollsten die Vögel. Sie urteilen mit ihrem Kommen selbst. Nisten die Spatzen in der dichten Thuja, weil sie keine Nistmöglichkeiten unter den dicht gemachten Dächern mehr finden, ist dieser Baum als Nistplatz nicht fremdartiger als die Häuser der Menschen. Und wenn ich im Sommer und Frühherbst den Schmetterlingen, Schwebfliegen und Bienen an den Blüten der Buddleja zusehe, kann ich nicht verstehen, warum dieser Strauch bekämpft und ausgerottet werden soll, während gleichzeitig geklagt wird, dass die Insekten keine Blüten mehr finden und so stark zurückgegangen sind. Ist deren eigenes Urteil nichts wert? Zählt nur das Vorurteil, das »heimisch« von »fremd« unterscheidet, aber vor Land- und Forstwirtschaft kapituliert, die sich nicht darum scheren, sondern nur vom Profit geleitet sind? Ich habe kein schlechtes Gewissen wegen der Artenvielfalt in meinem Garten, auch nicht, was die Blumen betrifft. Die Vögel, die Schmetterlinge, die Bienen und auf ihre Weise sogar Blattlaus & Co weiß ich auf meiner Seite.

畏

敬

III. Harmonien im Zen-Garten

Als Kind hielt ich mich oft ganz allein in den Tee-Räumen meiner Großeltern auf. Die vier kleinen Räume hatten vom Garten her Zugänge aus allen vier Himmelrichtungen. So war es traditionell vorgesehen. Ich mochte diese Türchen, weil sie mit 66 Zentimetern Höhe und 57,5 Zentimetern Breite zu meiner kindlichen Kleinheit passten. Was es für Erwachsene bedeutet, so gekrümmt, gleichsam auf den Knien, einzutreten, beschäftigte mich nicht.* Mir gefiel auch die Schlichtheit dieser Räume, die den vier Jahreszeiten mit ihren so unterschiedlichen Tagesverläufen des Sonnenbogens entsprachen. Denn sie enthielten oft nur eine Blume, die Großmutter oder Großvater an passender Stelle frisch gesteckt hatten. Dieses Gesteck fesselte den Blick und machte die Leere zum Raum. Im Teeraum verbeugt sich der Gast zuerst zu den Blumen. Was ich nach meinem Hineinschlüpfen gemacht hatte, weiß ich nicht mehr. Vielleicht verblieb ich nur in Andacht versunken, wie in einer Kirche, die mit

* Zur Teezeremonie durfte kein Samurai mit seinem Schwert eintreten und seine gebeugte, geradezu kriechende Haltung drückte Bescheidenheit aus.

ihrer schieren Größe und abgeschlossenen Räumlichkeit dazu zwingt. Es kann auch sein, dass ich sang oder mit viel Pathos ein Gedicht vortrug, ohne dass jemand zuhörte. Oder ich saß auf dem Boden und ließ die Stille auf mich wirken. Jedenfalls fühlte ich mich glücklich. Dessen bin ich mir in der Rückschau sicher.

Das Haus meiner Großeltern war von einem Garten umgeben. Das muss ein Privileg gewesen sein, denn auch damals war Platz knapp und ein Garten meistens ein Anhängsel zum Wohnhaus. Hier in Deutschland sind Vor- oder Hintergarten so klein, dass sie sich kaum gestalten lassen. Zudem grenzen sie meistens gleich ans nächste Haus. Ein eigenes Teehaus im Garten wurde im Japan der Nachkriegszeit mehr geschätzt als das Wohnhaus selbst, so mein Eindruck. Meine Aufenthalte im Teehaus der Großeltern müssen prägend gewesen sein. Denn jedes Mal verschlug es mir den Atem, wenn ich später in einen Zen-Garten eintrat. Für mich geht von so einem »typisch japanischen Garten«, wie man ihn wohl bezeichnen würde, ein Zauber aus, ein verborgenes Faszinosum. Sogleich stellt sich eine meditative Stimmung ein. Möglicherweise lässt sie sich vergleichen mit der Euphorie, die beim Erreichen eines Berggipfels entsteht, zu dem man allein oder zu zweit gelangte, ohne dem Schnattern einer Schlange von Bergwanderern ausgesetzt gewesen zu sein. Nur so ist die Größe der Natur zu spüren und eine Stimmung der Andacht kann aufkommen. Ihre Strahlkraft entfaltet sich dank der Stille. Wir Japaner verneigen uns oft spontan vor einem Berg und seiner Größe. »Ich stehe vor dem Berg, verbeuge mich und empfange das Neujahr«. Dieses Haiku von Okada Nichio charakterisiert die Ehrfurcht. Gewiss liegt es letztlich an der Art, wie ein Zen-Garten gestaltet ist, dass er trotz seiner tatsächlichen Kleinheit das Gefühl von Größe, von Unendlichkeit erweckt. Was ihn auszeichnet, ist Harmonie, wie ich es als Liebhaberin Klassischer Musik bezeichnen möchte. Denn diese kann ich in schlichter Kammer wie im grandiosen Konzertsaal genießen, weil sie die Harmonie in sich trägt. Eine solche Stimmigkeit zu erreichen, darin liegt die Kunst der Gestaltung eines Zen-Gartens. Da nicht allein optische Gesichtspunkte die Harmonie bestimmen, sondern die eigene Befindlichkeit im Raum und die Akustik, die im Idealfall eine Stille ist, »die tönt« (wie ich einmal las), reicht die bloße Beschreibung eines Gartenentwurfes auch nicht aus. Man muss ihn erleben, hineintreten und den Einklang mit allen Sinnen empfinden.

Dennoch bilden einige Elemente den Rahmen und den wesentlichen Inhalt. Als Motive sind sie der Natur entliehen; der lebendigen, so variablen Natur. Geometrische Strukturen, wie Rechtecke, Dreiecke, Kreise oder sich wiederholende Symmetrien, sind einem Zen-Garten fremd. Solche zeichnen französische Gartenanlagen als Fortsetzungen von Schlössern aus, die wohl die absolute Macht des Herrschers auch über die Natur ausdrücken sollen. Alles hat sich darin der unumschränkten Herrschaft des einen Willens unterzuordnen. Ganz anders der Zen-Garten. Dieser stimmt selbst absolutistisch gesinnte Herrscher wie die Shogune oder den Kaiser nachdenklich, und das soll sie von den Tagesgeschäften der Zeit befreien. Die Teezeremonie war ursprünglich dafür gedacht, dass sich die meditierenden Mönche der Zeit entziehen. Weil der Zen-Garten den Zugang zur Natur eröffnet. In dieser gibt es keine exakten Linien, keine geraden Wege, nicht einmal im übertragenen Sinne von Lebenswegen, sondern das aufeinander bezogene Gestalten von Baum und Busch, von Fels und Fluss, von Moos und Moder, von festen Flechten auf hartem Stein und fließendem Wasser mit freiem Lauf. Es wechseln also nicht einfach Licht und Schatten, sondern Helligkeit und Schattierungen. Das Grün der Vegetation äußert sich in allen Tönungen von gelber Helle junger Blätter bis zum Dunkel von Moospolstern in kaum einsehbaren Nischen und Winkeln. Nicht auf Symmetrien kommt es den Gestaltern solcher Gärten an, sondern die beruhigende Natürlichkeit, die direkt aus der Natur entlehnt und schlicht, doch höchst kunstvoll zusammengefügt wird. Die Krönung dieser Gartenkunst wird nie erreicht, denn nichts gilt als vollendet, alles ist nur auf dem Weg. Alles ist dafür durchdacht, sogar berechnet, vorherbestimmt, und doch unerkennbar für die Besucher. Selbst offensichtlich dafür vorgesehene Trittsteine zur gemäßigt schreitenden Überquerung eines Wasserlaufes oder eine Brücke, die sich über den Bach wölbt, verbergen auf ihre Art die Absicht, die Schritte zu lenken, um besinnlich die Natur aufzunehmen. Sie gehören zum Ensemble wie die Felsen und das Buschwerk, die Windungen und die Ausblicke. Sie alle ergeben sich. Vielleicht kann ich zu einem Bild zusammenfassen: Das ist Natur, aber Natur, die sich zum Menschen fügt.

Manche Zen-Gärten, auch sehr kleine, lösen auf ihre Art die Begrenztheit auf. Sie öffnen sich zum Himmel, zu einer Zukunft, die erst naht, aber in dieser Nähe verharrt. Trete ich ein, verschwindet der Alltag wie abgesaugt in ein dunkles, nicht mehr einsehbares Loch. Nach wenigen Augenblicken fühle ich mich verändert, erleichtert, inspiriert und zutiefst beruhigt. Die Natur ist nun kein Gegenüber mehr oder gar etwas Fremdes, sondern zu meiner Welt geworden. Nicht Wildnis ist sie; eine solche kannte ich nicht, bevor ich nach Europa kam. Sondern Leben, das mich aufnimmt, annimmt und mich geradezu übernimmt. Das mich teilhaben lässt am größeren Ganzen. Tönt ein Gong durch so einen japanischen Tempelgarten, scheint mir der Klang mit seinem Nachhall aus der Ewigkeit zu kommen. Oder, besser ausgedrückt, aus der Zeitlosigkeit. Der Gong trifft mich, als ob ich auf den Meister treffen würde, der diesen Garten zu dem gemacht hat, was in mich eingedrungen ist.

Das ist die Stimmung, in der ich ganz intuitiv begreife, was Goethe gemeint hat mit »dem Augenblick Dauer verleihen«. Dann geht mir, wie man es hierzulande ausdrücken würde, »das Herz über«. Der Eindruck des Schönen kann sich ins Schmerzhafte steigern, wie ich das in einsamer Stunde im Moosgarten von Kioto erlebt hatte. Die Sonne durchleuchtete mit gleißendem Licht der Mittagsstunde den Garten, in dessen Betrachtung ich versunken war, ohne dies zu bemerken. Plötzlich strich tiefer Schatten über ihn und verwandelte alles Helle in Schattierungen von Dunkel, das gleichzeitig immer mehr Körperlichkeit gewann. Was wie hingemalt flächig ausgesehen hatte, wurde Raumgebilde. Während die Schatten wuchsen und wuchsen, verlor das Moos seinen Glanz. Das Bild, das mich in seiner Schönheit so tief bewegt hatte, verschwand. Ich stand wie erstarrt und verstand, was Vergehen und Verschwinden bedeuten.

Ein Zen-Garten wird möglichst so angelegt, dass Licht und Schatten und der Gang der Jahreszeiten die Vergänglichkeit der Schönheit nahebringen. Sie liegt nicht nur im Auge der Betrachter, sondern auch in den Augenblicken wechselnden Lichts. Harmonie soll sich spiegeln in der Wahl der Steine, in ihrer Anordnung, im Sand, wie er ausgelegt und häufig auch wie frisch er gehalten wird, in den Polstern von Moosen, den Büscheln von Farnen und insbesondere in der natürlichen Eleganz, in der das Wasser mit eigener, kaum hörbar feiner Melodie im Fließen vor sich hin murmelt. Es wird nicht als Springbrunnen künstlich in die Höhe gepresst, zum Hochschnellen und Fall gezwungen, sondern es darf geschmeidig dahinlaufen, als hätte es den Weg selbst gewählt. Besucher aus Europa oder Amerika werden vermutlich annehmen, im japanischen Garten sei einfach die japanische Landschaft gartengerecht verkleinert wiedergegeben. Mit Bergen und Fels, Bächen und Flüsschen, umkleidet vom Grün und stets mit Blick in die Ferne, wie ihn gebirgige Inseln ganz von selbst bieten. Wie auch beim Bonsai wirkliche Bäume auf Garten- oder Zimmergröße verkleinert und damit handhabbar gemacht werden. Das mag im Hintergrund stehen. Aus der eigenen Kultur heraus fällt die distanzierte Betrachtung bekanntlich schwer, wenn sie denn überhaupt in hinreichend objektiver Weise möglich ist. Wer in Deutschland einen Steingarten anlegt, hat wahrscheinlich die Alpen als Motiv im Kopf und wählt die entsprechenden Pflanzen, so sie im Tiefland bei angemessener Pflege gedeihen. Aber zumindest meiner Erfahrung und Einschätzung zufolge hat der Zen-Garten nicht das Ziel, eine Naturlandschaft auf Gartendimension zu verkleinern, sondern genau das Gegenteil, die innere Erlebnislandschaft zu eröffnen und zu einer größeren Harmonie zu vereinen. Der Garten verliert dabei seine Gegebenheit als Objekt, wie ich selbst meine abgeschlossene Subjektivität einbüße. Vielleicht kann ich damit verständlich machen, was ich mit einem Zen-Garten meine und was er für mich bedeutet.

Er ist nicht das (kleine) Paradies, das mich von der rauen Wirklichkeit der zumeist nicht gerade paradiesischen Umgebung abschirmt. Auch wenn er diese Funktion tatsächlich mitunter, sogar nicht selten erfüllt. Dieser Aspekt würde in etwa einer Wohnkultur entsprechen, die Wohlbefinden erzeugt und in der man sich einfach »daheim« fühlt. Im Wohnzimmer öffnet sich mein Ich nicht zu einer größeren harmonischen Einheit, auch wenn ich noch so zufrieden mit seiner Gestaltung sein sollte. Diese Auflösung der vom täglichen Leben gezogenen Grenze bedarf des Eindringens äußerer Harmonie.

Im Verständnis des Zen eröffnet sich die Welt aus sich selbst. Sie wird nicht von außen erhellt. So äußert sich die Kraft der Natur. Erlebt habe ich dies sowohl in der wildnisartigen Natur von Wald und Fluss als auch in der kontemplativen Stille alter Friedhöfe, die nicht dem Neuerungs- und Säuberungswahn unserer Zeit zum Opfer gefallen sind. Berührt hat mich dieses Gefühl, als mir der Japanische Garten in Augsburg vorgeführt und in seiner Entstehungsgeschichte erläutert worden war.

Aber am besten gelingt das Sich-Auftun von Harmonie bei der Arbeit im eigenen Garten. Da können einzelne Blicke reichen, hin zum Fächerahorn mit der Steinkugel neben seinem Stämmchen, oder zum Pavillon, der immerhin einen Anklang an ein Teehaus bietet, und auch die Trittsteine, die zum Pavillon führen. In solchen Momenten wird mir der Fluss der Zeit gewahr. Vielleicht meinte Rainer Maria Rilke dieses Empfinden, als er schrieb: *Jeder Tag ist der Anfang des Lebens. Jedes Leben der Anfang von Ewigkeit.* Solche Worte stemmen sich wie Felsen gegen den Fluss der Zeit und die Vergänglichkeit. Ihr kann ich nur jene Augenblicke entnehmen, in denen ich den Schatten bewusst betrachte, den die Bäume werfen, die Farbe der Blüten aufnehme, die sich entfaltet haben, oder den Krümeln der Erde zusehen, die durch meine Finger ins Beet zurückrieseln.

Mein Garten wird in dieser Stimmung der Aufmerksamkeit zum Zen-Garten, auch wenn er nicht als solcher gemacht oder gedacht ist. So oder so erlebe ich das Gedeihen der Pflanzen, die Widrigkeiten, mit denen sie zu kämpfen haben, weil es Natur ist und es sich in der Natur so verhält. Genau dies vermittelt mir, mich gelassen stimmend, die Zen-Einstellung. Ich genieße die Schönheit der Formen, die Farben und ihre so vielfältigen Nuancen, die stillen Stimmungen, denen das unvermeidliche Lärmen aus der Umgebung nicht viel anhaben kann, auch wenn ich mir mitunter wünsche, es würde kein Auto auf der Straße vorbeifahren und kein Lärm von Rasenmähern zu hören sein. Mit Staunen erlebe ich, wie das Ergriffensein von den morgens im Sommer wieder so üppig aufgegangenen Blüten der Prunkwinde oder von den späten Rosen im Herbst und beginnenden Winter die äußeren Störgeräusche abschwächt. Solche Momente verraten mir, dass die Sinne viel stärker zusammenwirken, als mir bewusst wird. Zumal wenn ich »ganz Auge« oder »ganz Ohr« sein will.

Verständlicher werden mir über die Betrachtungen im eigenen Garten auch die Äußerungen des japanischen Schriftstellers Junichiro Tanizaki in seinem 1933 erschienenen, gelobten und umstrittenen Buch, das auf Deutsch als »Lob des Schattens« veröffentlicht wurde. Seine Sicht der japanischen Ästhetik, die in allem die schattenhaften Übergänge sehen und erhalten wissen möchte, war mir ein Rätsel. Es schien mir schlicht eine Zivilisationskritik zu sein, da er so vehement das elektrische Licht ablehnte und die Ansicht vertrat, japanische (Wohn-)Räume müssten halbdunkel sein, um dem Schönheitsempfinden zu entsprechen. Das war zwangsläufig der Zustand vor der Einführung der Beleuchtung mit elektrischem Licht, und nicht etwa Wunschzustand der japanischen Bevölkerung. Wie wohl auch der Deutschen oder der Europäer, denen das elektrische Licht neue Helligkeit und besseres Sehen, auch die Möglichkeit zum Lesen am Abend, gebracht hatte. Was Tanizaki im »Lob des Schattens« vorweggenommen hat, wird hier gegenwärtig mit Lichtverschmutzung angeprangert: Zu viel Licht, viel zu viel und überall, auch wo mehr Dunkelheit erhellender wäre als Vollmond und Sternenhimmel. Diese Botschaft strahlt mir der Garten entgegen, wenn ich mich in die feinen Abstufungen von Farben und Tönungen vertiefe, die er mir zu den verschiedensten Zeiten des Tages bietet, so ich ein offenes Auge dafür habe. Es muss nicht das Morgenlicht sein, so wunderbar es wirkt, wenn seine Intensität mit aufsteigender Sonne zunimmt.

Die Farben werden kräftiger, die Schatten deutlicher und die Körperlichkeit von allem nimmt zu. Durchstrahlt die untergehende Sonne meinen Garten mit sich selbst vergoldendem Licht, bin ich selbstverständlich auch hingerissen. Oder wenn sich die Ahornblätter im Herbst blutrot verfärben, die blendende Weiße von frisch gefallenem Schnee einen scheinbar ganz neuen Garten erschafft und im Frühjahr das Grün so zart ist, dass ich nicht sicher bin, ob ich es noch zu Gelb oder schon zu Grün rechnen soll. Noch viel subtiler sind die Nuancen an bewölkten oder trüben Tagen, bei Herbstnebel oder wenn ein nahendes Sommergewitter plötzlich das gerade noch so helle Licht »abschaltet«. Dann erwecken die Abtönungen oder der Nachglanz eine tiefe

Ergriffenheit, wenn ich mir die Zeit nehme, darauf zu achten. Bei schönem Wetter ist der Garten zu jeder Jahreszeit schön. Das ist keine erhebende Erkenntnis. Anders verhält es sich, wenn ich unerwartet Eindrücke bekomme, die ich vorher nicht beachtet hatte. Sie führen mich hin zu jenem Zustand, den ich nach außen gerichtete Meditation nenne. Schönheit gewinnt dabei eine andere Bedeutung. Sie unterliegt nicht mehr wie sonst üblich dem Vergleich, sondern ich nehme sie in mich auf, wie sie ist. Also so, wie ich sie empfinde, und nicht, wie ich sie beurteilen würde, weil es so üblich ist. Auch aus meinem einfachen, angemessen der Natur überlassenen Garten schöpfe ich unablässig Motive des Entzückens. Ich höre die Klänge der Stille, betrachte die Wechselwirkung zwischen Gräsern, Buschwerk und Steinen, und erlebe das Zusammenfließen aller Sinne zu dem, was für mich »schön« ist.

Auf diese Art, so möchte ich es nennen, atmet der Garten den Zen-Geist aus, während ich seine Atmosphäre einatme. Die Schönheit wird nun grenzenlos und ganz persönlich zugleich. Für mich drücken dies die vier Grundelemente aus, die im Chinesischen dafür ausersehen sind: 和敬清寂 Einsicht, die das Innere rein macht, und dankbarer Respekt, aus dem die Harmonie erwächst. Das ist Zen, wie ich ihn empfinde. Und als Lebensprinzip so hoch schätze, dass mir in solchen Momenten Tränen aus den Augen treten. Tränen der Dankbarkeit in einem Zustand von Glücksempfinden.

Was sich in meiner Kindheit einprägte, als ich den Garten meiner Großeltern erlebte und das Besondere des Teehauses in mir aufnahm, wirkt nach. Aber es schrieb mir nicht vor, wie mein Garten werden sollte, oder wie ich ihn unbedingt erleben möchte. Oft werde ich bei meinen Arbeiten im Garten abgelenkt von jenen kleinen Ereignissen, die wohl meistens übersehen oder missachtet werden. Etwa wenn ein Taubenschwänzchen, ein Schmetterling aus der Schwärmerfamilie, der anders als seine Verwandtschaft am Tag fliegt und Blüten besucht, wie ein Kolibri an mir vorbeifliegt hin zum Sommerflieder. Erkennt er mich als ein harmloses, seinem Dasein wohlgesinntes Lebewesen? Sieht er mich an, während er mit leisem Gebrumm seiner schwirrenden Flügel vor den Blüten in der Luft steht und mit lang vorgerecktem Rüssel wie mit einem Trinkröhrchen Nektar saugt? Das Pfauenauge daneben nimmt nicht Notiz von mir, solange ich auf einen Meter oder mehr Distanz halte. Die Bienen, die zu Dutzenden die Blüten besuchen, beachten mich überhaupt nicht, auch wenn ich lange ihrer Emsigkeit zusehe. In wenigen Minuten fließen Bilder des Lebens an mir vorüber, deren Fülle rasch zu groß wird, um sie zu fassen. Ich gönne den Augen Ruhe mit der Betrachtung der Blätter, die vom japanischen Fächerahorn gefallen sind, mit Blicken auf die Rundung der Steinkugel in seiner Nähe oder der von schwarzgrauen Rissen durchzogenen weißen Borke der Birke, die dazu verleiten, nach Mustern zu suchen, die nichts bedeuten. Ich mag die Birken ganz besonders. Sie wirkten auch mit im Hintergrund bei der Suche nach Haus und Garten.

Im Garten habe ich keine Laternen aufgestellt, die an meine Ahnen erinnern sollen. Dennoch entsprechen viele Momente des bewussten Verweilens einer Andacht, die sich an meine Eltern richtet. Das Gedenken der Ahnen wird hier im Westen oft geringschätzig »Ahnenkult« genannt. Doch dieses Kernstück des japanischen Shintoismus unterscheidet sich positiv von der Inszenierung des Totengedenkens zu Allerheiligen, das für mich eher befremdlich wirkt. Formales ist und bleibt eben häufig unverständlich. Deshalb versuche ich gar nicht, wortreich zu erläutern, was ich mit nach außen gerichteter Meditation meine und wie Zen im Garten zustande kommt. Dazu verhilft besser die von mir in diesem Buch geschilderte eigene Erfahrung.

Novembergrau – Ein- und Ausatmen

Vom japanischen Fächerahorn sind die letzten roten Blätter gefallen. Gäbe es nicht ein paar Rosenblüten, gelb und dunkelrosa, hätte der Garten jetzt keine Farbe mehr. So das Gefühl. Natürlich trügt es, denn die kräftigen Tönungen von Sommer und Herbst sind den subtilen Varianten von Braun gewichen. Sie haben ihren Reiz, sind aber nicht reizvoll genug für die Zeit der kurzen Tage, des Nebels und nasser Kälte. Der Mangel an hellem Licht ist es, der mir zu schaffen macht. Wie vielen anderen Menschen auch. Sie nennen es Novemberdepression. Das klingt vornehm. Zu gut fast für die Trübe, um die es geht. Nach Föhntagen, die Kopfschmerzen bereiten können, jedoch den so genannten Goldenen Oktober schenken, fügt sich die Novemberdepression nahtlos in die Abfolge von Zuständen, die sich bestens dafür eignen, Entschuldigung für alles zu finden. Denn Grippe wird folgen und dann die Weihnachtsdepression, bis es endlich Winter wird. Und durch Schnee und mit zunehmender Tageslänge heller.

Mir setzt das Novemberwetter besonders zu. Im fast subtropischen Süden Japans, wo ich geboren und aufgewachsen bin, gab es das nicht. Vom Meer her kam immer genügend Wind, um Nebel gar nicht erst entstehen zu lassen. Die Temperatur war erträglich, oft sogar angenehm, verglichen mit der schwülen Hitze des Sommers. Viele Zugvögel, insbesondere Kraniche aus dem Norden Ostasiens, kommen dorthin. Hier verlassen sie uns. Im Garten bleiben »unsere Spatzen«, die wir das ganze Jahr über füttern, einige Amseln, von denen ich nicht sicher bin, ob es sich um dieselben handelt, die im Sommer hier gebrütet haben oder nicht, und einige wenige Kohl- und Blaumeisen. Wintergast ist das Rotkehlchen. Jeden Winter hält sich eines im Garten auf, und ich versuche, ihm geeignetes Futter zu bieten. Mitunter singt es. Tut es dies im November, freue ich mich besonders darüber. Der so wundervoll perlende Gesang des Rotkehlchens ist ein akustischer Lichtblick in der Düsternis der Jahreszeit.

Das Rotkehlchen regt mich dazu an, den pastellfarbenen Tönen des Spätherbstes etwas abzugewinnen. »Toter Herbst« nennt der Volksmund hier diese Zeit. Nicht nur, weil die »Totentage« hineinfallen mit Gräberschmuck und Gedenken, sondern weil sich fast nichts mehr regt in der Natur. Und man irgendwie den Winter als Überwindung des spätherbstlichen Stillstandes erwartet. Dem Garten und mir selbst gebe ich dabei einen Stoß. Das Laub wird aufgehäuft. Im fahlen Licht strahlen die goldgelben Dreiecke der Birkenblätter geradezu. Und dies umso stärker, je mehr ich sie aufschichte in der Hoffnung, dass ein Igel darin Winterschlaf halten wird. Braun, dunkelbraun, schwärzlich graubraun sind die Blätter des Haselstrauchs geworden. Jetzt erst fällt mir auf, wie unterschiedlich groß sie sind. Manche übertreffen meine Handfläche, andere decken nur die Hälfte davon ab. Beim Zusammenrechen des Laubes erkenne ich, dass es immer noch blüht im Garten. Gänseblümchen recken ihre Köpfchen ein wenig über das dürr gewordene Gras, das wir nicht mehr gemäht hatten. Dieses liegt nun auf dem Moos. Die Köpfchen der Gänseblümchen sind geschlossen. Die Blüten öffnen sich erst, wenn sich die Wolkendecke lichtet und die Sonne durchkommt. Zu meiner Überraschung finde ich aber auch einige Orangerote Habichtskräuter. Ihr Rotgold gefällt mir besonders. Solange die braunen Blätter lagen, bemerkte ich diese Blüten nicht. Keine Biene wird sie besuchen, kein anderes Insekt. Sie haben das nicht nötig, weil sie sich selbst befruchten und danach Samen bilden können. Das finde ich faszinierend. Wie sonst käme es zum Blühen in der Jahreszeit ohne Insekten und andere Bestäuber! Der Löwenzahn, dessen Herbstblüte am auffälligsten ist, weil die dottergelben Blütenköpfe mehrere Zentimeter Durchmesser haben, nutzt die Selbstbefruchtung ebenfalls. Im Dezember kann es sein, dass Schneeflocken auf die kugeligen Samenstände fallen, die Pusteblumen genannt werden. Schneeweiß auf Silbergrau. Aber nur für Momente, dann schmelzen die Flocken oder die Pusteblume wird vom Schnee erdrückt. Auch Ehrenpreis finde ich. Himmelblau und ungemein zart sind die Blütchen.

All diese kleinen Anstöße fügen sich zusammen zu kontemplativem Denken und werden zu einer Meditationsübung. Als achtsames Bewundern der Natur möchte ich es bezeichnen. Zen ist nicht immer eine strenge Übung mit Lotossitz, Sesshin* oder das Beantworten komplizierter *Koan*-Fragen, um zur Erleuchtung zu kommen.

Die Versenkung in die Natur beruhigt und mindert den Druck, den das mangelnde Licht aufgestaut hat. Die Feinheit der Spätherbstfarben kann ich nun besser in mich aufnehmen. Vielleicht, so ein Gedanke, vielleicht waren die goldenen Oktobertage mit ihrer Strahlkraft zu grell und der Jahreszeit gar nicht angemessen. Eine Mücke fliegt auf. Sie saß im Laub, das ich zusammenkratze. Wie in Zeitlupe schwebend fliegt sie kniehoch über den Garten und lässt sich nach ein paar Metern wieder nieder. Am Nachmittag tanzt sie mit anderen wie eine lebendig

* »*Sesshin*« charakterisiert eine Periode unterschiedlicher Länge mit konzentrierter Zen-Meditation. Es findet in einem Zen-Kloster oder in einem Trainings-Zentrum statt, wobei bedeutend intensiverer Zazen praktiziert wird als in der täglichen Zen-Praxis.

gewordene Rauchsäule. Eine Wintermücke ist es, keine Stechmücke. Wie kann so ein zartes Gebilde, das fast nur aus zwei Flügeln und sechs staksig dünnen Beinen zu bestehen scheint, in dieser Zeit leben? Und den Winter überstehen! Denn im Februar, in den ersten milden Nachmittagen mit etwas über Null, werden die Wintermücken wieder fliegen und in meinem Garten tanzen. Ihr Körperchen ist ein dünner Stab von wenigen Millimetern Länge. So wenig Leben und doch so stark! Da schäme ich mich für meine anfänglich so trübe Stimmung.

Wenn ich so dahinwerkele und mit Blick auf das Kleine aufnehme, was im Garten doch noch alles lebt, werde ich anspruchsloser und zufriedener. Gelassen und ohne Angst vor dem, was die nächste Zeit oder die weiter entfernte Zukunft bringen werden, füge ich mich in den Lauf der Zeit. Ängste abzulegen gehört zu den zentralen Zielen der Zen-Meditation. So hatte ich es auch von meinem Vater gelernt. Wir lebten in einer Gegend, in der es wahrlich angebracht ist, Angst zu haben. Angst vor dem Ausbruch des Vulkans Sakurajima (was Kirschinsel heißt), der wie der Vesuv für Neapel das Wahrzeichen der Stadt Kagoshima ist. Angst vor Tsunamis, deren urplötzliche Wucht sich nicht vorhersagen lässt. Angst vor Taifunen, deren Kommen zwar auf wenige Tage angekündigt werden kann, aber was nützt dies, wenn das Haus zerfetzt davonfliegt. Die Angst vor den Naturgewalten, auch vor zu heftiger Regenzeit, die Hochwasser und Erdrutsche auslöst, ist in Japan gewiss berechtigter als in Deutschland, zumal im Süden Deutschlands, wo das Meer nicht droht, die Erdbeben, wenn sie Norditalien erschüttern, nur ein sanftes Zittern auslösen, und die Stürme eine Stärke erreichen, die in Japan der Erwähnung nicht wert wären. Umso erstaunter war ich, als ich feststellen musste, dass es offenbar ein Bedürfnis nach Angst gibt. Nach Angst sogar vor schönem Wetter im Sommer, das Millionen Mitteleuropäern nicht schön genug ist, weshalb sie in die Sommerhitze ans Mittelmeer fahren. Ängste werden von den Medien verbreitet, weil alles, was sich nur irgendwie ändert, Angst erzeugt, wenn es nur entsprechend aufgebauscht wird. Vom ersten Schnee wird berichtet, als ob das eine Katastrophe wäre. Vom Ausbleiben von Schnee vor Weihnachten auch. Das Zen-Bewusstsein sagt mir, den Tag, die Zeit und die Veränderung anzunehmen. Nichts kann bleiben, wie es ist, oder wiederkehren genau dann, wenn es erwünscht ist. Vergebliches Streben! Mit Zen-Gesinnung im Garten kann ich mich überzeugen, dass Annehmen die richtige Haltung ist. Alle Lebewesen, deren Lebensläufe ich nach und nach erkenne, nehmen an, was sich ereignet.

Am klarsten empfinde ich dies morgens, wenn ich Blumen für Ikebana suche. Da glänzt mir der Tau entgegen. Über die Fußsohlen spüre ich die Nässe des Bodens, die feinen Unterschiede der Blätter, auf die ich trete, und das elastische sich Wiederaufrichten der Moose, die ich nicht zertrete. Sie ertragen mein Gewicht, als ob es keine Belastung für sie wäre. Vor mir gleiten Birkenblätter zu Boden. Der Tau, der sich an ihnen niedergeschlagen hatte, reichte aus, sie von den Zweigen zu lösen. Ein winziges Gewicht, das doch wiegt. Da und dort schlägt ein Wassertropfen auf dem Boden auf. Die größten Tropfen sehe ich an den Rosenblättern. Denn diese sind noch kräftig, satt grün und mit wächsern glatter Oberseite. Bis in den Dezember hinein werden sie Knospen ernähren und zum Aufblühen bringen. Dann, die blutroten, tief geschlitzten Blätter meines kleinen Fächerahorns betrachtend, durchfließt mich die rhythmisch sanfte, zur Stimmung so passende Musik von Johann Sebastian Bachs »Goldberg-Variationen«. Kanon für Kanon schwillt sie an wie die Nebelnässe, die Tropfen für Tropfen zu fallen beginnt. Und zum Nebelregen wird. Darin höre ich neue Variationen dieser Bach'schen Musik. Sie erzeugen eine erweiterte Empfindung in meinem Zen-Buddhismus.

Erneut entnehme ich daraus die Botschaft vom Weg, der das Ziel ist. Aber kein fernes Wunschziel, sondern das Ziel der nächsten Schritte. Der heutigen. Mit ihnen wird der Alltag bewältigt. Sie führen vorwärts in Gelassenheit. Mag sein, dass sie auf ein künftiges Ziel zusteuern. Das weiß ich nicht. Allenfalls kann ich darauf hoffen, dass es ein gutes Ziel sein wird. Die Zen-Betrachtung sagt mir, den Moment, die Stunde, den Tag anzunehmen, und sei dies auch verbunden mit Putzen, Kochen oder anderem Arbeiten. Sie sind kein notwendiges Übel, über das man hinweg muss, sondern genauso Bestandteil des Lebens wie das Wachsen und Vergehen der Pflanzen im Garten, das Überbrücken des Winters, der Wechsel von Werden und Vergehen. Vielleicht steckt darin die verborgene Kraft des

Gärtnerns. Mit unserem Tun, das zu gestalten versucht mit dem Ziel zu ernten, greifen wir ein in die Abläufe, müssen uns aber doch auch in diese fügen.

Am Weinstock betrachte ich die Änderungen in der Färbung. Sie sind groß, zu groß, um überall gleichzeitig gelb oder braun zu werden. Das Grün schwindet, gelbe Tönungen erscheinen, und im Vorgang des Verwelkens kommen neue Farbmuster zustande. Vorlagen für Maler, denke ich, und fotografiere einige der Varianten, weil ich sie nicht malen kann. Ich berühre die Blätter, rieche daran und erinnere mich dabei, dass ich im Frühsommer mit zarten grünen Weinblättern umhüllte Reisbällchen und wohlschmeckende »Krautwickel« gemacht hatte. Solche Momente der Sinnlichkeit schätze ich besonders. Im Garten habe ich so eine »geheime« Nische, in der ich mich in eine kontemplative Ruhe versenken kann. Darin fokussiere ich mein Atmen, nehme jene Körperstellung ein, die das ruhige, kontrollierte Ein- und Ausatmen ermöglicht, und versuche vom Denken wegzukommen. Nach wenigen Minuten spüre ich, wie sich von der gebückten Haltung verspannte Nacken- und Rückenmuskeln entspannen. Wie beim Autogenen Training kommt die Ruhe ganz von selbst. Nun nimmt die Leuchtkraft der so zarten Spätherbstfarben zu. Ich sehe die Vorgänge, die zum Abbau des Blattgrüns und zur Speicherung der wertvollen Bestandteile in Stamm und Wurzeln führen, wie einen inneren Film. Mit Entzug von Grün tritt Gelb hervor, das vergilbt, golden und braun wird, bis die Blätter fallen. Mir ist zwar bewusst, dass dies bildhafte Vergleiche zum unsichtbaren Geschehen sind. Aber diese Bildströme entsprechen den wirklichen Vorgängen. Meine Zen-Betrachtung deckt sich mit neurologisch-wissenschaftlichen Befunden, die ich im Prinzip verstehe, im Detail aber nicht nachvollziehen kann. Was ich auch nicht nötig habe, wie ich meine. Denn mir geht es in meinem Garten um meinen bescheidenen Anteil am Werden und Vergehen. Um die »Pflege des Lebens«. So, wie ich darin werkle, ist das für mich keine Arbeit, sondern ein Wirken. Dass dieses müde macht, verbindet sich mit erholsamen Teepausen, nicht mit einer Abrechnung von Arbeitsstunden.

Gerade im Herbst, in dem ich so oft und so lang den Rücken beugen muss, wenn ich im Garten tätig werde, richte ich oft den Blick nach oben und sehe Bussarden zu, wie sie über mir nach Süden segeln. Auch die Rufe von Gänsen ziehen meinen Kopf empor. Sie sind auf ihre Weise unterwegs, anders als ich im Garten, den ich auf den Winter vorbereite. Ich weiß natürlich, dass er diese Vorbereitung gar nicht nötig hat. Die Birke, die verschiedenen Sträucher, die Gräser und das Moos und was alles im Garten wächst, weil es von selbst kam, geduldet oder von mir gepflanzt worden war, würden auch ohne meine Pflege über den Winter kommen. Nicht alle, weil einige empfindliche Stauden mit dabei sind, die ich rechtzeitig vor Frost schützen muss. Aber sie stammen aus einer wärmeren Natur, aus meiner Heimat. Deshalb möchte ich sie erhalten und im nächsten Jahr wieder erblühen sehen, die Sternmagnolien und die blutrot blühende Kamelie. Andere, gut winterharte Sträucher will ich rechtzeitig schützen vor allzu starker Konkurrenz durch kräftigere, stärker wuchernde Arten. Diese werden zurückgeschnitten zugunsten der Vielfalt.

»Fertig« wird man bekanntlich nie im Garten. Es geht weiter und weiter, nur phasenweise unterschiedlich schnell. Höre ich auf, stelle ich die Geräte beiseite und überlege dabei schon wieder, wie ich fortzufahren habe. Morgen, in ein paar Tagen oder wann immer es an der Zeit ist. Der Garten gibt es vor, nicht mein Arbeitsplan. Ein solcher würde mir eher Schlafstörungen bereiten. Das heute Mögliche und Nötige getan zu haben, verhilft zu gutem Schlaf, nicht der Blick auf morgen. So etwa lernte ich es aus den Schriften Dogens (1200–1253). Diese Haltung ist bereits eine Art Grundmeditation. Im Annehmen des Rhythmus bleibt die Zeit stehen, obwohl sie unverändert weiterläuft. Schneller als dem Rhythmus angemessen vorwärtskommen zu wollen, nimmt Zeit, anstatt welche zu geben.

Zugegeben, in meiner Schulzeit war mir das viel zu philosophisch. Es niederzuschreiben, kommt mir vermessen vor. Wahrscheinlich empfinde ich das so, weil mir die Worte fehlen, das eigene Erleben von Wachsen und Werden im Frühjahr und Sommer in angemessen schlichter Form zu schildern. Die Bilder, die ich davon Jahr für Jahr auf- und im Gedächtnis mitgenommen habe, wiegen schwerer als die Worte, die sie in Erzählung umsetzen sollen. Aber wie soll ich mein Kommunizieren mit dem Garten erläutern? Für mich hat der Jahreslauf Gewicht. Darin sehe ich mein eigenes Leben gespiegelt.

Das kann niemand zu hundert Prozent nachvollziehen, selbst wenn sich die Tätigkeiten im Garten stark ähneln. Die Empfindungen bleiben privat. Das macht sie so kostbar. Sie schaffen Bindungen. Manchmal meine ich, von den Augenblicken festgehalten zu werden, wie ein kleines Kind im Spiel mit Bändern, die es halten sollen.

Meine Arbeiten im Garten sind winzig, verglichen mit dem, was er selbst leistet. Er atmet, arbeitet, gedeiht und lässt vergehen, hört nie auf zu leben. Auch wenn scheinbar Ruhe eingekehrt ist und Schnee alles bedeckt. Seinen Novemberzustand vergleiche ich mit dem Schmetterling, der unbeweglich in der Puppe »ruht«, sich darin aber tatsächlich phantastisch entwickelt und schlüpft, wenn es an der Zeit ist. Die Raupe, der Zustand davor, hatte sich verpuppt. Neues, mit ihr, dem Fressstadium nicht Vergleichbares, bildet sich. Der Winter kann kommen, denke ich, nachdem ich wieder ein paar Häufchen Herbstblätter zusammengerecht habe. Und wie um sich über meinen Puppenvergleich lustig zu machen, fliegt ein Schmetterling durch die spätherbstliche Abenddämmerung. Ein Frostspanner. Ein Faltermännchen, das sein flügelloses Weibchen suchen muss. Wie eine unförmige Raupe sitzt es irgendwo an einem Stamm und wartet auf die Begattung. Für eine neue Generation Frostspanner.

Die Schatten, die sich mit dem schwächer werdenden Sonnenlicht verändern, erzeugen nun auch im Garten mitunter bedrückte Stimmungen. Ich überwinde sie, indem ich auf die Details achte und in ihre Bedeutung einzudringen versuche. Auch so mancher Gedanke kommt mir dabei wieder in den Sinn, den ich den Sommer über nicht weiterverfolgte, weil ich ihn mit der Feststellung verdrängte, nicht die Zeit dafür zu haben.

Gartenzwerge

Ende der 1970er Jahre, kurz nachdem ich aus Japan nach München gekommen war, sah ich den ersten Gartenzwerg. Er stand in einem Garten, der vom Bürgersteig aus frei einsehbar war. Der lange, spitze und etwas krumme knallrote Kegel auf seinem Kopf fiel mir zuerst auf. Weil er sich auf dem Kopf einer kleinen, im Gesicht alt aussehenden Figur befand, musste es sich um einen Hut handeln. Er war fast so lang wie das ganze Menschlein, dem ein Jäckchen aufgemalt war. In einer Hand trug es eine Laterne. Zunächst hielt ich die Figur zwar für Kinderspielzeug. Aber sie stand so an einem Blumenbeet, dass sie mit Absicht dorthin platziert worden sein musste. An die näheren Umstände erinnere ich mich nicht mehr. Die seltsame Figur blieb mir im Gedächtnis, weil ich immer wieder so eine oder eine ganz ähnlich aussehende in Gärten stehen sah. Sie standen am Eingang zum Garten, neben einem Blumentopf, zu dem sie passten mit ihrer Kleinheit, oder zwischen »Felsen« in einem Steingarten. Manchmal gab es auch mehrere, mitunter eine ganze Gruppe dieser Figuren. Gartenzwerge seien es, erfuhr ich. Sie stammten aus der eigentlich längst vergangenen Welt der Märchen. Aus Ton seien sie gebrannt und sehr bezeichnend bemalt. Der lange rote Hut sei eine Mütze, eine Zipfelmütze, teilte man mir ergänzend mit. Und das Märchen sei das von »Schneewittchen und den sieben Zwergen«.

Diese Erläuterungen nahm ich zur Kenntnis. Dennoch wunderte ich mich, dass offenbar recht viele Menschen ihre Gärten mit solchen Zwergenfiguren ausstatten. »Schmücken«, sollte ich es nennen, denn darum geht es offenbar. Die Gartenzwerge dienen als Gartendekoration wie Nippfiguren, Vasen und Reisemitbringsel zur Wohnraumdekoration. Daher wagte ich nicht, bei den Gartenbesitzern nachzufragen, was die Gartenzwerge für eine Bedeutung haben. Wahrscheinlich hätte man so eine Frage als unhöflich empfunden. Dass ich sie seltsam fand, sehr seltsam, hätte man meinem Gesichtsausdruck entnommen. Schönheit liegt im Auge des Betrachters, heißt es. Was »schön« oder was dem Ensemble der Beete und Wege, der Büsche und Bäumchen im Garten und seiner Lage in der Umgebung angemessen ist, lässt sich nicht allgemein festlegen. Glücklicherweise. Denn dadurch kommen individuelle Gestaltungen zustande, kein Einheitsbrei von lauter gleich aussehenden Gartenstücken. Aber die Gartenzwerge konnte ich nach Vorkommen, Häufigkeit und Arrangement keinem Typ von Garten zuordnen. Sie waren einfach da oder sie fehlten. Sicherlich hatten sie auch nichts mit religiösen Symbolen zu tun. Nie sah ich jemanden in andächtiger oder meditativer Haltung vor einem Gartenzwerg stehen. So eine Überlegung wäre für mich gar nicht so abwegig gewesen, denn in Japan gibt es *Jizou*-Figuren. Sie schienen mir eine gewisse Ähnlichkeit zu bieten. Es sind dies kleine, stark stilisierte Kinderfiguren aus Naturstein, etwa von Gartenzwerggröße oder noch viel größer.

Allerdings stehen sie nicht in Privatgärten, sondern in Reih und Glied in Tempelgärten, an Pfaden oder in einer ruhigen, etwas abseits gelegenen Nische der Tempelanlage. Sie tragen einen roten oder weißen Latz. Grabsteine sind es. Sie tragen keine Namen, keine Bezeichnungen. Denn sie sind Opfergaben für vor oder bei der Geburt verstorbene Kinder, auch für eventuell abgetriebene Babys. *Jizous* sollen an werdende Menschen erinnern, die nicht wirklich Mensch geworden sind oder das werden konnten. Die Figur aus Stein drückt aus, dass sie im vorlebendigen Zustand verblieben und nicht ins Leben eingetreten sind. Aus Holz gefertigt, symbolisieren *Kokeshis* den Weg des Vergänglichen. Sie sind als Andenken an eine besondere Reise gedacht. Man kann sie in Kaufhäusern bekommen. Die Köpfe dieser figürlich sehr schlicht gehaltenen Holzpuppen sind babyhaft groß gehalten. *Kokeshis* stellt man sich in der Wohnung an einen geeigneten Platz, oder auch auf den Schreibtisch. Wer sie hinstellt, weiß, welche Bedeutung oder Erinnerung sich mit ihnen verbindet.

Gartenzwerge sind keine *Jizous* oder *Kokeshis*, wurde ich belehrt. Ihr Ursprung soll auf sehr kleinwüchsige Bergarbeiter zurückgehen, die im Mittelalter nach Gold und Edelsteinen schürften. In die Schächte nahmen sie die Laternen mit. Am Tag schliefen sie nach ihrem Abstieg vom Berg bis zum

Wiederaufstieg für die nächste Arbeitsschicht. Schneewittchen, das zarte, blutjunge Mädchen, war zu solchen ihr wohlgesinnten Zwergen gekommen, nachdem die böse Stiefmutter versucht hatte, das schöne Kind mit einem vergifteten Apfel zu töten. Nachdem ich von diesem Märchen gehört hatte, verstand ich Sinn und Zweck der Gartenzwerge noch weniger. Oder vielleicht auf andere Weise doch: der Garten als Rückzugsort in eine kleine, ganz private Welt, die man ganz nach Belieben mit Elfen und Zwergen beleben konnte. Kleingartenidylle nach Überwindung der schweren Zeit, die viele auf irgendwie nahezu märchenhafte Weise überlebt hatten. Eineinhalb bis zwei Jahrzehnte nach Ende des Zweiten Weltkriegs, in den 1960er und 1970er Jahren, erreichte die Gartenzwergkultur ihren Höhepunkt. Was ich mitbekam, war ihr Ausklingen. Die Idylle wurde belächelt oder lächerlich gemacht. Doch immer noch stehen Gartenzwerge an zwergenhaft kleinen Gartenteichen und angeln, obwohl sich die Goldfische nicht darum kümmern. Gelegentlich benutzt ein Eisvogel die Figur als Sitzwarte, von der aus er ein Fischchen fängt. Der Gartenzwergwelle ist die Gartenteichwelle gefolgt. Der Frosch aus Keramik, mehr oder weniger ge- oder misslungen in seiner Ausführung, ersetzte die Männlein. Oder es steht eine Metallfigur am Wasser. Ein Rabe etwa, der vollständig in mittelalterliche Ritterrüstung gesteckt scheint und den Schnabel auf- und zuklappen kann. Das Bedürfnis, etwas in den Garten zu »stellen«, drückt sich darin aus. Auch bei mir.

Eine Steinkugel liegt in meinem Garten direkt neben dem japanischen Fächerahorn. Zwischen den japanischen Sternmagnolien steht ein längliches Vogelbad aus Granit gemeißelt. Es ist gerade so groß, dass drei Spatzen oder eine Amsel darin baden können. Oder trinken, wenn sie Durst haben. Außerdem liegen Natursteine unterschiedlicher Größe im Garten. Soll der Rasen gemäht werden, muss ich sie einsammeln. Danach verteile ich sie neu, irgendwie. Ein besonderes Muster oder gar ein Ensemble schwebt mir nicht vor. Die Steine empfinde ich als schlichte Dekoration; Betonung auf schlicht. Sie sollen sich nicht aufdringlich bemerkbar machen, keine Strukturen vorgeben oder gar den ganzen Garten gestalten. Das bewirken die Bäume und Büsche, die Blumen und einfach alles, was wächst und sich dadurch verändert, weit besser, meine ich. Im Herbst fällt das eine oder andere dunkel blutrote Blatt des Fächerahorns auf die Steinkugel. So, wie es gelandet ist, sehe ich den Zu-Fall im unmittelbaren Wortsinn.

Zufällig liegt es so, dass es mit dem feinen Morgentau samtig schimmert, oder von der nicht mehr so grellen Herbstsonne getroffen wie eine Tuschezeichnung auf dem Stein aufleuchtet. So eine zu-fällige Komposition bewundere ich. Sie wirkt beruhigend und anregend zugleich. Worte und Begriffe beginnen sich zu einem Haiku-Gedicht zu formen. Ich wage nicht zu erklären, warum das für mich so schön ist. Das so stark gefingerte, blutrote Blatt ist schräg gelandet und hängen geblieben, nicht symmetrisch oder absichtsvoll perfekt. Dieses Zu-Fällige schätzen wir in Japan. Gegenstände, wie Vasen, erhalten die individuelle Abweichung von der idealen Form gerade deshalb, weil sie damit etwas Einzigartiges werden. Jedes Blatt des Fächerahorns ist so etwas Einzigartiges, wenn ich es genau betrachte und mit anderen vergleiche. Kaum jemals gelingt es mir, ein weiteres Blatt zu finden, das deckungsgleich identisch aussehen würde. Die Symmetrie der Anlage bleibt dennoch offensichtlich. Die Abweichung zerstört sie nicht. Sie ist kein Fehler, kein Mangel, sondern eine Hinzufügung, die Individualität schafft. Wie bei den Menschen mit ihrer unendlichen Vielfalt der Gesichter, unterstrichen und verstärkt mit Schmuck, unterschiedlicher Kleidung und verschiedenartigem Gebaren. Überzeugt da nicht auch das Feine, das subtil Individuelle viel mehr als das Pompöse, das mit äußerer Pracht das Individuelle verschwinden lässt?

Gartenzwerge habe ich nicht in meinen Garten gestellt. Wahrscheinlich werde ich auch nie welche hineinstellen. Nicht, weil ich sie ablehne. Geschmack und Ansichten sind zu verschieden, um darüber zu urteilen. Sondern weil ich mit ihnen nicht ausdrücken könnte, was meinem Empfinden entspricht. Es ist geprägt vom Ausdruck des Schlichten, von der »Hülle des Unscheinbaren«. Das japanische Begriffsduo *wabi & sabi* kann vielleicht erläutern, was gemeint ist. *Wabi* leitet sich ab von der (ursprünglich wörtlich genommenen) Einsamkeit. Etwas sollte für sich selbst stehen und nicht von zu viel Anderem, vom »Umstehenden« erdrückt werden. *Sabi* meint die Patina, die mit dem (ehrwürdigen) Altern entsteht, nicht den schnellen Rost von schlechtem Material. Sondern würdevoll gereift. Beide zusammen erzeugen die Spannung zwischen dem für sich selbst Stehenden wie der einen Blume in Begleitung eines Grashalms in einem *Ikebana*-Gesteck, und dem Wohlgealterten, weil es gut und beständig war. Blumen-Arrangements in der *Ikebana*-Kunst und Tuschmalerei drücken es aus. Mit der »Hülle des Unscheinbaren« ist das ineinandergreifende Wesen von *wabi & sabi* umschrieben. Kommt es zum Ausdruck, sei es im Garten oder in der Kunst, erfasst mich ein Gefühl der spirituellen Sehnsucht nach dem Schönen. Der Zen-Buddhismus zielt auf *wabi & sabi*, ohne dafür eine Vorschrift zu geben. Nur intuitiv lässt sich erfassen, was gemeint ist. Nicht formal, etwa um Kunst zu beurteilen oder Maßstäbe dafür zu vermitteln. Gerade weil die Einmaligkeit des Augenblicks nicht künstlich herbeizuführen ist, bedarf es langer Übung, ein Auge dafür zu bekommen. Dazu brauche ich die Herbheit der einsamen Stille, die Freiheit von vorgefassten Begriffen und die Ruhe, die für jede Betrachtung nötig ist. Alles Üppige würde stören, oder es unmöglich machen, in die kontemplative Betrachtung zu versinken.

Wettbewerbe, welcher Garten der schönste ist, gehören daher für mich in einen anderen Bereich. Einen großen, prächtigen Blumenstrauß muss ich gleich in seine Bestandteile zerlegen, um zur schlichten Schönheit der darin vereinten, ja zusammengezwungenen Blumen zu gelangen. Nie würden sie in der Natur so wachsen wie gebunden oder auch im Garten zusammengefügt. Für mich zählt die Natürlichkeit mehr als die Fülle, die Einzigartigkeit der einzelnen Blume mehr als der üppige Strauß. Diese

Haltung bringt mich im eigenen Garten in Konflikt mit dem Blühen, das manchmal zu überquellend wird. Etwa bei den Rosen, denen ich dann Blüten abschneide, um sie im Haus an passenden Stellen in Vasen zu verteilen, oder wenn die Forsythie in wenigen Tagen zu einem Springbrunnen voller goldgelber Blüten wird. Sie sind zu viele auf einmal. Noch wuchtiger werden die Pfingstrosen, viel zu schwer, zu üppig mit zu viel Blütenmasse auf einmal, so dass sich mir die Form entzieht. Sie machen mich eher ratlos, als dass ich ihre Schönheit genießen könnte. Umso mehr schätze ich, dass an den Prunkwinden und Passionsblumen die Blüten über Wochen und Monate nach und nach aufgehen. Jede für sich wird mir dadurch zum Genuss. So gibt mir der Garten von außen und bildet seine Entsprechung im Innern; in mir.

Baumschnitt

Die Bäume schneiden zu müssen, tut mir weh. Jedes Mal wieder und besonders im Spätherbst, wenn die Zeit dafür gekommen ist und die Hecke entsprechend zurückgestutzt werden muss. Merkwürdigerweise beschäftigt mich das im Sommer viel weniger, obwohl die Äste, Triebe und Ranken, die zu weit über den Zaun zum Bürgersteig hinaus gewachsen sind, voll sind mit grünen Blättern oder, im Fall der Rosenranken, sogar Blüten tragen. Da alles so üppig grünt, fällt viel weniger auf, was geschnitten wurde. Ist das Astwerk kahl, wirkt der Schnitt wie in den Kern gehend, ins Gerüst von Baum und Strauch. Das vergrößert meine Hemmungen. Als Begründung für mein Tun lege ich mir eine fast absonderliche Argumentation zurecht: Hainbuche und Hartriegel, Heckenrose und Kirschlorbeer geht es so gut bei mir, dass sie zu sehr wuchern. Sie drohen empfindlichere Gewächse zu erdrücken. Bei der Schönfrucht mit ihren so einzigartig rotvioletten Beeren haben sie es nahezu geschafft. Die Eibe, die sich angeblich mit ausgedünsteten Giften gegen Konkurrenz erwehrt, bedrängen sie. Die Ebereschen können nur dünn und schmächtig in die Höhe wachsen, so eingeengt werden sie. Doch ich möchte, dass sie viele Früchte tragen. Die Amseln und, so sie mal wieder kommen, die Seidenschwänze mögen diese. Mir gefallen sie mit ihrem Karminrot, das Farbe ins Herbst- und Wintergrau bringt. Sogar meine Apfelbäumchen neigen sich nach vorn zum offenen Teil des Gartens, weil die mir längst über den Kopf gewachsene Hecke zu viel Licht nimmt. Als das Wetter zu ihrer Blütezeit schlecht war, nahm ich einen Pinsel und bestäubte die Blüten von Hand, trug die Pollen des einen Baums zum anderen. Denn es flogen kaum Bienen zu den Blüten. Zu schattig? Zu versteckt? Mit Argumenten aus diesen Überlegungen ausgestattet, fälle ich das Urteil, was in welchem Umfang zurückgeschnitten wird. Angenehm ist es trotzdem nicht.

Ich bin nicht empfindlich. Bei den Gartenarbeiten bekomme ich Kratzer und Schnitte oder Dornen und Hautrisse ab. Sie verheilen. Sie gehören dazu, weil keine noch so große Fingerfertigkeit sicherstellen kann, dass man sich nicht verletzt. Kein bisschen.

Aber ganze Äste oder die Kronen abzuschneiden, die im Lauf des Sommers gebildet wurden, halte ich gefühlsmäßig für etwas anderes. Meine Kratzer entsprechen abgerissenen Blättern oder entfernten Zweigen, die am Baum oder Strauch »ganz weit draußen« standen. Wie meine Haut ganz draußen ist, vom Haar abgesehen, das beim Schnitt nichts empfindet. Neuerdings höre und lese ich aber von den vielfältigen verborgenen Gefühlen von Pflanzen, wie sie insbesondere Peter Wohlleben mit seinen Büchern propagiert. Auch wenn ich es mir nicht vorstellen kann, bewegt mich daher schon die Frage, ob es für den Baum gleichgültig ist, dass ihm die Krone abgeschnitten wird. Manche vertragen das gar nicht, wie die Fichten oder Tannen. Aber wenn ich mir die Reaktionen auf den spätherbstlichen Schnitt bei meinen Bäumen und Sträuchern ansehe, verstehe ich eher weniger, als ich mit bestem Willen und Hinwendung zur Natur verstehen möchte.

Die Hainbuche wächst umso stärker und dichter, je mehr sie geschnitten wird. Scherzend könnte ich hinzufügen: Sie zeigt mir mit ihrer Wuchskraft meine Grenzen. Nur wenn ich sie ganz absägen ließe, wäre ich Sieger. Aber genau das soll und will ich ja nicht. Sondern dass sie eine dichte, nur für Kleinvögel zugängliche Hecke bildet, die wie ein lebendiger Wall wirkt. Sie würde diesen offenbar am liebsten himmelwärts emporziehen. Dagegen nahm es mir eine Eberesche so übel, dass sie einging, als ich ihr den aus meiner Sicht ganz unpassend zur Seite herausgewachsenen Ast abschnitt. Die Heckenrosen verhalten sich wiederum anders. Höchst seltsam sogar. Nach dem herbstlichen Schnitt treiben sie im nächsten Frühsommer besonders lange Zweige, die wie ein grüner Springbrunnen nach allen Richtungen auseinanderstreben und kaum Stacheln tragen. Aber auch keine Blüten entwickeln. Sie machen also das Gegenteil meiner Edelrosen. Diese blühen und blühen bis in den Winterbeginn hinein, als ob sie sich – absurde Vorstellung – für den Zuschnitt bedanken wollten. Wieder einmal bin ich verunsichert, staune aber zugleich über die so unterschiedlichen Reaktionen auf das Gleiche, den Schnitt. Klar ist nur ein Befund. Die Bäume und Büsche würden ohne ihn anders weiterwachsen. Ganz auf ihre Weise.

Meine Gedanken schweifen ab, bevor die ersten Äste geschnitten werden. Ich erinnere mich bruchstückhaft an Bilder aus meiner Kindheit im Garten der Großeltern. Der alte Gärtner, für meine kindlichen Begriffe uralt, wischt sich mit einem dünnen langen Handtuch, das er um die Schulter geschlagen trägt, Schweiß von der Stirn. In der Hand hält er eine Baumschere. Eine weitere steckt in der tiefen Oberschenkeltasche seiner Hose. Er ist unschlüssig, offensichtlich. Das Bild verschwindet. Ein anderes beginnt sich zu formen. Der Gärtner und der Großvater – oder war es der Urgroßvater? – befinden sich im Garten, trinken grünen Tee aus flachen kleinen Schalen und rauchen kleinköpfige Pfeifen mit langem Stiel. Sie betrachten die Bäume. Sinnierend. Sprechen sie jetzt? Ist es ein gemurmelter Monolog? Da sagt der Gärtner: »So mache ich es!«. Er geht auf den Baum zu und schneidet so rasch Ast für Ast, dass ich die geschnittenen Äste erst erkenne, als sie zu Boden fallen. Kurz darauf hat der Baum ein anderes Gesicht. Oder das frühere, mir noch erinnerliche Aussehen. Wie es vor Jahren war, als er noch kleiner und jünger war. Doch der Baum konnte danach auch anders aussehen. Er wurde nie isoliert als solcher betrachtet, sondern stets als Teil des Ensembles im Garten und darüber hinaus in der Landschaft. Je besser er sich einfügte ins größere Ganze, desto gelungener galt die Baumpflege im Garten. Selten einmal durfte sich ein einzelner Baum mit seiner Individualität hervorheben. Selbst die hohe Kunst der Verzwergung der von Natur aus großen Bäume zur Bonsai-Miniatur folgt mehr den schematischen Baumbildern als einer individuellen Gestaltung. Kiefern haben wie Kiefern auszusehen, auch wenn sie nur zwei oder drei Handbreit hoch werden und dabei schon Jahrzehnte alt sind. Bonsais mittlerer, für einen kleinen Garten tauglicher Größe kamen für mich nicht in Betracht. Den Bäumen, ob einzeln stehend oder in der Hecke wachsend, wollte ich durchaus so viel individuelles Wachstum gewähren, wie die Rahmenbedingungen es erlaubten. Daher wurde mein Garten kein »Japanischer Garten«. Er hatte dies auch nie werden sollen. Für mich stand die Wechselwirkung mit dem Wachstum im Zentrum. Dass sich Vögel und anderes Getier im Garten wohl fühlen sollten, kam hinzu. Auch die Katzen, die ihn, aus der Nachbarschaft kommend, gleich wieder vereinnahmten, als mein Hund nicht mehr lebte. Bei genügend dichtem Wuchs bis zum Boden würden die Vögelchen genügend Schutz finden. Auch die Mäuse, die wir manchmal dem Tageslicht nach spätabends, aber der Zeit zufolge spätnachmittags beim Hochturnen beobachteten, um ans Futterbrettchen zu gelangen. Sonnenblumenkerne lagen darauf. Diese Betrachtung des Gartens, die die weitere Entwicklung des Baumes und sein Eingebundensein in den Garten berücksichtigte, war sicherlich ein Teil der Zen-Haltung meiner Vorfahren und der Menschen ihrer Zeit. Unterscheide ich mich davon, wenn ich vor Beginn des Heckenschnittes ans Rotkehlchen und den Zaunkönig denke? Sie gehören auf ihre Weise zum Ensemble, wie die Formen, die die zurechtgeschnittenen Bäume annehmen. Ob es viele Vögel im Garten meiner Großeltern gab, weiß ich nicht. Nur dass Schmetterlinge umherflogen und mich manchmal dicke große Raupen erschreckten, die an den Blättern der Büsche fraßen, kann ich mir in die Erinnerung zurückrufen. Sicher bin ich mir, dass dem pflegenden Gärtner keinesfalls ein Baum oder ein Busch zugrunde gehen durfte. Der Zuschnitt musste so gemacht werden, dass der davon zwangsläufig verursachte Schaden vertragen und überwunden wurde. Das war mehr als nur eine Frage der Ehre. Das war Verpflichtung. Für den Meister. Und jeder Gärtner hatte ein Meister zu sein. Und für den wahren Meister ist jede Tätigkeit das erste Mal, nie schablonenhafte Wiederholung. Weil mit dem Schnitt, mit der Gestaltung, eingegriffen wird ins Lebendige des Gartens. Da fühle auch ich mich besonders konfrontiert mit der Natur.

Diese Haltung vermittelt mir Ruhe und Sicherheit. Ruhe, weil ich dabei das Kernprinzip der Zen-Lehre nachempfinde, wie sie Meister Dogen mit seinem Vorbild geprägt hatte. Sicherheit, weil genau diese Zen-Haltung keine Hierarchie von Meistern kennt, sondern sich damit zufriedengibt, jeweils aufs Neue das Bestmögliche zu versuchen. Im Rückblick meine ich das Wesen des Gärtners der Großeltern durchschimmern zu sehen. Er sammelte sich und seine Gedanken, bevor er ans Werk ging. Er hatte gleichsam über Meditation Beginn und Ablauf der Aktion festgelegt und diese ausgeführt, Schnitt für Schnitt, wie man auf dem Weg des Zen Schritt für Schritt voranschreitet. Der Gärtner wirkte mit seinem Anfängergeist meisterhaft.

Beim Baumschnitt kehre ich zurück zu diesem Anfängergeist. Nicht die Fülle möglicher oder denkbarer Vorgaben, Zeichensetzungen oder Rituale leitet mich, sondern mein Zustand als Anfängerin. Das hält mich offen. Das, was ist, was ich vorfinde, leitet mein Tun, nicht, was ich über die Jahre hinweg an Erfahrungen gesammelt habe. Diese wirken ohnehin besser unbewusst über die Vorgehensweise. Ziele geben sie nicht vor. Deshalb kann es vorkommen, dass ich ratlos vor einer Staude stehe, zögere weiterzumachen oder ganz unterbreche, weil ich mir ins Gedächtnis rufen muss, wie sie im Sommer aussah, und wie ich sie vom Wohnzimmerfenster oder von der Terrasse aus gesehen hatte. Und wie sie nach dem Schnitt wirken wird, wenn ich sie mit den Augen des Rotkehlchens oder unserer Amseln betrachtete. Erfreute ich mich im Hoch- und Spätsommer zum Beispiel an der Blütenfülle, die dieser Hibiskusstrauch getragen hatte, so sollte er den Winter über Zwischenstation für die Vögel sein können, die zur Futterstelle oder zum Baden in der Vogeltränke kommen. Nächstes Jahr sollen aber die verbliebenen Zweige auch nicht zu dicht beisammen sein, weil dies die Entfaltung der Blüten beeinträchtigen würde. Entsprechend überlege ich, ob ich die nach innen gerichteten Ranken der Heckenrose doch belasse und erst im Frühjahr zurückschneide, weil sie den Spatzen und Meisen ideale Deckung und Möglichkeiten zum Herumturnen bieten. Ungleich leichter ist es, in einer Ecke oder in zweien Astwerk und Laub aufzuhäufen, damit Igel darin überwintern können und das Rotkehlchen bodennahe Schlupfwinkel hat. Je mehr ich vom mehr oder weniger verborgenen Leben im Garten mitbekomme, umso schwieriger wird es für mich, meine Vorgehensweisen auf dieses Netzwerk von Beziehungen und Notwendigkeiten abzustimmen. Umso besser glaube ich zu verstehen, warum Zen-Meister ihre Schüler in den Garten zur Arbeit geschickt hatten. Gerade die Großen unter ihnen handelten so – und schufen weitere Generationen von Meistern. Sie lernten das Wesen des Zen über das Arbeiten in und mit den Gärten, nicht über irgendwelche Theorien oder besonders tiefe Gedankengänge.

In der Gartenarbeit erlebten die Schüler die Selbstverständlichkeit des Scheiterns von Bemühungen, und wie man damit umgeht. In vielen der typisch westlichen Gärten gilt die Person, die diese gestaltet, von vornherein als Meister. Alles Wachsen und Gedeihen hat nach Vorgabe zu erfolgen. Der Gartenanlage und ihrer weiteren Behandlung liegen mehr oder weniger klare Pläne zugrunde. Der

Garten sollte möglichst so funktionieren, wie etwas gut eingestellt Mechanisches. Aus der Sicht des Zen ist so eine Vorgehensweise Zwang; Zwang, der der Natur angetan wird. Die Art des Umgangs mit dem Garten drückt sich für mein Empfinden am augenfälligsten beim spätherbstlichen Gehölzschnitt aus. Denn da wird vorgeformt für das nächste Gartenjahr. Der Schnitt setzt die Schablone. Meiner Hecke, die auf drei Seiten den Garten einfasst, fehlt so eine Vorgabe. Deshalb mögen sie die Spatzen, die Meisen und auch das Rotkehlchen so gern.

Das mag nach Rechtfertigung klingen, weil mein Garten nicht schematisch angelegt ist und nach festen Regeln gepflegt wird. Die Mängel, die er aus der Sicht anderer Menschen haben dürfte, begründe ich damit, dass es eben ein Zen-Garten ist; mein Zen-Garten. Seinen Zauber verspüre ich besonders, wenn er mit fortschreitender Dämmerung größer und größer wirkt. Seine Unordnung verändert sich dabei zur Harmonie des nicht ganz Vollendeten oder des im Zeitlauf Gealterten und Gereiften. *Wabi & sabi.* Unvollendet, weil stets im Werden und Wandel begriffen, gealtert, doch nicht alt geworden. Einmalig in seiner Unverwechselbarkeit. Was will ich mehr? Sagt mir nicht das goldglänzende Auge einer Kröte, die im Herbst durch den Garten hüpft und nach einem Unterschlupf sucht, in dem sie überwintern wird, dass der Garten gelungen ist? Mit wohl abgewogenen, überlegten Schnitten bereite ich ihn auf einen neuen Zyklus vor, in dem wahrscheinlich nur wir Menschen das Vergehen von Zeit empfinden. Für den Garten ist es Wiederkehr. Ich möchte, dass wir wieder gut miteinander auskommen, mein Garten mit all seinem Leben und ich.

Nachlese

In Gartenbüchern wird hauptsächlich über Pflanzen geschrieben. Wie man gute Erträge erzielt, wie man Blumen zum Blühen bringt und in Szene setzt und den Garten mit einer eigenen Note zum Kunstwerk macht. Salat und Tomaten, Kartoffeln und andere Pflanzen kommen in meinem Buch zwar auch vor, aber in anderen Zusammenhängen. Mein Garten gibt, aber er muss nicht produzieren. Ich tue ihm so wenig wie möglich Zwang an. »Ihm« klingt vielleicht zu persönlich. Doch es soll so verstanden werden. Weil der Garten für mich so etwas wie ein Partner ist. Ein Wesen voller Lebewesen, auf die ich mit meiner Gartenarbeit zwar einwirke, sie aber nicht ausschließen möchte und auch nicht grundsätzlich für meine Zwecke verändern will. Was ich an Früchten des Gartens ernte, ist gut. In jeder Hinsicht. Ich verwende kein Gift und treibe das Gedeihen auch nicht mit übermäßiger Düngung in die Höhe. Dafür ernte ich eben auch Entspannung und Erholung. Eigene Kartoffeln essen zu können, ist wunderbar. Zauberhaft ist aber auch der Flug der Glühwürmchen in später Dämmerung zur Mitsommernacht. Dieser Eindruck zählt für mich ebenso wie die Himbeeren frisch vom Strauch oder die ungemein aromatischen Schwarzen Johannisbeeren.

Freute ich mich anfangs ganz schlicht und einfach über jedes mir neue Lebewesen, das ich als Mitbewohner des Gartens entdeckte, so wurde mir mit der Zeit bewusst, wie überquellend an tierischem Leben die Gärten früherer Zeit gewesen sein mussten. Die Namen vieler Tiere drückten dies aus, weil der Artbezeichnung ein »Garten-« vorangesetzt ist: Gartengrasmücke, Gartenrotschwanz, Gartenbaumläufer, Gartenhummel, Gartenlaufkäfer, Gartenlaubkäfer und zahlreiche weitere. Und »Haus-« dazu, wie beim Haussperling, dem Hausrotschwanz, der Hausspinne, dem Eulenfalter namens Hausmutter und, und, und ... bis zur Stubenfliege, Kellerassel und anderem Getier, das in den Gärten lebt und über diese sich die Häuser mehr oder weniger miterobert hat. Zahlreiche Arten, die vorwiegend oder gar hauptsächlich in Gärten leben, wie die Amsel, tragen zwar in ihrem Namen keine entsprechende Signatur, zeigen aber in ihrem Verhalten umso deutlicher, wie viel ihnen dieser Aspekt der Menschenwelt bedeutet. Meine Erlebnisse mit Amseln drücken dies aus. Sie gingen mir sehr nahe. Wie auch die Art und Weise, mit der mein Hund den Garten als sein Revier in Besitz nahm. Er wurde integrierter Garten-Mitbewohner, obwohl er nachts im Haus war. Seine Anwesenheit kam den Kleinvögeln zugute, weil er die Katzen fernhielt. In Löcher, die er grub, schmiegten sich Amseln hinein, um an heißen Sommertagen Kühlung von der Erde aufzunehmen. Lag er im Garten, konnte ich sicher sein, dass all die Vögel, die vorhanden waren, munter wurden und unbeschwert herumhüpften. An seinem Beispiel wollte ich mich orientieren. Tiere, die in der Lage sind, dies zu erkennen, sollten meine Harmlosigkeit kennenlernen. Sie sollten erfahren, dass ich ihnen wohlgesinnt bin.

Selbstverständlich blieben Laub und Astwerk den Winter über in einer Ecke des Gartens als Unterschlupf für all jene Tiere, die darin überwintern konnten. Die Hecke wurde nicht nach Schönheitskriterien geschnitten, sondern tunlichst so, dass sie den Vögeln Schutz und die Möglichkeit zur Anlage ihrer Nester bot. Nistkästen hängten wir auf, weil Hecke wie Bäume auf absehbare Zeit keine geeigneten Höhlungen für Meisen und andere Vögel entwickeln werden, die zum Nisten darauf angewiesen sind. Der Rasen sieht nur im Winter nach »Rasen« aus, wenn Schnee mindestens zwei Handbreit hoch liegt und verdeckt, was alles an dürren, aber Samen tragenden Stängeln vom Sommer her übrig geblieben ist. Wie geschildert, wird er mosaikartig gemäht unter größtmöglicher Schonung all der Pflanzen, die gerade blühen. Daher geschieht es auch, dass im Spätsommer oder Herbst plötzlich, das heißt über Nacht, Hexenringe von Pilzen an den verschiedensten Stellen hervorkommen und Muster erzeugen, die mich nachdenklich, mitunter sogar träumerisch stimmen. Nicht wegen der Bezeichnung »Hexe«, die in diesen Pilzringen steckt. Für mich entspricht sie den natürlich auch in Japan und Ostasien verbreiteten Vorstellungen von den »weisen alten Frauen«, die mit den Gift- und Anregungsstoffen der Natur geradezu »zaubernd«, bezaubernd, umgehen konnten, bevor sie von den modernen Zauberern der Medizin verdrängt wurden. Vielmehr führten mir die Hexenringe vor Augen, was für unsichtbares Leben im Boden steckt und wirkt. Wie darin um- und abgebaut, recycelt, wird. Wie alles verschwindet und doch wieder aufs Neue emporkommt. Und dass ich nichts, rein gar nichts von den Vorgängen verstehe, die ich lediglich rieche, wenn ich eine Handvoll Erde aufnehme. Der sich daraus hervorwindende Regenwurm ist auch nur ein Sinnbild für dieses Bodenleben; eines, das für die Anschauung groß genug ist. Den Regenwurm »verstehe« ich dennoch nicht. Ebenso wenig wie die Amsel, die ihn verzehrt. Das trennt mich zugleich von ihr, weil ich den Wurm wieder zurück in sein Bodenreich entlasse. Obwohl ich den Amseln so zugetan bin. Aber irgendwie steckt in mir, wie sicher auch in vielen, wenn nicht den meisten Menschen, der unbewusste Wunsch, alles Leben möge auf seine Weise weiterleben können, ohne anderes dafür töten und verzehren zu müssen. Aber wir sind einbezogen in jenes große Gefüge des Lebens von Lebendigem, das sich in Kreisläufen erhält.

Mit dieser buddhistischen Lebenseinstellung bin ich aufgewachsen. Aber auch mit der ihr stets doch auch deutlich entgegengesetzten Erfahrung, dass dies im wirklichen Leben nicht machbar ist. Auch wenn ich viel Gemüse, Obst und andere pflanzliche »Produkte« esse, ernähre ich mich von ehemals Lebendigem. Nicht nur mit dem Fleischessen wird die Schranke durchbrochen, die uns scheinbar von allen nicht-menschlichen Lebewesen trennt, sondern mit jedem Bissen, den wir zu uns nehmen. Der Zen-

Buddhismus leitet daraus das Prinzip des rechten Lebens in Verantwortung ab. Verantwortung dem eigenen Tun gegenüber. »Recht« im Sinne von richtig oder angemessen wird es, wenn wir uns eingebunden wissen in das größere Ganze und unsere Tätigkeit darauf ausrichten. Diese Zen-buddhistische Einstellung entspricht, wie ich hier in Europa erfuhr, der Ethik Immanuel Kants. Und wie diese Ethik hier ist sie auch in Fernost in der Lebenspraxis schwer umzusetzen. Wenigstens für meinen Garten sollte, so mein Vorhaben, das »Leben und leben lassen« gelten. Das garantierte die eine oder die andere Enttäuschung, weil Fehlschläge bester Absichten unvermeidlich waren, aber auch Glücksmomente, die man nicht zählen und messen kann. Das Werden, Vergehen und Wiederkommen im Garten ließ mich im Fluss der Zeit mitschwimmen. Auf beglückende Weise. Weil der gleiche Rhythmus der Jahreszeiten immer wieder Neues hervorbrachte, das mich überraschte. Oder vor bislang nicht gekannte Herausforderungen stellte. Mochte »das Geräusch eines fallenden Blattes« formal auch Saisonwort für ein Herbst-Haiku sein, mit dem Niederrieseln gelber Birkenblätter, die sich dabei um sich selbst drehen, und dem schaukelnden Herunterschweben blutroter Blätter vom Fächerahorn drang der Garten als Stimmung in mich ein. Wie späte Sonne oder zu früher Frost. Der Garten stillt mit solchen und tausend anderen Momenten mein Bedürfnis, seelisch und physisch teilzuhaben am Leben, an diesem ebenso rätselhaften wie faszinierenden und unersetzlichen Ereignis.

Es verläuft nicht in geordneten Bahnen, bleibt dennoch wohl geordnet. Es gebiert sich scheinbar aus Chaos, weil sich uns die Gründe und Hintergründe nicht erschließen. Mit der Zen-Haltung nehme ich das Leben hin, wie es ist. Das Chaos, mit dem ich mich konfrontiert sehe, wird zur Würze. Jahr für Jahr wieder bestaune ich, wie der Garten aufs Neue entsteht, sich überall dort ganz von selbst formt und anreichert mit Leben, wo ich nichts tue, und auf alles regiert, was ich tue. Unmerklich verändert er sich von Tag zu Tag und wird so anders von Monat zu Monat. Wie wohl Zaunkönig und Rotkehlchen meinen Garten empfinden, denke ich manchmal. Dann bekomme ich das Bedürfnis, ein Haiku zu schreiben. So ein Kurzgedicht, das strenger Form folgt, aber alle Freiheit lässt, es zu deuten oder es auch nur über die Worte zu genießen, die es enthält, entspricht einer Meditation (»Das Wesen des Zen findet seinen Ausdruck eher in der Dichtung als in der Philosophie, da es dem Gefühl nähersteht als dem Intellekt«, stellt Suzuki Daisetsu dazu fest). Wie auch der Rosenkäfer, der zur Rosenblüte strebt, das Pfauenauge, das an den Blüten des Sommerflieders Nektar trinkt, oder die kleine Schar von Wintermücken, die mit perlmutterglänzenden Flügelchen an Winternachmittagen im schwachen Sonnenlicht tanzt. Was wäre (m)ein Garten ohne dieses Leben und seine so großartige Fülle, die ich immer wieder erlebe? Mein Garten gibt mir so viel, weil er voller Leben ist. Diesem Leben möchte ich so viel wie möglich zurückgeben.

Miki Sakamoto, im Dezember 2020

Kleiner Dank

Zen-Gesinnung drückt Dank aus durch Verbundenheit. Dies in Worte zu fassen, fällt schwer. Deshalb beginne ich mit Beglückendem: Es war und ist für mich ein großes Glück, eigene Haiku in die Hinoshima-Haikugesellschaft meiner Heimat einbringen zu können. Meinem Haiku-Lehrer, Herrn Makoto Maruyama, dem Hauptinitiator dieser Gesellschaft, danke ich dafür innig. Ich weiß es zu schätzen, was es bedeutet, dass er mir seine großartigen Kalligraphien zur Verfügung gestellt hat. Wie eng Zen mit Gartenkunst, mit der Natur und auch in die Haiku-Dichtung verwoben ist, erfuhr ich erst über die Arbeit an diesem Buch.

Die Idee dazu hatte mein Literaturagent Dr. Martin Brinkmann. Herzlichen Dank! Ebenso herzlich danke ich dem Cheflektor Christian Koth im Aufbau Verlag für Aufnahme des Konzepts, Betreuung und stete Ermunterung. Er überließ es mir, die Themen zu wählen und auszugestalten. Das war großartig. Die Arbeit am Buch wurde mir zum Vergnügen.

Meinem Mann Josef H. Reichholf danke ich innig dafür, dass er mir die Natur im Garten mit vielen kleinen und auch manch großen Wundern aufgezeigt und erläutert hat. Darauf zu achten, berührte mich tief. Das Wesen des Zen kommt ja über das Verstehen zustande.

Mit diesem Buch verbinde ich ein ehrendes Gedenken an meinen Lehrer, den Indologen Prof. Dr. Hajime Nakamura (†). Meine Eltern begleiteten wesentliche Teile meines Lebensweges. Sie hatten mich mit dem Buddhismus und mit Zen vertraut gemacht. Wie könnte ich ihnen anders danken als mit dem Leben selbst.

Miki Sakamoto, im Dezember 2020

感謝

異国で、私が俳句を詠むことができますのは、故郷の『火の島』俳句会のご指導のおかげでございます。また、その主宰者、丸山眞先生に揮毫を賜りましたことは、望外の幸せでございました。衷心から感謝申し上げます。俳句にとって禅が、禅にとっては庭と自然が、その心を表現できる道であることを、私は俳句に教えられています。

庭を主題に書くことを提案された文学博士マルティン・ブリンクマン氏、そして自由に書かせてくださった編集長のクリスチャン・コート氏の信頼に心からお礼を申し上げます。おかげで実に素晴らしい体験をさせていただきました。また、日常に見られる小さな不思議から壮大な現象にいたるまで、自然をつぶらに説明してくれた夫 ヨゼフ・ライヒホルフに心から感謝しています。自然のその一齣一齣が実に鮮明に印象に残っています。

また、インド哲学の大家、故中村元博士と父母のおかげで、仏教のみ教えに授かることができたことを追懐し、その出会いにふかく感謝しています。　令和二年十二月　阪本美紀

Literatur

Gartenbücher gibt es in einer Menge, die ich niemals hätte bewältigen können. Was ich mir als Lektüre herausgriff, war zwar immer ergiebig. Aber die Angaben verwirrten mich mitunter, weil mein Garten anscheinend nicht normal war. Ich produzierte darin zu wenig Gemüse, pflanzte überhaupt zu wenig und ließ Wildblumen und Wildwuchs zu viel Raum. Die nachfolgend aufgeführte Literatur betrachte ich daher als einen Zusatz zum Dank, denn was ich darin fand, machte mir Freude und bereicherte mein Gartenwissen. Da dies deutschsprachige wie japanische Bücher betrifft, werden sie getrennt aufgeführt. Mein Dank gilt gleichermaßen.

Borja, Erik: Japanische Gärten. Gärten gestalten mit Zen. München 2000.

Demski, Eva: Gartengeschichten, Berlin 2011.

Goulson, Dave: Wildlife Gardening. Die Kunst, im eigenen Garten die Welt zu retten. München 2019.

Hempel, Rose (Nachwort): Zenga. Malerei des Zen-Buddhismus (Sonderausstellung Museum für ostasiatische Kunst). Köln 1959.

Jun'ichirō, Tanizaki: Lob des Schattens. Zürich 2018.

Körber-Krohne, Udelgard: Nutzpflanzen in Deutschland. Kulturgeschichte und Biologie, Stuttgart 1994.

Okakura, Kakuzō: Das Buch vom Tee. Düsseldorf 2004.

Pearce, Fred: Die neuen Wilden. München 2016.

Pollan, Michael: Meine zweite Natur. Vom Glück, ein Gärtner zu sein. München 2014.

Ryosuke, Oohashi: Der Philosophenweg in Kyoto. Freiburg 2019.

Schmidt, Kurt R.: Japanischer Garten. Augsburg.

Schwarz, Stefan: Der kleine Gartenversager. Vom Glück und Scheitern im Grünen. Berlin 2019.

Suziki, Shunryu: Zen-Geist, Anfänger-Geist. 1970

´T Hart, Maarten: Die grüne Hölle. Mein wunderbarer Garten und ich. München 2018.

Zuckermann, Larry: Die Geschichte der Kartoffel von den Anden bis zur Friteuse. London 1998.

Japanische Veröffentlichungen:

»御所のお庭« = »Garten im Kaiserhof« Herausgeber Kaiserpalast Tokio 2010

Andou Toshio 安藤敏夫 »園芸療法« =„Therapie beim Gärtnern" in »Shinrinigaku« 森林医学II Tokio 2009

Fujii Eijirou 藤井英二郎 園芸療法と園芸福祉 »Horticultural Therapy and horticultural well-beeing« =Therapie beim Gärtnern in »Shinrinigaku« 森林医学I Tokio 2006

Inoue Shouichi 井上章一 »寺と庭« = »Tempel und Garten« in »The Japanese Gardens Kyoto« Tokio 2007

Nakamura Hajime 中村 元 »仏教動物散策« =in »Buddhistische Ansichten über die Tierwelt« Tokio 1988

Nakamura Hiroshi 中村 浩 »植物名の由来« = »Die Herkunft der Pflanzennamen« Tokio 1998

Nakamura Souichi 中村宗一 »良寛の偈と正法眼蔵« = Zen-Mönch Ryokans Loblied für Buddha und heilige Schriften »Shobougenzou« Tokio 1984

Shigemori Mitsuaki »重森三鈴の庭« = »Garten von Shigemori Mirei« in »The Japanese Gardens Kyoto« Tokio 2007

Sugimoto Hidetarou = »Garten des Dichters« in »The Japanese Gardens Kyoto« Tokio 2007
Suzuka Osamu 鈴鹿 紀 »旅と植物« = »Reisen und Pflanzen« Tokio 1996
Suzuki Daisuke 鈴木大拙 »日本的霊性« =»Japanische Spiritualität« 1944
Uehara Iwao 上原 巌 »森林アメニティー学« = Annehmlichkeit durch Wald, Waldamenity Tokio 2017
Yanagizawa Souen »茶庭« = »Garten für die Teezeremonie« Tokio 1967
Yuasa Hiroshi 湯浅浩史 »植物と行事« = »Pflanzen und traditionelle Veranstaltungen« Tokio 1993

Eigene Veröffentlichungen mit Bezug zum vorliegenden Buch:

Sakamoto, Miki: Gärten. Das Kunstvolle und das Natürliche: Betrachtungen einer Japanerin. – Scheidewege 38 (2008/2009): 201 – 2010.
Sakamoto, Miki: Poesie des Augenblicks in der Natur. – Scheidewege 45 (2015/16): 201 – 213.
Sakamoto, Miki: Eintauchen in den Wald. Berlin 2019.